BIBLIOTHÈQUE D'HISTOIRE DE LA PHILOSOPHIE

Fondateur H. GOUHIER   Directeur J.-F. COURTINE

Alexander S(

DE L'EXISTENCE OUVERTE
AU MONDE FINI

HEIDEGGER 1925-1930

PARIS

LIBRAIRIE PHILOSOPHIQUE J. VRIN

6, Place de la Sorbonne, V e

2005

© *Librairie Philosophique J. VRIN,* 2005
Imprimé en France
ISBN 2-7116-1792-0

www.vrin.fr

à Dimitar Zashev

INTRODUCTION

Martin Heidegger (1889-1976) est de toute évidence l'un des penseurs les plus controversés du vingtième siècle – et ce, pour des raisons tant philosophiques que biographiques. Le but du présent ouvrage est d'introduire le lecteur à son projet philosophique fondamental, c'est-à-dire à sa tentative de reposer la question du sens de l'être, ce qui signifie toujours en même temps s'interroger sur le sens d'être de l'*homme*, en tant que c'est *lui* qui se pose d'abord cette question. Heidegger l'affirme explicitement: «La question de l'être, et de ses modifications et possibilités, est au fond la question – bien comprise – *de l'homme*»[1]. Or, pour mener à bien ce projet, nous considérerons exclusivement les *textes* écrits par Heidegger, en faisant totalement abstraction de sa « personne »[2] – démarche qui se légitime du simple fait que l'analyse d'une œuvre philosophique n'a pas à interpréter les « intentions » de son auteur (qui met d'ailleurs en jeu des informations dont nous ne disposons pas), mais doit s'en tenir à ce qui est là sous nos yeux. Et c'est précisément Heidegger qui nous apprend que même en respectant ce précepte, il est impossible – pour des

1. *Metaphysische Anfangsgründe der Logik im Ausgang von Leibniz /Fondements métaphysiques de la logique en partant de Leibniz*, Gesamtausgabe [cité GA] 26, p. 22 *sq.* [cité *FM*].
2. Nous reviendrons dans notre conclusion sur le caractère apparemment contradictoire de cette démarche.

raisons qui, nous le verrons, tiennent à l'essence même du comprendre – de saisir une pensée une fois pour toutes dans *une* configuration déterminée. Sans doute a-t-on alors raison de ne pas se compliquer la tâche avec des paramètres qui font défaut et qu'on ne parvient pas non plus à mettre au jour en tentant de faire à Heidegger un procès d'intention. L'œuvre monumentale de Heidegger – avec toutes les failles qu'on peut y déceler – parle pour elle-même ; c'est en tant que telle, et en tant que telle seulement, que nous l'aborderons dans ce qui suit.

Si Heidegger est l'un des philosophes les plus controversés, il demeure aussi l'un des plus fascinants. À quoi cette fascination tient-elle ? D'abord, sans doute, à la *langue* très particulière à travers laquelle il s'adresse à son lecteur. On vante toujours la minutie et la puissance de la construction de *Sein und Zeit*, son chef-d'œuvre publié en 1927, et on oppose à cette qualité la prétendue obscurité de la langue et du style heideggeriens. En réalité, les choses sont exactement inverses : en allemand, c'est-à-dire dans la langue dans laquelle il a lui-même écrit, le texte de Heidegger (comme celui de Kant, par exemple) est d'une extrême clarté pour peu qu'on veuille *écouter* la langue utilisée, et faire l'effort de compréhension qu'exige tout philosophe. Heidegger était en effet extrêmement soucieux de choisir une terminologie appropriée, et le fait qu'il ait mis beaucoup de temps à rédiger *Sein und Zeit* doit être imputé à ses nombreuses hésitations concernant le choix définitif des mots finalement retenus. En revanche, si *Sein und Zeit* fait preuve, de toute évidence, d'un effort de construction, force est de constater que plusieurs paragraphes de l'ouvrage n'en témoignent pas suffisamment, en particulier dans la seconde partie qui pose quelques problèmes du point de vue de l'architectonique de l'ouvrage (et nous y reviendrons). Quoi qu'il en soit, Heidegger a réussi, dans un texte éminemment spéculatif, à *faire parler* la langue d'une manière tout à fait pertinente et à inaugurer par là un nouveau[1] *style* de philo-sopher – un style qui laisse déployer la pensée dans une langue qu'il ne faut pas instituer à nouveaux frais, mais qui exige du lecteur qu'il soit attentif aux ressources (qui ne se limitent pas à l'étymologie) de cette même langue. Encore une fois : il s'agit pour Heidegger de *faire parler la langue (Sprache)* – une tâche qui demande dès lors au penseur des capacités qu'on attendrait plutôt d'un poète, mais qui ne diminuent en rien la précision conceptuelle de son propos.

Deux conséquences immédiates découlent de ce constat :

1) Si l'on veut entrer dans l'univers de la pensée de Heidegger, il faut « jouer le jeu », c'est-à-dire qu'il faut faire l'effort d'écouter la langue du philosophe allemand. Accordons à Heidegger, au moins dans un premier temps, ce qui peut d'abord apparaître comme étant un présupposé non justifié, à savoir l'idée qu'en laissant parler la langue, l'« être » se donne à entendre.

2) La deuxième conséquence est en même temps une diffi-culté – non seulement pour le lecteur, bien entendu, mais aussi et d'abord pour le *traducteur* de Heidegger. Nous verrons à de nombreuses reprises que des « trouvailles » linguistiques de Heidegger en allemand se perdent lorsqu'on essaie de les rendre en français. Une polysémie que l'allemand permet de rassembler en un seul mot exige en français ou bien une traduc-tion qui privilégie *un* sens au détriment des autres, ou bien des néologismes, des mots composés reliés par des tirets ou bien encore d'autres monstres linguistiques du même type. Là encore, nous demanderons au lecteur de la patience et de l'indulgence : la difficulté de la *pensée* de Heidegger se trouve redoublée par l'exigence d'avoir à déchiffrer, voire parfois à

---

1. Le seul autre penseur qui ait été à un tel point un virtuose de la langue et qui ait été capable d'en faire valoir les ressources pour sa propre pensée, c'était Fichte.

décrypter, les termes qu'il emploie. Nous nous efforcerons de réduire au minimum cette difficulté. Mais il importe de souligner avec force que, dans ce qui suit, il s'agira d'être fidèle à la clarté du style de Heidegger en allemand (dont les textes rédigés jusqu'à la fin des années 1920 – auxquels nous nous restreindrons dans le présent ouvrage – font preuve d'une manière exemplaire), de sorte que si certains concepts pourront paraître pour le moins « étranges », ce ne sera pas parce que nous aurons choisi complaisamment d'utiliser un style maniéré, mais ce sera *toujours* pour essayer de trouver le mode d'expression adéquat à une pensée qui cherche au plus haut point à être rigoureuse et fidèle aux phénomènes.

Quoi qu'on puisse dire de l'unité ou de la pluralité de l'*objet* de la pensée des philosophes, il est clair que cette pensée *elle-même* ne connaît jamais d'emblée son état définitif, mais qu'elle se constitue d'une manière plus ou moins progressive. Platon, Augustin, Leibniz, Kant, Fichte, Schelling, Hegel, Husserl, Wittgenstein – pour ne parler que d'eux – en témoignent tous, et il est bien évident que la pensée de Heidegger ne saurait faire exception à cette règle. N'a-t-il pas lui-même fait état d'un « tournant » de sa pensée (la fameuse « *Kehre* » des années 1930) qui l'aurait conduit d'une perspective *transcendantale* (« existentiale ») à une perspective relevant de l'« histoire de l'être (*Seinsgeschichte*) » ? Ce petit ouvrage se propose de tenter de jeter un peu de lumière sur cette évolution et ce, plus particulièrement, s'agissant de la courte période comprise entre, d'un côté, la conception et la parution du chef-d'œuvre de Heidegger – *Sein und Zeit* –, et, de l'autre, les écrits (cours et traités) qui précèdent immédiatement ce tournant daté du début des années 1930. Il s'agira ainsi pour nous de voir ce qui a *motivé* ce tournant, et comment Heidegger l'a effectivement mis en œuvre. Notre thèse principale est que ce tournant a en un certain sens été *préparé* par un autre tournant, *antérieur* – que nous appelons, en suivant la terminologie heideggerienne, le « tournant *métontologique* » – et que celui-ci résulte d'une manière conséquente de la façon dont Heidegger a conçu le rapport entre la philosophie *transcendantale* et la *métaphysique*.

Énonçons d'emblée les quatre *thèses fondamentales* que nous voudrions exposer, déployer et justifier dans le présent ouvrage[1].

1) Heidegger institue dans *Sein und Zeit* un « idéalisme transcendantal »[2] tout à fait original (qui se distingue de celui ou de ceux de tous ses prédécesseurs) qui consiste en une *fondation* (*Begründung*) *ontologique* de l'idéalisme transcendantal de Kant dont il modifie profondément la nature – et ce, à travers la prise en compte d'un certain nombre d'acquis de la phénoménologie husserlienne, que nous développerons en détail, dont il se démarquera finalement à son tour.

2) La question du sens de l'*être* se confond en fin de compte, dans *Sein und Zeit*, avec celle du sens d'être de l'*être-là*, bien qu'il y ait un certain flottement à cet égard dans cet ouvrage – et si le chef-d'œuvre de Heidegger est resté

---

1. Nous expliquerons plus loin le sens des concepts utilisés dans la formulation de ces quatre thèses.

2. Ce terme doit être utilisé avec beaucoup de précautions parce que Heidegger est au plus haut point soucieux de poser les idéalismes transcendantaux (notamment de Kant et de Husserl) sur de nouveaux fondements. Que cet usage soit toutefois tout à fait légitime, c'est ce qu'atteste la citation suivante : « Si le titre d'"idéalisme" exprime que l'être ne saurait jamais être expliqué à travers l'étant, mais que, pour tout étant, il est toujours déjà le "transcendantal", alors c'est dans l'idéalisme que réside l'unique possibilité véritable de [toute] problématique philosophique », *Sein und Zeit*, Tübingen, Niemeyer, 1986 (16ᵉ éd.), § 43 A [cité *SuZ*]. [La pagination est identique à celle de la première édition allemande, on la trouve en marge dans les différentes traductions françaises. Toutes les citations de *Sein und Zeit* – ainsi que celles des autres textes de Heidegger auxquels nous ferons référence – ont été retraduites ou, le cas échéant, revues et corrigées par nos soins].

inachevé, cela ne témoigne nullement d'un quelconque *échec*, mais c'est là la conséquence du projet même qu'il y réalise.

3) L'analyse de la *temporalité* et du *temps* dans *Sein und Zeit*, loin d'être en rupture – comme on a pu l'affirmer – avec la première partie de l'ouvrage, livre la *démonstration* de notre deuxième thèse. Dès lors, il n'y a pas seulement un lien extrêmement étroit entre la structure ontologique de l'être-là et sa temporalité, mais également entre les différents sens d'être des *étants en général*, d'un côté, et la temporalité *de l'être-là*, de l'autre.

4) Immédiatement après la parution de *Sein und Zeit* (c'est-à-dire dès 1928), un *tournant* a lieu dans la pensée de Heidegger. Ce tournant («métontologique») qui n'anticipe pas simplement ladite *Kehre* des années 1930 fait que l'ontologie existentiale ne débouche plus désormais sur une ontologie thématisant l'être *en tant qu'être*, mais sur une *métaphysique*. Celle-ci se présente selon deux versants : une métaphysique *de l'être-là*, esquissée dans les *Fondements métaphysiques de la logique en partant de Leibniz* (qui datent de 1928) et une métaphysique *du monde* élaborée en 1929-1930 dans l'important cours intitulé *Concepts fondamentaux de la métaphysique*, le deuxième ouvrage *fondamental* de Heidegger après *Sein und Zeit*.

Le plan de notre ouvrage suit l'ordre des thèses énoncées. Dans un premier chapitre, nous essayerons de proposer un tableau des différents aspects de la question de l'être chez Heidegger. Une telle démarche se doit d'inclure des considérations relatives à la *méthode* de l'ontologie phénoménologique heideggerienne : nous nous y appliquerons tant sur un plan *systématique* qu'*historique*, en nous focalisant en particulier sur le rapport entre la phénoménologie de Heidegger et celle de Husserl.

Alors que la phénoménologie husserlienne « reconduit » tout sens constitué à la subjectivité transcendantale constituante, Heidegger revendique la transformation de l'existence humaine en son être-là[1]. Cette transformation revêt deux figures sensiblement différentes qui constituent les deux grands moments de l'évolution de la pensée heideggerienne entre *Sein und Zeit* et les cours de la fin des années 1920. Dans un premier temps, Heidegger *fonde* la compréhension de l'être dans une analytique de l'existence humaine. *Sein und Zeit* propose cette analytique que Heidegger appelle une « analytique existentiale » de l'« être-là » (terme introduit pour thématiser spécifiquement la teneur *ontologique* de l'être humain). Nous essayerons d'en reconstituer les grands moments structurels (déployés dans la première partie de *Sein und Zeit*) dans notre deuxième chapitre. Et nous nous interrogerons donc sur le rapport entre la question du sens de l'être de l'être-là, d'un côté, et celle du sens de l'être en tant qu'être, de l'autre.

Le chapitre central de l'ouvrage est consacré à un problème absolument capital chez Heidegger : au *temps* comme *sens* de l'être, et, tout d'abord, comme sens de l'être *de l'être-là*. Nous lirons à ce dessein la deuxième partie de *Sein und Zeit*, qui propose une analyse *temporelle* de ce qui a d'abord été traité en sa structure ontologique dans la première partie de ce même ouvrage. Nous proposerons alors une interprétation inédite du temps chez Heidegger qui s'écarte de la lecture traditionnelle puisque celle-ci, nous semble-t-il, ne rend pas compte d'une manière suffisamment fidèle du rapport entre la structure temporelle de l'être-là et les différents sens d'être des étants en général.

La question du temps reste centrale aussi dans les deux derniers chapitres de notre ouvrage qui développent le sens et

---

1. *Cf.* par exemple *Was ist Metaphysik?* (*Qu'est-ce que la métaphysique?*) dans *Wegmarken*, GA 9, p. 113.

la teneur du «tournant métontologique» et qui exposent le deuxième grand moment de la transformation de l'homme en son être-là (qui n'est plus compris dans son existence concrète et factuelle, mais dans son *essence métaphysique*). Ce tournant donne donc d'abord lieu, nous l'avons évoqué, à une métaphysique de l'être-là dont les concepts fondamentaux sont la *transcendance* et la *liberté* – c'est là l'objet de notre quatrième chapitre; et à une métaphysique du monde (*cf.* notre dernier chapitre) que Heidegger conduit en deux temps – d'une part, à travers l'analyse de l'ennui comme disposition affective fondamentale qui nous ouvre à l'étant en son entièreté, et, d'autre part, à travers l'analyse de ce qui fait la structure originaire du monde lui-même. Nous achèverons enfin ce chapitre sur un bref aperçu du traité *Qu'est-ce que la métaphysique?* dans lequel les fils de toutes ces analyses se rejoignent.

CHAPITRE PREMIER

L'ÊTRE

La question de la philosophie est la question de l'*être*. Cette phrase qui semble donner l'orientation générale du projet philosophique de Heidegger d'une manière très claire renferme une difficulté de principe dont Heidegger avait bien entendu parfaitement conscience. Si la philosophie doit certes s'enquérir de l'être, elle ne peut toutefois (pour des raisons méthodologiques) poser la question de savoir *ce qu'est* l'être. Pourquoi ? Parce que cela suppose une démarche qui prendrait l'être pour un « objet » (*Gegenstand*), c'est-à-dire qui impliquerait une *prise de distance* à l'égard de l'être – une prise de distance qui nous mettrait très exactement dans le même embarras que celui dans lequel nous mettait Kant qui, d'après la célèbre analyse de Hegel[1], essayait d'établir les *conditions de possibilité* du vrai comme si, pour chercher le vrai, on était en mesure de se placer en dehors de lui. Or, on ne peut s'interroger sur l'être sans être déjà *en rapport avec* lui, voire même sans être déjà « *dans* » lui[2]. C'est la raison pour laquelle Heidegger dit qu'il faut sortir l'être de l'*oubli* – car comme

---

1. *Cf.* le début de l'introduction à la *Phénoménologie de l'esprit*.
2. Et Heidegger ne cesse d'insister sur l'idée qu'il n'y a pas d'être sans une *précompréhension* de l'être.

l'oubli est un mode *déficient* du «*conserver (Behalten)*»[1], qu'il suppose, on a en réalité toujours déjà été en rapport avec l'être, et on l'est toujours, fût-ce justement sous le mode de l'oubli. D'où la difficulté suivante : on est dans un rapport insigne à l'être, différent de tous les autres rapports, qui, bien qu'irréductible, n'est pas directement thématisable. Mais Heidegger veut justement fonder une philosophie qui cherche à comprendre le sens de l'être, il cherche à fonder une *ontologie*. Dès lors, si on veut s'assurer du bien-fondé de sa démarche, tout en étant attentif à ces difficultés initiales, il faut d'abord clarifier la *méthode* utilisée. Cette méthode, qu'il ne s'agira pas, on l'aura compris, d'appliquer «de l'extérieur» à l'être, Heidegger affirme la trouver dans la *phénoménologie*. Dans un premier temps, nous allons donc essayer de circonscrire d'une manière sommaire cette *source* importante de la pensée heideggerienne.

Le sens de l'ontologie « *phénoménologique* »

Phénoménologie husserlienne, phénoménologie heideggerienne

Dans la pensée heideggerienne se croisent, outre une influence *aristotélicienne*[2] très forte (que nous n'approfondirons pas ici), le projet de la *philosophie transcendantale* fondée par I. Kant et la *phénoménologie* inaugurée par celui qui fut un certain temps le «maître» de Heidegger – à savoir E. Husserl.

---

1. *Cf.* à ce propos notre troisième chapitre.
2. Heidegger considérait qu'une lecture approfondie d'Aristote était un préalable indispensable à toute entrée dans la philosophie. Notons que le choix terminologique assez «typique» de Heidegger ne devient souvent compréhensible qu'à la lumière de la terminologie introduite par Aristote dans ses textes majeurs et traduite en allemand par Heidegger.

La philosophie transcendantale se propose de mettre en évidence les *conditions de possibilité* de toute connaissance de l'objet en tant que celle-ci doit être possible *a priori*. Cela ne revient pas à une élaboration de principes indépendants de toute expérience et permettant une déduction de connaissances qui en découleraient de façon hypothético-déductive puisqu'un tel procédé est stigmatisé par Kant comme étant « dogmatique » lorsqu'il ne s'assure pas de ce qui légitime sa démarche, c'est-à-dire lorsqu'il n'est pas soumis à une *critique* des facultés de connaître, eu égard à leur portée et à leurs limites, mises ici en jeu – tâche qu'il s'est lui-même assigné à accomplir dans la *Critique de la raison pure*. Or, la lecture dominante de Kant au tournant du siècle était la lecture néo-kantienne qui réduisait l'auteur de la *Critique de la raison pure* au fondateur d'une théorie de la connaissance au service des sciences de la nature, en particulier de la physique mathématisée. Face à un tel « climat » intellectuel, Heidegger a dû « se réapproprier » « son » Kant. Ce fut la découverte de la phénoménologie husserlienne – notamment à travers la lecture des *Recherches Logiques* (datant de 1900-1901) – qui a réveillé Heidegger de ce que l'on pourrait appeler son « sommeil néo-kantien ». La réduction du kantisme à la fondation d'une connaissance *scientifique* ne peut être surmontée qu'à travers un « retour aux choses mêmes », c'est-à-dire par une analyse des *phénomènes constitutifs* non seulement de la connaissance, mais de tout objet d'une expérience possible (et il est vrai que Heidegger ne fait que retourner par là à la lettre kantienne). Cela exige toutefois de reconsidérer le statut du transcendantal : loin d'être une forme simplement « logique » de la connaissance, le transcendantal doit être susceptible d'une forme d'expérience spécifique, ne se réduisant pas à une expérience sensible, à laquelle ouvre précisément la phénoménologie. Approfondissons à présent ce qu'il y a de « phénoménologique» dans la méthode de Heidegger et essayons de voir comment il s'oppose à Husserl.

Qu'est-ce que la phénoménologie? La phénoménologie n'est pas un «courant» philosophique, ni une «école» (les penseurs qui se revendiquent comme appartenant à la «tradition» phénoménologique sont en effet trop hétérogènes pour qu'on puisse parler d'une «école»), mais elle définit une *méthode*. Cette méthode est d'entrée de jeu caractérisée par : a) l'«absence de tout préjugé» et b) le retour aux «choses mêmes».

a) Le phénoménologue s'intéresse à la *constitution du sens* de ce qui se présente à notre conscience. L'«attitude phénoménologique» requise pour pouvoir réaliser de telles analyses est une attitude qui ne se satisfait jamais de solutions «définitives» – les manuscrits de travail de Husserl en témoignent à l'évidence. Elle implique des recherches incessantes et exige de chacun de *refaire à son compte* l'expérience phénoménologique de celui qui l'a faite et qui l'a décrite. Or, l'analyse de la constitution du sens doit remettre en cause – autant que faire se peut – tout cadre gnoséologique, ontologique, métaphysique, etc. préétabli ou préconstitué. L'«absence de tout préjugé» signifie alors que le questionnement phénoménologique ne saurait s'appuyer sur une théorie philosophique, scientifique (ou autre) qui aurait déjà fait ses preuves dans son domaine circonscrit, mais qu'il doit parvenir à ses fins *à partir des conditions – neutres – que le phénoménologue s'est lui-même données au départ*. L'outil méthodologique censé assurer une telle neutralité est appelé par Husserl l'*épochè* – c'est la mise entre parenthèses (ou «hors circuit») de toute position d'être de cela même qui est à décrire et ce, afin d'accéder aux phénomènes en tant que phénomènes. Et le but de toute analyse phénoménologique sera alors d'amener le philosophe phénoménologue à une évidence inébranlable dont chacun peut faire l'expérience en refaisant le même chemin.

b) L'*épochè* ouvre ainsi à la sphère des phénomènes. Mais la mise en suspens de la position d'être du phénomène n'est pas suffisante – encore faut-il *reconduire* ce qui se donne de la sorte à ce qui *en constitue le sens*. Cette reconduction – accomplissant le fameux retour aux «choses mêmes» qui sont les *phénomènes*[1] *constitutifs du sens* de ce qui apparaît – comporte deux aspects : un aspect «destructif» et un aspect «constructif». «Destructif» parce qu'il faut déconstruire toute dimension relevant d'une position d'être, d'une part, et d'un éventuel «préjugé» (métaphysique, scientifique, etc.), d'autre part. Mais aussi «constructif», en particulier lorsque les analyses descriptives rencontrent leurs limites et requièrent ce que Heidegger appelle une «construction phénoménologique». (Nous reviendrons sur ce point au chapitre III).

Or, y a-t-il une *épochè*, chez Heidegger, et y a-t-il aussi chez lui une réduction phénoménologique ? La philosophie de Heidegger se comprend, au moins *au départ*, comme une *radicalisation* de la phénoménologie husserlienne. Cette radicalisation concerne avant tout la critique de la conception husserlienne (qui rayonne sur l'*épochè* elle-même) du caractère exclusivement *objectivant* de toute visée intentionnelle, qui implique la nécessité d'une telle *épochè* pour mettre entre parenthèses le monde «objectif» et pour se mettre en présence du monde en tant que *phénomène*. Or, pour Heidegger, il est évident que notre rapport au monde n'est pas d'abord (et «le plus souvent») un rapport *objectivant*. Du coup, il n'est nullement besoin d'une *épochè* qui met entre parenthèses un tel rapport.

---

1. On voit par là que la notion de «phénomène» est ambiguë : celui-ci désigne le résidu de l'*épochè*, d'un côté, mais aussi le moment *constitutif* de ce qui est donné dans l'apparition phénoménale, de l'autre.

En revanche, il existe chez Heidegger une sorte de « réduction phénoménologique ». Dans les *Problèmes fondamentaux de la phénoménologie*, Heidegger nomme explicitement « réduction phénoménologique » la « reconduction du regard phénoménologique de la saisie de l'étant – quelle qu'en soit la détermination – à la compréhension de l'être de cet étant »[1]. Heidegger s'éloigne ainsi fondamentalement de l'acception husserlienne de la réduction, nous y reviendrons lorsque nous traiterons des différentes acceptions du phénomène chez Husserl et chez Heidegger. À côté de cette mention *explicite*, on peut déceler encore un usage implicite de cette notion. Cet usage correspond à ce que Heidegger appelle en 1929-1930 l'« entrée et le retour philosophants de l'homme dans l'être-là »[2]. À ce moment-là, nous le verrons en détail un peu plus loin, ce « retour (*Rückgang*) » aura déjà un tout autre sens que dans *Sein und Zeit* même. En effet, dans l'ouvrage publié en 1927, il signifie la nécessité de poser la question de l'être en termes d'une *ontologie fondamentale* – c'est-à-dire d'une « analytique existentiale »; dans les *Concepts fondamentaux de la métaphysique*, au contraire, il exprime le *tournant* d'une « analytique existentiale de l'être-là » en une « métaphysique de l'*essence intime de l'être-là* » préliminaire à une « métaphysique du *monde* » où l'être humain est transformé dans un être-là plus originaire afin de faire renaître, à partir de là, les anciennes questions fondamentales de la philosophie[3].

1. *Die Grundprobleme der Phänomenologie*, GA 24, p. 29; *Problèmes fondamentaux de la phénoménologie*, trad. fr. J.-F. Courtine, Paris, Gallimard, 1985, p. 40 [cité *PF*].
2. *Die Grundbegriffe de Metaphysik*, GA 29-30, p. 510; trad. fr. D. Panis, *Concepts fondamentaux de la métaphysique*, Paris, Gallimard, 1992, p. 505 [cité *CF*].
3. Et ce – conformément à la méthode de Heidegger que nous exposerons plus bas –, en éveillant toujours d'abord une disposition affective fondamentale avant de procéder à une analyse conceptuelle proprement dite.

Le maître mot de la phénoménologie est le terme d'« attestation (*Ausweisung*) » phénoménologique : toute prétention à la vérité passe par l'absence et l'exclusion de présupposés de toute sorte, qu'ils soient métaphysiques, scientifiques ou autres, en faveur d'une « donation de soi (*Selbstgegebenheit*) » de ce que le philosophe se propose d'analyser. Autrement dit, le philosophe phénoménologue se propose d'analyser son objet sans recourir à des dispositifs théoriques préconçus et en le laissant se déployer à partir de lui-même. Deux différences fondamentales séparent alors les compréhensions husserlienne et heideggerienne de la phénoménologie :

a) Alors que Husserl reconduit toute donation aux opérations ou fonctionnements de la subjectivité transcendantale à laquelle on ne peut pas accorder d'« être » parce qu'elle est justement *à l'origine* de toute position d'être, Heidegger conduit d'emblée son analyse en vue de la (re)fondation d'une *ontologie*.

b) Pour Husserl, la nécessité pour tout un chacun de pouvoir *refaire l'expérience* du philosophe – ce qui correspond à cette prescription d'« absence de tout présupposé » dont nous parlions à l'instant –, est un point de départ « *absolu* » de toute analyse phénoménologique. Pour Heidegger, *il y a* en revanche un « présupposé » incontournable pour toute philosophie et pour la phénoménologie en particulier – c'est le rapport du « sujet » philosophant à l'être [1]. Ainsi, il inscrit tout acte philosophant dans un horizon ontologique qui se présente comme une désocculation occultante ou une occultation désocculante. Précisons notre propos. L'absence de tout présupposé

---

1. En ce qui concerne le problème fondamental du *rapport* du sujet à l'objet, Heidegger dit par exemple dans les *Fondements métaphysiques de la logique* : « On croit qu'on pose le problème avec un minimum de préjugés possibles lorsqu'on laisse indifférent l'*être* du rapport ainsi que le genre d'*être* du sujet et de l'objet. C'est le contraire qui est vrai (…). », *FM*, p. 164 [c'est nous qui soulignons].

métaphysique ne signifie pas pour Heidegger que l'on puisse faire abstraction d'un *factum* fondamental – « subjectivement » notre ouverture à l'être ou, « objectivement », le fait que l'être lui-même s'ouvre, se manifeste, se donne. Cette ouverture (dans ce double sens) précède toute compréhension subjective et toute objectivation. Or, ce qui est décisif, c'est que cette ouverture est caractérisée *doublement* : en se donnant, l'être se retire. Cette ouverture n'est pas une présence ou plutôt : une présentation nue, elle est autant manifestation que retrait. En termes kantiens : elle est autant une « condition de possibilité » *de* quelque chose qu'il est impossible d'en avoir une expérience. En effet, pour Kant, les conditions transcendantales de possibilité de l'expérience n'admettent pas à leur tour une expérience au même titre que ce dont elles sont les conditions. Le transcendantal se dérobe à la connaissance, et le retrait de l'être dont parle Heidegger n'est que la répétition – sur un plan *ontologique* – du fait que, dans le criticisme, le transcendantal se retirait. L'idée du retrait de l'être est ainsi une radicalisation ontologique du transcendantalisme kantien.

Les acceptions du « phénomène » dans les phénoménologies de Husserl et de Heidegger

Après avoir esquissé, d'une manière certes très sommaire, certains éléments permettant de voir comment la phénoménologie heideggerienne s'oppose à celle de Husserl, il faut traiter maintenant d'une manière plus approfondie de la notion qui est au centre de la méthode phénoménologique de Heidegger et qui dévoile de la façon la plus nette le contraste avec Husserl : c'est la notion de « phénomène » en phénoménologie.

Qu'est-ce que Husserl entend par « phénomène » ? Chez le père fondateur de la phénoménologie, on peut déceler deux acceptions fondamentales du phénomène. On en trouve une formulation très utile dans les *Conférences de Londres* datant de 1922 et parues récemment dans le volume XXXV des *Husserliana.*

a) Le phénomène, c'est d'abord le « vivre pur comme fait (*das pure Erleben als Tatsache*) »[1], c'est-à-dire le *factum* d'une donation, d'une manifestation à la conscience, qui est tout à fait indépendant du statut ontologique de *ce qui* se donne ou se manifeste. Seul ce *factum* est phénomène. Pour y accéder, il faut inhiber tout ce qui renvoie à une position d'être transcendant. Husserl appelle « subjectivité transcendantale » l'« empire de [ces] faits égologiques »[2] ou « purement phéno-ménologiques » (ce qui, comme Husserl le précise ailleurs[3], veut dire la même chose).

b) La deuxième acception du phénomène concerne les « opérations fonctionnelles » de cette subjectivité transcen-dantale en tant que celles-ci rendent compte des « phénomènes constitutifs » de tout sens. Cette acception exprime l'idée d'un phénomène *en tant que* phénomène : ici il n'y va pas du simple apparaiss*ant*, qui est un *étant* renvoyant à un *autre* étant (qui, lui, n'apparaît pas), mais d'une sorte d'étant très spécifique dénué de tout soubassement ontologique ou plutôt, comme l'a montré d'une manière très convaincante Jean-François Lavigne[4], d'une sorte d'étant qui relève d'une « ontologie » en un sens tout à fait nouveau[5]. En effet, quand on parle du

1. *Husserliana XXXV*, p. 77 ; *Conférences de Londres*, trad. fr. A. Mazzù, *Annales de Phénoménologie*, n° 2/2003, p. 177.
2. *Husserliana XXXV*, p. 81 ; *Conférences de Londres*, trad. fr. p. 180 [traduction modifiée].
3. *Husserliana XXXV*, p. 328 ; *Conférences de Londres*, trad. fr. p. 189.
4. *Cf.* J.-F. Lavigne, *Husserl et la naissance de la phénoménologie* (1900-1913), Paris, PUF, 2005.
5. L'entrée dans la « sphère » phénoménologique signifie dès lors : se placer à la fois dans le monde et en dehors du monde. *Dans* le monde, car tout phénomène est phénomène *du* monde (avec l'*épochè*, « nous ne perdons rien » du monde) ; et *en dehors* du monde, car ces phénomènes eux-mêmes n'ont pas de caractère mondain, mais ouvrent à ce que Husserl appelle, en un sens, on le

phénomène *en tant que* phénomène, on vise par là une dimension *dynamique* qui ne se réduit pas simplement à une dimension temporelle. Cette dimension dynamique nous permet par
ailleurs de comprendre le véritable statut philosophique de
l'*épochè* : celle-ci n'est pas un outil à appliquer dans le cadre
d'une « pratique » phénoménologique, mais elle traduit précisément le sens d'être du phénomène en tant que celui-ci est
dénué de tout soubassement ontologique.

C'est la différence eu égard au statut ontologique que
Husserl et Heidegger confèrent respectivement au phénomène
qui permet le mieux de cerner comment se distinguent les
conceptions de la phénoménologie chez ces deux auteurs.
[1] Dans le § 7 de *Sein und Zeit*, Heidegger procède à une
énumération prétendument exhaustive de la notion de
« phénomène ». Nous reconstituons d'abord l'inventaire que
Heidegger en a donné, avant d'opposer l'acception qu'il
retient pour son *ontologie fondamentale* dans *Sein und Zeit* à
celle, « orthodoxe », de la phénoménologie husserlienne.

Dans ce § 7, Heidegger propose deux séries de distinctions
pour tenter de cerner le sens du « phénomène ». Une première
série rassemble les différentes acceptions relevant du sens
commun, une deuxième, plus technique, dresse le cadre de son
approche « phénoménologique » du phénomène. Remarquons
d'emblée que le phénomène ne se limite pas pour Heidegger,
contrairement à ce qu'on peut souvent trouver chez les commentateurs, à un « pur apparaissant ». En effet, cette structure

voit, tout à fait nouveau, la « subjectivité transcendantale ». Celle-ci n'a rien
d'une « substance pensante » ni d'un « sujet absolu » situé au sommet d'un
« idéalisme de production », mais est le « sol », passif et actif, de toute genèse et
de toute constitution, en deçà de toute scission entre un pôle sujet et un pôle
objet hypostasiés.

1. Dans les pages qui suivent, nous reprenons dans ses grandes lignes une
analyse que nous avons déjà publiée dans notre ouvrage *La genèse de l'apparaître. Études phénoménologiques sur le statut de l'intentionnalité*, Beauvais,
Mémoires des Annales de Phénoménologie, 2004, p. 28-31.

désigne d'abord, comme chez Husserl, un *mode de donation*. Dans une première série de distinctions, Heidegger isole deux types de modes de donation : le « se montrer » (*sich zeigen*) et le « se manifester » (*sich melden*). Ce qui *se montre* est caractérisé par ce qu'on pourrait nommer une donation de ce qui se montre *lui-même* (nous dirons : une *auto-donation*). Ce qui *se manifeste* est en revanche caractérisé par un *renvoi à autre chose*. (Nous parlerons d'*hétéro-donation*). D'où les distinctions suivantes :

a) Le *phénomène* au sens *formel* (*formale Phänomenbegriff*) est *auto-donation* de quelque chose qui se donne tel qu'il est. (Exemple : tel homme, mon ami Paul). Heidegger juxtapose indistinctement ce qui se montre en lui-même (*das Sich-an-ihm-selbst-zeigende*[1]) et – ce qui n'est pas du tout la même chose – le fait de se montrer en-lui-même (*das Sich-an-sich-selbst-zeigen*[2]); cette acception du phénomène (l'étant qui se montre en lui-même) en est l'acception positive et originaire.

b) L'*apparence* (*Schein*) est *auto-donation* de quelque chose qui est autre qu'il ne se donne. (Exemple : tel homme, qui, quand je m'approche, s'avère être un arbre). Cette acception suppose la première (a) et en est la modification privative.

c) Un troisième sens du phénomène est *l'apparition* (*Erscheinung*). L'apparition n'est pas une auto-donation, mais une *hétéro-donation* : ce qui apparaît ne se montre pas lui-même, mais *se manifeste* à travers *autre chose* qui, lui, se montre – d'où la nécessité de la distinguer du phénomène au sens formel du terme (exemple : le symptôme d'une maladie). Le symptôme se montre, la maladie elle-même ne se montre jamais. Ce qui se montre est *l'indice* de l'apparition, ce qui implique qu'il est *tributaire* de ce qui apparaît. L'apparition ne

---

1. *SuZ*, § 7 A, p. 28.
2. *SuZ*, § 7 A, p. 31.

désigne pas ce qui se montre (c'est le phénomène), le manifestant, mais l'apparaiss*ant*, c'est-à-dire ce qui, en ne se montrant
pas, *se* manifeste. Elle englobe les indications, symptômes,
symboles, etc. – bref, elle inclut toute sorte de renvoi. Notons
que le « ne pas » de l'apparition (l'apparition est un « ne-pas-
se-montrer ») ne doit pas être confondu avec le caractère
privatif de l'apparence. En revanche, tout comme l'apparence,
l'apparition exige elle aussi le phénomène au sens strict :
« L'apparaître est la manifestation par l'intermédiaire de
quelque chose qui se montre lui-même » [1]. À partir de ce qui
précède, on peut distinguer deux sens de l'apparition :

– le fait d'apparaître (exemple : la maladie *en tant qu'*elle
se manifeste) ;

– cela même qui apparaît – ou qui manifeste, au sens transi-
tif, ce qui ne se donne pas – exemple : les symptômes de la
maladie. Cette acception est sans doute plus souvent utilisée
que la première.

d) Compte tenu de cette dernière distinction, Heidegger
propose encore une quatrième acception : la *simple apparition*
(*bloße Erscheinung*) qui, cette fois, ne désigne pas *ce qui*
manifeste quelque chose et ne se montre pas, mais le *mani-*
festant lui-même en tant que seul indice de ce qui, justement,
ne se montre pas. L'exemple type d'une telle « simple apparition » (qui est également une hétéro-donation) est pour
Heidegger le « phénomène » en tant qu'« objet de l'intuition
empirique » chez Kant.

Cette série de distinctions est redoublée par une deuxième,
caractérisant l'approche phénoménologique dans son acception *heideggerienne*, opposant le concept formel du phénomène au concept « vulgaire » et au concept proprement
« phénoménologique ». En effet, de la première série de
distinctions, Heidegger ne retiendra véritablement que la

---

1. *SuZ*, § 7 A, p. 29.

première et la quatrième acception. Tout d'abord, le phénomène au sens originaire qui est le concept *formel* du phénomène. Pourquoi le caractérise-t-il comme un concept *formel*?
Parce que l'intention fondamentale de Heidegger consiste
précisément à poser les fondements *ontologiques* de la phénoménologie. Or, le phénomène compris comme «ce qui se
montre» n'indique rien à propos du fait de savoir s'il s'agit là
d'un étant, d'un «caractère d'être» de l'étant ou encore
d'autre chose. La critique implicite que Heidegger adresse à la
phénoménologie husserlienne c'est qu'elle *sous-détermine
ontologiquement* la notion de phénomène. Selon Heidegger,
il faut que le concept formel du phénomène «s'applique» à
un étant (il faut qu'il lui corresponde) pour que ce concept
formel trouve son usage «légitime»[1], c'est-à-dire, pourrait-on
ajouter, sa fondation ontologique. Comme Kant caractérise les
«phénomènes» non seulement comme des représentations,
mais également comme des objets (c'est-à-dire comme des
étants), le concept formel du phénomène trouve justement une
application légitime chez Kant, et Heidegger appelle cet usage
du phénomène le concept «vulgaire» de ce dernier et qui
coïncide ainsi avec la «simple apparition». Dans ce concept
«vulgaire» du phénomène, il faut qu'il y ait quelque chose
qui, de façon implicite ou «non thématique», se montre
a priori et à même (*vorgängig und mitgängig*) les phénomènes
et qui puisse être rendu thématique. Ce quelque chose assure le
lien entre ce qui affecte notre sensibilité et les phénomènes au
sens «originaire», c'est-à-dire au sens de Kant. Il est caractérisé par le fait qu'il répond précisément de la manière dont
les phénomènes au sens vulgaire *apparaissent, se donnent*.

Pour pouvoir caractériser les phénomènes au sens
phénoménologique, qui sont le «thème d'une attestation

---

1. *SuZ*, § 7 A, p. 31.

expresse» [1], Heidegger procède ensuite à une «déformalisa-
tion» du concept formel de phénomène, consistant à «amener
de façon thématique à la donation de soi» [2] cela même que
véhicule le concept vulgaire de phénomène et qui n'est pas
thématisé dans l'attitude naturelle. Le phénomène, selon
Heidegger, est ainsi ce qui se montre implicitement à même
l'apparaissant et qu'il s'agit de thématiser dans la description
phénoménologique.

Avec cette formulation, Heidegger est tout à fait proche de
l'acception husserlienne. En effet, le «phénomène» pour
Husserl est ce qui, sans que l'on préjuge de son statut ontologique, «apparaît» en vertu de la *réduction* phénoménologique, laquelle est «appliquée» à un apparaissant mondain
qui lui sert de «modèle» (*Vorbild*). Le phénomène n'est
donc jamais quelque chose de *donné* immédiatement, mais
«n'apparaît» qu'à travers une *médiation*. Cette médiation
exige qu'on n'en reste pas au niveau de ces «apparitions»
immédiates, mais qu'on descende vers les *couches ultimement
constitutives de ces dernières*, autrement dit, vers les «opérations fonctionnelles» (*fungierende Leistungen*) de la subjectivité transcendantale, en un sens différent du transcendantalisme kantien. Le phénomène est ainsi l'ensemble des
structures intentionnelles et pré-intentionnelles (Husserl dit de
façon plus exacte : «pré-immanentes») caractérisant les effec-
tuations propres de la subjectivité transcendantale. Heidegger
aura ainsi raison de souligner le caractère «non immédiatement présent» des phénomènes, en revanche, il aura tort, aux
yeux de Husserl, de les doter d'un statut ontologique – aussi
indéterminé qu'il soit. Les phénomènes, selon l'acception
de la phénoménologie husserlienne, sont les opérations ou
fonctions intentionnelles (et pré-intentionnelles) du sujet qui

1. *SuZ*, § 7 C, p. 35.
2. *SuZ*, § 7 A, p. 31.

constituent toute donation de sens et leur propre donnée est tributaire de l'*épochè* et de la réduction phénoménologique [1].

Or, pour Heidegger, ce « phénomène phénoménologique » ne répond pas seulement de l'apparaître des apparitions, mais « il est en même temps quelque chose qui appartient essentiellement à ce qui se montre d'abord et le plus souvent en en constituant (*ausmacht*) le sens et le fondement ». Voilà le glissement d'une phénoménologie thématisant le sens de l'apparaître à une phénoménologie ontologique : on passe du problème du sens de l'apparaître, des modes de *donation*, à la thématique du fondement [2]. Heidegger le confirme dans la proposition qui suit immédiatement : « Ce qui, dans un sens insigne, demeure *caché* et qui retombe dans l'occultation ou qui ne se montre que de façon "*déplacée*" (*verstellt*), ce n'est pas tel ou tel étant, mais (…) *l'être* de l'étant » [3].

---

1. Notons que cette définition du phénomène ne se dégage pas d'une manière immédiate de la lecture des textes de Husserl (et l'on trouve en effet de nombreux passages où Husserl identifie purement et simplement phénomène et apparition).

2. C'est ce dernier glissement qui n'est pas acceptable du point de vue de l'orthodoxie phénoménologique husserlienne. Au cœur même de ce qui est censé rendre compte de l'attestation, Heidegger « *schlägt um* », procède à un *tournant* (il n'est pas trop tôt pour l'affirmer) qui étayera à jamais la manière dont son approche divergera de celle de Husserl. En effet, ce sur quoi Heidegger et Husserl ne sauraient s'entendre, c'est que le phénomène par excellence, pour Heidegger, c'est l'être ! Ce qui pour l'un – à savoir pour Heidegger – est le fait incontournable de toute philosophie en tant qu'elle traite de l'être, c'est pour l'autre – à savoir pour Husserl – un présupposé inadmissible. C'est donc bien sur le problème du rapport entre l'être et le phénomène que se séparent, probablement d'une manière définitive, les « phénoménologies » de Husserl et de Heidegger.

3. *SuZ*, § 7 C, p. 35 (c'est nous qui soulignons). Que l'être soit le phénomène par excellence selon la perspective de l'ontologie phénoménologique heideggerienne, c'est ce que confirme cette phrase des *Problèmes fondamentaux de la phénoménologie* : « La discussion de la question fondamentale du sens de l'être en général et des problèmes qui en résultent recouvre la teneur intégrale (*Gesamtbestand*) des problèmes fondamentaux de la phénoménologie en sa systématique et sa justification (*Begründung*) », *PF*, p. 21 ; trad. fr. p. 33.

Il faut noter par ailleurs que bien que la phénoménologie husserlienne permette ainsi une avancée décisive, sur le plan méthodologique, par rapport au transcendantalisme kantien, il n'en est pas moins vrai que, pour Heidegger, une phénoménologie dominée par l'analyse intentionnelle (c'est-à-dire par l'analyse des diverses manières dont la *conscience* se dirige vers un objet) s'arrête à mi-chemin. Le «retour aux choses mêmes» ne saurait se contenter pour lui d'une description des phénomènes en tant que ceux-ci seraient privés de tout fondement ontologique. Autrement dit, l'*épochè* phénoménologique qui se propose de se placer sur le plan phénoménal abstraction faite du sens d'être de ce qui apparaît, n'est pas recevable pour Heidegger. Si l'ontologie n'est certes «possible qu'en tant que phénoménologie»[1], la réciproque est encore davantage vraie pour Heidegger. Ainsi, on peut dire pour conclure que Heidegger détermine sa propre position philosophique à travers une double critique : celle de Kant, d'une part, dans la mesure où le transcendantal doit pouvoir être susceptible d'une expérience phénoménologique ; celle de Husserl, d'autre part, parce qu'on ne saurait se contenter, aux yeux de Heidegger, d'une analyse intentionnelle qui fasse abstraction du sens d'être des phénomènes.

Or, est-ce à dire qu'en insistant de la sorte sur la (re)fondation d'une ontologie, Heidegger reconduirait la critique que certains philosophes post-kantiens (comme par exemple Maïmon) avaient adressées à Kant en proposant une démarche qui visait à réconcilier le criticisme kantien avec le rationalisme leibnizien ? Ou même qu'il retomberait dans une perspective pré-critique – et donc dogmatique ?

---

1. *SuZ*, § 7 C, p. 35.

À propos du caractère « circulaire » de la phénoménologie heideggerienne

Que la pensée de Heidegger soit «dogmatique» – «circulaire», voire «tautologique» – est effectivement un reproche qui lui est souvent adressé du côté de la phénoménologie husserlienne «orthodoxe». Or, la pensée heideggerienne est effectivement une pensée *circulaire* – selon les aveux mêmes de Heidegger. Cette circularité n'est cependant pas tautologique. En effet, il importe de souligner qu'il n'y a de «circularité» chez Heidegger que dans le sens où, dans le *chemin parcouru*, le point d'arrivée n'est *pas* identique au point de départ. Du coup, cette circularité n'est aucunement «vicieuse».

La «circularité» du cheminement de la pensée heideggerienne est caractérisée par deux choses : a) le sens même du cercle *herméneutique* ; b) le rôle de l'*intuition* ou du «regard (*Blick*)» dans la compréhension.

a) Tout lecteur attentif de Heidegger trouvera de nombreux passages où le cheminement de sa pensée semble s'apparenter à une *pétition de principe* : on peut avoir l'impression que le résultat auquel il parvient – au terme de nombreux efforts – a en réalité déjà été posé dès le commencement. Or, il faut distinguer entre les ingrédients nécessaires à la compréhension et la simple tautologie qui répète inlassablement la *même* chose. Comme nous le verrons de près, la compréhension n'est pas purement passive, elle ne reçoit pas son objet du dehors qu'elle découvrirait ensuite comme son autre absolu. Comprendre signifie : être *toujours déjà* engagé dans un processus – caractérisant ce que Heidegger appelle le «cercle herméneutique» – où la *pré*-compréhension se mesure à une compréhension qui sera à son tour dépassée (et ainsi de suite à l'infini : comme nous le verrons plus bas, toute compréhension s'avère alors être une *interprétation*). Ainsi, «le mouvement circulaire de la philosophie trouve son élément essentiel non pas dans le fait d'aller le long d'une périphérie et de revenir au point de départ, mais il le trouve dans le regard (*Blick*) – possible seulement à l'occasion de la démarche circulaire – jeté vers le centre. Celui-ci, c'est-à-dire le milieu et le fondement, ne se révèle comme centre que dans et pour un circuler autour de lui » [1]. Quel est le rôle de ce « regard » ?

b) La structure du comprendre, selon Heidegger, est en réalité bien plus fidèle aux analyses husserliennes de la signification qu'on ne le dit habituellement. Dans les *Recherches Logiques* (1900-1901), Husserl s'était demandé comment la signification pouvait être donnée à la conscience. Et il a distingué entre deux sortes d'actes intentionnels : les intentions (ou actes) de *signification* qui *visent* l'objet – que cet objet existe « réellement (*wirklich*) » ou non – et les intentions (ou actes) de *remplissement* qui viennent confirmer ou, le cas échéant, infirmer la visée signitive. La grande originalité de ces analyses est que la donation « en chair et en os » de l'objet ne relève plus désormais d'un simple *datum sensible* mais d'un *acte* conscientiel : le *remplissement* de l'intention de signification n'est pas moins un *acte* que cette dernière ou, autrement dit, la visée et le remplissement se rapportent toujours à un *sens intentionnel* et non pas à l'objet lui-même, de sorte que la dualité conscience/monde « extérieur » est totalement remise en cause par la phénoménologie husserlienne.

Précisons davantage ce point essentiel. L'important apport de l'analyse intentionnelle husserlienne consiste dans une clarification du rapport entre les composantes sensibles et les composantes intelligibles dans tout acte de connaître. On sait que Kant avait distingué dans la *Critique de la raison pure* entre deux souches de facultés de connaître : la sensibilité, dont la représentation spécifique est l'intuition, en vertu de laquelle

1. *CF*, p. 276 ; trad. fr. p. 280.

nous nous rapportons d'une manière *im*médiate à l'objet, et l'entendement, dont la représentation spécifique est le *concept* qui assure un rapport *médiat* à l'objet. Or, le rôle du temps dans l'*Analytique transcendantale* permet de montrer que cette prétendue *séparation* doit être relativisée – c'est donc tout à fait à bon escient que Kant caractérise la sensibilité comme réceptivité (et non pas comme *passivité*) et l'entendement comme spontanéité (et non pas comme activité), puisque la connaissance n'est en effet possible que si l'on parvient à établir en quoi l'entendement et la sensibilité sont en réalité *médiatisés* l'un avec l'autre[1]. Dans les *Recherches Logiques*, Husserl met cette distinction sur une nouvelle base qui vise à supprimer le faux problème du rapport du sujet connaissant à un monde «extérieur». Husserl accorde à Kant qu'un acte du sujet connaissant ne peut garantir une véritable connaissance que si l'acte – de l'entendement – qui assure le rapport à l'objet, eu égard à son sens et sa signification généraux, correspond à une intuition. Mais, contrairement à lui, il ne restreint pas les actes de l'entendement à leur fonction purement *discursive*. Le penser est caractérisé par Husserl comme «signifier» – et il faut effectivement le distinguer de l'intuitionner. Dès lors, une connaissance est atteinte lorsqu'une intention de *signification* se trouve remplie par une intention de remplissement, sachant que la première remplit la fonction d'une pensée et la seconde d'une intuition. Les actes signitifs et les actes remplissants sont des intentions, donc il n'y est effectivement plus question d'un rapport (qu'il soit médiat ou immédiat) à un objet «réal». En règle générale, dans toute connaissance, et notamment celle d'une perception transcendante, les composants signitifs et intuitifs sont enchevêtrés les uns dans les autres.

---

1. Nous avons approfondi ce point dans notre étude «Le problème du temps dans l'*Analytique transcendantale*», dans M. Lequan (éd.), *Philosophie transcendantale et métaphysique selon Kant*, Paris, L'Harmattan, 2005.

Or, ce qui est décisif, c'est que, chez Husserl, les intentions signitives ont un « primat logique »[1] par rapport aux intentions remplissantes. Si une intention de signification exige certes une intention de remplissement eu égard au rapport *déterminé* de l'objectité visée (l'expression même d'une « intention de signification » le dénote) – ce qui veut dire qu'un acte remplissant ne « remplit » pas n'importe quelle visée signitive – les secondes n'en dépendent pas moins des premières dans la mesure où elles n'indiquent pas *quelles intentions* elles remplissent. L'acte signitif détermine quel acte remplissant peut venir le remplir, mais la réciproque est fausse. Il n'y a de connaissance que lorsque l'intuition « rend vraie »[2] une intention qui a *d'abord* été déterminée par une visée signitive.

Si Heidegger revendique lui aussi cette médiation entre ce qui relève de la sensibilité et ce qui relève de l'entendement, il n'en change pas moins de *registre*. Pour Husserl, l'analyse intentionnelle en termes d'intention de signification et de remplissement avait pour but de rendre compte de la *perception* d'un objet – et dans un second temps, il s'agissait de vérifier, comme en témoignent ses élaborations au début des années 1900, si ces analyses sont valables également pour d'autres sortes d'actes. Mais dans tous les cas, elles ont chez lui une portée *gnoséologique*. Heidegger, quant à lui, étend ce dispositif à *toute* forme de rapport à l'« objet ». Il l'élève à un niveau *ontologique*.

Si les analyses de Heidegger concernant la structure du comprendre sont donc en effet tributaires des *Recherches Logiques*, puisqu'on retrouve la dualité visée de signification/ remplissement intuitif dans *Sein und Zeit* et, dans une nuance un peu différente, dans les *Concepts fondamentaux de la méta-*

1. *Cf.* à ce propos les développements éclairants de S. Rinofner-Kreidl, dans *Edmund Husserl. Zeitlichkeit und Intentionalität*, Fribourg/Munich, Alber, 2000, p. 82 *sq.*
2. *Ibid.*

physique), Heidegger *opère pourtant un renversement* tout à fait capital. Tout comprendre suppose une pré-compréhension : ce qui est ainsi « en vue », c'est *ce vers quoi* la compréhension a à se projeter, si elle veut pouvoir *appréhender* quelque chose. Or « aussi simple que cette tâche puisse paraître – voir en quelque sorte proprement (*eigens*) ce que l'on a toujours déjà devant les yeux –, autant cette manière de voir et de concevoir est-elle difficile, d'autant plus qu'il ne s'agit pas simplement de contempler et de regarder benoîtement »[1]. En effet, contrairement à l'acception de Husserl, pour qui le remplissement *intuitif* vient remplir une visée signitive, l'herméneutique heideggerienne *prend d'abord en vue* ce qui est à comprendre, et *l'explicite* alors quant à sa teneur. L'analyse des conditions de la compréhension de l'étant maniable (*cf.* le § 32 de *Sein und Zeit*) est ici décisive : parmi les trois moments structurels (le « pré-acquis », la « prévision », et « l'anticipation »), c'est la *pré-vision* qui prime – ce qui n'enlève rien au fait, bien entendu, qu'elle a son « mode de compréhension » propre. Les conséquences de ce renversement sont importantes : jamais aucun remplissement *définitif* n'est possible, toute compréhension explicitante est une *interprétation* qui est à jamais à refaire. Dès lors, la démarche heideggerienne n'apparaît tautologique que si l'on ignore ce présupposé fondamental du comprendre qu'est donc le « regard » ou l'« intuition »[2] et dont le soubassement temporel,

1. *CF*, p. 338 ; trad. fr. p. 339.
2. Cette priorité du regard, de l'intuition (qu'il faut prendre ici dans son sens kantien également, c'est-à-dire en tant que représentation spécifique de la *sensibilité*) explique pourquoi l'analyse de la disposition affective précède celle du comprendre. Par exemple, dans *Sein und Zeit*, l'analyse de la tonalité affective de l'angoisse précède celle du souci (c'est donc la raison pour laquelle Heidegger précise que la disposition affective a une « *signification méthodologique fondamentale* » pour l'analytique existentiale, *SuZ*, § 29, p. 139). Et cela explique aussi pourquoi l'analyse de l'ennui, dans les *CF*, précède celle de la « configuration du monde » (*cf.* notre cinquième chapitre). Là encore,

nous le verrons, ne servira de rien de moins que de « structure ontologique » de l'être-là humain lui-même.

L'ONTOLOGIE HEIDEGGERIENNE : UNE ONTOLOGIE
DE L'ÊTRE « *EN GÉNÉRAL* » OU DE *L'ÊTRE-LÀ* ?

La structure de la question

Cette mise au point méthodologique ayant été faite, essayons maintenant de voir comment, *concrètement*, Heidegger pose la question du sens de l'être. Nous l'avons dit plus haut, il s'agit pour Heidegger de poser la question de l'être sans y appliquer de l'extérieur une méthode qui, dans ce cas, s'avérerait être stérile, et en tenant compte du caractère « circulaire » (bien compris) du comprendre. Heidegger y parvient non pas en *supposant* une structure théorique au préalable (reproche qu'il adresse à Kant et à Husserl qui, selon lui, n'ont pas clarifié le statut – *ontologique* – du sujet transcendantal[1]),

---

Heidegger témoigne de sa fidélité à l'égard de Kant : il souligne à plusieurs reprises l'importance capitale de la première phrase de l'*Esthétique transcendantale* qui affirme que le mode par lequel une représentation « se rapporte immédiatement aux objets et auquel tend toute pensée comme au but en vue duquel elle est le moyen est l'intuition », *Critique de la raison pure*, A 19-B 33 (trad. fr. Trémesaygues et Pacaud, Paris, PUF, p. 53), et qui exprime donc la priorité d'une dimension *sensible* dans toute connaissance.

1. Quelle est l'erreur fondamentale de Kant selon Heidegger ? C'est d'avoir considéré ce sujet comme un « Je pense » alors que c'est en réalité un « Je-pense-quelque chose ». Pour Kant, le « Je pense » doit certes pouvoir « accompagner » toutes nos représentations, mais ce qui est ainsi donné c'est quelque chose d'empirique sans que le *mode d'être* de cet accompagner ait jamais été précisé. Pour Heidegger, le Moi et ce qui l'affecte sont chez Kant co-présents (*mitvorhanden*) ; nulle part il n'a vu « le "présupposé" ontologique du "Je-pense-quelque chose" en tant que déterminité fondamentale du soi (*Selbst*) » (*SuZ*, § 64, p. 321). Quel est ce présupposé ? Heidegger l'a ajouté en marge dans son *Handexemplar* de *Sein und Zeit* : c'est la *temporalité* (*Zeitlichkeit*), plus précisément : l'être-au-monde en tant qu'il met en œuvre une structure temporelle (le défaut majeur de l'analytique kantienne résidant pour Heidegger dans le fait d'avoir ignoré le phénomène du *monde*). Nous reviendrons sur ce point dans notre troisième chapitre.

mais *en analysant* d'abord la *structure même* de la question, analyse qui le conduira à la « différence ontologique » entre l'être et les étants et à la nécessité de mener l'investigation en considérant d'abord l'étant qui nous *donne accès* à l'être – à savoir l'« être-là » humain.

Heidegger aborde le problème de la structure de la *question* à travers le prisme de la *compréhension* de l'être. Celle-ci étant un « comportement » humain, la question de l'être se trouve naturellement liée à celle de l'être de l'homme. Or, l'être n'est pas quelque chose qui serait posé « là » et que nous aurions simplement à saisir. Au contraire, cet « être-là » de l'être *requiert* en quelque sorte « quelqu'un » pour qu'il s'atteste. L'originalité de l'approche heideggerienne consiste ainsi dans la mise en évidence du fait que ce « lien » entre l'être et « celui » « qui » s'y rapporte, loin de supposer un « sujet » ou une « conscience », se laisse établir *à partir de la structure formelle même* de la question de l'être. D'où l'important § 2 de *Sein und Zeit* qui expose la teneur et le sens de cette structure.

Cette structure met en œuvre *trois* termes. Le *questionné*, l'*interrogé* et le *demandé*. Chacun de ces termes est formé en allemand à partir de la racine « *frag-* », d'un côté, qui exprime le questionner, la question, et moyennant un préfixe spécifique, de l'autre.

a) Le questionné (*GEfragtes*) c'est ce qui est *recherché* (*GEsuchtes*). Or, on ne questionne pas sans direction ni but, mais on s'oriente précisément *à partir de ce qui est recherché*. Autrement dit, avec le questionné la question reçoit sa « direction », son « orientation » (*GEleit*). Le questionné n'est donc pas l'« *objet* » recherché, mais plutôt l'horizon dans lequel la question doit s'inscrire. Il exprime, sur le plan de la structure de la question, l'idée d'une *pré-compréhension* qui s'avérera décisive, nous le verrons, pour la structure de tout *sens* en général.

b) Mais pour que la question soit véritablement une question, il ne suffit pas simplement d'un *horizon* au sein duquel elle peut se déployer. En plus de celui-ci, elle a besoin aussi d'un élément sur lequel elle peut porter et qu'elle peut interroger (à l'instar du *témoin* au tribunal). Aussi, la question admet-elle son *interrogé* (*BEfragtes*). Mais cet exemple du témoin peut induire en erreur : l'interrogé n'est pas simplement « là », il n'est pas préalablement « présent », mais – dans le cas notamment d'une question *théorique* – il détermine (*BEstimmt*) d'abord et porte au concept (*BEgriff*) ce qui a été seulement *visé* dans la pré-compréhension de l'interrogé. Et avec l'interrogé, la question parvient à sa conceptualité (*BEgrifflichkeit*) propre.

c) Enfin, la question a un *but* et une *fin* – à savoir ce qui sera *connu* (*ERkanntes*) au terme du questionnement. Ce qui constitue ainsi le résultat (*ERgebnis*) de ce dernier, c'est le *demandé* (*ERfragtes*).

Dans la question de l'être, le questionné c'est l'*être*, l'interrogé c'est l'*étant* et le demandé c'est le *sens de l'être*. Que signifient ces termes ?

Les différentes approches de l'être chez Heidegger

Lorsqu'on se propose de répondre à la question de savoir ce qu'« est » l'être, on se voit d'emblée devant deux difficultés : premièrement, le verbe « être » apparaît dans la question de sorte que cette dernière suppose déjà acquise la compréhension de son sens ; il y aurait donc – là encore – un cercle inadmissible. Et, deuxièmement, l'être incombe à tout, il dépasse les catégories, ce n'est pas un *genre* (condition *sine qua non* de toute définition). Une définition en semblerait donc exclue. Or, Heidegger ne vise pas le « est », ni *tout* ce qui est, mais l'être.

En effet, le « est » dans la question « qu'est-ce que l'être » est d'abord ce qu'en logique on appelle la « copule » qui relie toujours un prédicat à un sujet (« S *est* P ») où, en règle générale, le prédicat a une plus grande extension que le sujet (sinon il s'agirait d'une tautologie et la détermination ne nous apprendrait rien). Il importe de souligner que l'être visé par Heidegger ne se réduit pas à une copule ou à n'importe quel membre qui relierait une propriété, une qualité, un prédicat, etc. à un sujet qui en serait le « propriétaire » ou qui opérerait comme leur porteur. Il s'agit au contraire de déterminer quel sens « a » l'être pour pouvoir s'exprimer à travers la structure fondamentale de l'énoncé *S est P*[1]. De façon plus générale, l'être n'est rien qui serait ceci ou cela. Pour désigner ce qui est ceci ou cela, ce qui est tel ou ainsi, Heidegger reprend aux philosophes grecs le terme « étant ». L'étant (en français) et « *Seiendes* » (en allemand) correspondent dans les deux langues au participe présent singulier du verbe « être » (tout comme le « *on* » en grec). Ce qui « *est* », ce sont les étants. Qu'est-ce qu'un étant ? Tout ce qui « est », justement. Les choses matérielles, perceptibles dans l'espace et dans le temps (les arbres, les pierres, les objets fabriqués, etc.), les choses non sensibles (les idées, les concepts abstraits), bref : absolument tout ce qui peut être senti, perçu, imaginé, pensé. Cela inclut évidemment aussi tout ce qui est d'une existence douteuse, même l'impossible, le contradictoire, l'absurde, le non-sens, etc. Les étants, c'est tout ce qui est susceptible d'être représenté, fût-ce d'une manière totalement vague, exprimé dans la parole, même l'ineffable. Et, ne l'oublions pas, Dieu – qu'on pense aux dieux Grecs ou à ceux des religions mono-

---

1. *Cf.* à ce propos en particulier la quatrième thèse sur l'être (celle de la « *logique* ») dont Heidegger traite dans les paragraphes 16-18 des *Problèmes fondamentaux de la phénoménologie* ainsi que dans le § 72 des *Concepts fondamentaux de la métaphysique*. Nous reviendrons sur ce point dans notre cinquième chapitre.

théistes ou à toutes les autres divinités – est à son tour un étant [1]!

Or, ce qui caractérise toute la métaphysique traditionnelle, selon Heidegger, c'est qu'elle a toujours questionné l'être comme étant celui d'un *étant particulier*. Heidegger, lui, propose une variété de perspectives ayant pour but de poser à nouveaux frais la question de l'être *en tant qu'être*, comme l'avaient fait Platon et Aristote. Voici quelles sont ces différentes perspectives qui se laissent circonscrire dans l'ensemble des « chemins » [2] heideggeriens :

– l'être comme « envoi qui se retire » ;

– l'être comme *fondement* (qui ne se dévoile qu'à travers la méthode phénoménologique) ;

– l'être comme *transcendens* (la différence ontologique) ;

– l'être comme ce qui rend possible le rapport de l'homme au *monde*.

a) L'être n'est pas ceci ou cela, l'être n'est pas un être-tel ou un être-ainsi, bref, l'être n'« est » pas – Heidegger dit qu'*il y a* seulement l'être. Pourtant, l'être n'est pas « rien », sinon Heidegger aurait dû dire que *la* question de la philosophie est celle du « rien » ou du « néant ». Comment tenir ensemble l'affirmation que l'être doit bel et bien « être » quelque chose pour pouvoir être l'« objet » de *la* question de la philosophie, et cette autre affirmation selon laquelle l'être n'« est » pas ?

Tout d'abord, il ne faut pas oublier que l'être, bien que substantivé, est évidemment un *verbe*. Le terme allemand qui correspond au « *verbum* » latin est celui de « *Zeitwort* », c'est-à-dire un « mot [qui exprime un certain] temps ». Et nous verrons que l'être est en effet dans un rapport insigne avec le

1. Pour désigner ce qui est relatif à l'*étant*, Heidegger introduit le terme « ontique ». Il conserve l'adjectif « ontologique » pour ce qui est relatif à l'*être*.

2. Rappelons que quelques jours avant sa mort, Heidegger avait indiqué comme titre pour l'ensemble de ses œuvres complètes : « Des chemins – non des œuvres » (« *Wege – nicht Werke* »).

temps. Un verbe exprime un faire ou un agir. De quel « agir » s'agit-il ici ? Pour désigner la manière dont l'être « est », tout en n'« étant » pas, Heidegger emploie la formule « l'être *se retire* ». Penser ensemble une certaine négativité, l'être n'« est » pas, et une certaine positivité, l'être doit bel et bien « être » d'une certaine manière, implique de comprendre un double mouvement : l'être se retire, mais en se retirant, il dispense quelque chose, il « envoie » quelque chose – sinon il n'y en aurait aucune « trace » et personne n'aurait pu l'identifier comme l'« objet » même du questionnement philosophique. L'être est un « envoi se retirant (*sich entziehendes Geschick*) ». Il y a là en effet un double mouvement, car cet envoi en retrait concerne l'être lui-même (l'être *se* retire) et le « destinataire » de l'envoi, à savoir l'*étant en général*.

Nous avons vu qu'un étant est *tout* ce qui est – non pas en sa *totalité*, mais en sa *multiplicité* et sa *diversité*. Dans *Sein und Zeit*, Heidegger distingue entre trois sortes d'étants[1] : les étants « maniables (*Zuhandene*) », les étants « présents (*Vorhandene*) »[2] et l'être-là qui désigne l'être humain en tant qu'il est le seul étant à avoir un rapport à l'être. Les étants maniables, ce sont les étants en tant qu'ils sont pris dans le contexte de leur usage possible, de leur utilité (exemple : le marteau du forgeron en train de forger). Les étants présents, eux, désignent ces mêmes étants, mais en tant qu'ils sont pris dans leur pur « être-là », au sens traditionnel de l'*existentia*, de la « présenteté » (exemple : le marteau quand il est cassé ou même quand il fait défaut !). L'étant maniable est en quelque sorte « absorbé » dans l'usage, on ne le « remarque » pas. L'étant présent, en revanche, est l'étant maniable en tant qu'on le *sort* du contexte de son usage, en tant qu'on l'objective, en

---

1. Plus tard, Heidegger circonscrira d'autres types d'étants, par exemple l'être-avec autrui (*PF*, § 20 b, p. 396 ; trad. fr. p. 336) et les œuvres d'art.
2. Nous préférons cette traduction à celle de Martineau qui traduit *zuhanden* par « à-portée-de-la-main » et *vorhanden* par « sous-la-main ».

tant qu'on en fait le thème d'une attention expresse. (On remarque par exemple les clefs de la maison quand on les a perdues…). Ainsi, ces différents types d'étants ne sont pas sans lien : l'étant maniable, caractérisé par le « ce-pour-quoi (*Wozu*) », caractérisant son usage, renvoie en dernière instance au « ce-en-vue-de-quoi (*Worum-willen*) » [1], c'est-à-dire à l'existence humaine, à l'être-là (la troisième sorte d'étant) – et l'étant présent, lui, n'est rien d'autre qu'un étant maniable « coupé » de son « origine » et de sa « finalité », c'est-à-dire, là encore, de son rapport à l'être-là.

Plusieurs problèmes se posent alors concernant ce rapport de l'être à l'étant : comment faut-il concevoir plus exactement ce « retrait » de l'être ? *Qui est-ce qui* « dispense » l'envoi (b) ? *Qu'est-ce que* l'être envoie ? Et comment le rapport entre l'être et l'étant se précise-t-il à partir de là ((c) et (d)) ?

b) Pour Heidegger, la phénoménologie ne s'occupe pas d'abord et surtout de ce qui apparaît, mais de ce qui, en se dérobant, *rend* l'apparition *possible*. Et, en un certain sens [2], cette affirmation n'est pas étrangère à la position husserlienne. Or, « rendre possible », chercher le « fondement (*Grund*) » sont des déterminations que Heidegger hérite du transcendantalisme kantien. Pour Kant, nous l'avons déjà rappelé, ce qui *rend possible* la connaissance n'est pas à son tour susceptible d'être attesté *dans* l'expérience. Donc, ce qui est *au fondement* « se retire » d'une certaine manière. Le *retrait de l'être* diagnostiqué par Heidegger n'est autre qu'une élévation sur un plan ontologique du principe même de la fondation de l'expérience dans une « sphère » transcendantale [3]. Qu'est-ce alors

---

1. Nous verrons dans les chapitres suivants quel est le rôle absolument capital de cet « en-vue-de… ».

2. *Cf.* la deuxième acception du phénomène chez Husserl que nous avons rappelée plus haut.

3. Que cette « réinterprétation » ontologique du transcendantal n'ait plus rien de kantien est une autre question.

que l'être pour Heidegger selon cette deuxième perspective ?
C'est :

> manifestement quelque chose qui, d'abord et le plus souvent,
> ne se montre *pas*, qui est *occulté* par rapport à ce qui d'abord et
> le plus souvent se montre, mais qui en même temps est quelque
> chose qui appartient essentiellement à ce qui se montre d'abord
> et le plus souvent, et ce, d'une telle manière qu'il en constitue
> (*ausmacht*) le sens et le fondement (*Grund*)[1].

Ainsi, ce que « dispense » l'envoi, c'est le « sens » et le
« fondement » de l'étant.

c) Insistons : l'être, lui, n'est pas un étant. L'être est un
transcendens non seulement au sens où il dépasse tout genre,
mais au sens d'un *transcendens absolu*. Mais n'y a-t-il pas ici
une contradiction manifeste ? Parler de l'être n'est-ce pas en
faire un étant ? Toute la difficulté est précisément là. L'être
n'est pas un étant, l'être n'« est » pas ! Heidegger appelle
« différence ontologique » la différence qui sépare d'une
manière insurmontable l'être de tout(e forme d')étant.

Or, compte tenu de ce qui a déjà été dit à propos de la
difficulté de *saisir* l'être, il s'ensuit que l'ontologie ne pourra
être fondée que dans l'analyse d'un *étant* insigne : celui qui *est
d'abord en rapport avec l'être* qui n'est autre que l'homme et
que Heidegger appelle donc l'« être-là ».

d) Pour des raisons qui ne vont s'éclaircir que dans les
chapitres suivants, l'approche de l'être se modifie dans
l'œuvre de Heidegger après *Sein und Zeit*. Cela est essentiellement dû au fait qu'une *tension* fondamentale traverse la
thématisation de l'être dans le chef-d'œuvre de Heidegger.
Quelle est cette tension ? Heidegger approche l'être, dans *Sein
und Zeit*, à travers l'étant qui a un rapport insigne à l'être – à
savoir l'être-là humain en tant qu'il en a une *compréhension*.

1. *SuZ*, § 7 C, p. 35.

Comme on sait, *Sein und Zeit* est resté inachevé, les pages publiées se restreignent à l'analyse des structures ontologiques de l'être-là ainsi qu'à l'interprétation temporelle de ces structures. Dès lors, une question se pose : *Sein und Zeit* parle-t-il de l'être « en général », ou ne se réduit-il pas exclusivement au seul être *de l'être-là*? Nous verrons quelle réponse on va pouvoir donner à cette question. Toujours est-il qu'immédiatement après la parution de *Sein und Zeit*, c'est-à-dire dès les *Problèmes fondamentaux de la phénoménologie*, mais surtout dans les *Fondements métaphysiques de la logique*, Heidegger opère ce qu'il appelle lui-même un « tournant » – qui n'est pas (encore), nous l'avons dit, la fameuse « *Kehre* (tournant) » des années 1930. Or, ce tournant – « métontologique » (nous nous expliquerons à son propos dans le quatrième chapitre) – implique un changement radical concernant la question du sens de l'être : d'une manière tout à fait explicite, Heidegger se défend (au plus tard à partir de 1928) de l'identification de l'être (« en général ») et de l'être de l'être-là et ce, au profit d'un rapprochement entre l'être et le *monde*. Ce changement s'accompagne d'un mouvement d'« asubjectivation » sur lequel nous aurons également à nous expliquer en détail et qui présente un changement non moins important par rapport à la perspective générale de *Sein und Zeit*. Pour anticiper, on peut dire – en quelques mots – que Heidegger s'intéressera, à partir de 1927-1928, à la sphère « en deçà » du rapport entre l'être-là et l'étant, une sphère qui rend possible l'ouverture à tout étant et que Heidegger continue à appeler le « monde ». Nous verrons qu'il y a des indices évidents qui laissent à penser qu'à la fin des années 1920, Heidegger projetait de substituer une « cosmologie », c'est-à-dire une métaphysique du *monde*, à la pensée de l'être – une orientation qu'il a abandonnée au profit d'une philosophie de l'histoire de l'être et que son disciple Eugen Fink poursuivra, lui, après la Seconde Guerre Mondiale [1].

La question de l'être (dans Sein und Zeit)
comme question de l'être de l'être-là

La question est alors de savoir si *Sein und Zeit* et les cours professés autour de la date de parution de cet ouvrage distinguent entre l'être *en tant qu'être* et l'être *de l'être-là*? Notre thèse est qu'il y a des raisons fortes, *positives*, permettant d'expliquer pourquoi le caractère inachevé de *Sein und Zeit* ne se réduit pas à une insatisfaction relative que Heidegger aurait éprouvée face au troisième chapitre de la première section et à toute la seconde section de *Sein und Zeit*. Il nous semble bien plutôt que la non parution de ces développements tient à une incompatibilité entre deux conceptions, dont Heidegger s'est lui-même aperçu, et qui l'a amené à abandonner son projet de départ. Quelles sont ces deux conceptions?

Selon la première conception, annoncée à divers endroits dans la version publiée de *Sein und Zeit* et qui semble être la conception vers laquelle auraient dû tendre toutes les élaborations que Heidegger avait d'abord en vue, l'analytique de l'être-là – en tant qu'ontologie *fondamentale* – était censée constituer une étape préliminaire dans l'élaboration d'une ontologie définitive, dans laquelle Heidegger aurait déployé le sens «temporel (*temporal*)» de l'être. Or, l'élaboration concrète de cette analytique de l'être-là a en réalité permis à Heidegger de s'apercevoir du fait qu'il ne s'agit pas là d'une analyse simplement préliminaire ou provisoire, mais que – et c'est là la seconde conception – cette analytique n'entraîne rien de moins qu'une refonte de la métaphysique et que du coup elle a une valeur absolument capitale «*en soi*», aboutis-

---

1. *Cf.* par exemple l'ouvrage important de Fink intitulé *Welt und Endlichkeit*.

sant à l'impossibilité d'élaborer une ontologie de l'être en tant qu'être de sorte que, finalement, l'être en tant qu'être et l'être de l'être-là ne se laissent plus distinguer d'une manière claire et précise[1]. Sur quoi peut-on appuyer une thèse aussi forte ?

Il est clair déjà que l'argument qui consiste à dire que cette ontologie de l'être en tant qu'être n'a tout simplement pas été fournie est certes insuffisant. Heidegger aurait pu être dans l'incapacité de l'accomplir, ce qui n'enlève rien à la possibilité *de droit* d'une telle ontologie – et, en effet, Heidegger lui-même fait à ce propos à plusieurs reprises état, avec une modestie seulement relative, de son tâtonnement et de la difficulté de la tâche qui semble dépasser ses propres forces. Trois arguments beaucoup plus sérieux peuvent en revanche être mis en avant :

a) Dans le § 4 de *Sein und Zeit*, Heidegger se résout à dire que « la question de l'être (…) n'est rien d'autre que la *radicalisation* d'une tendance essentielle d'être *appartenant à l'être-là lui-même*, à savoir la compréhension pré-ontologique de l'être »[2].

---

1. Nous n'ignorons pas que cette thèse n'est pas partagée par un grand nombre de commentateurs. Mais quand par exemple R. Schérer – pour ne citer que lui – affirme qu'« il ne s'agit pas », dans l'être-là, « de *son* être seulement, mais bien de l'Être » (R. Schérer & A. L. Kelkel, *Heidegger ou l'expérience de la pensée*, Seghers, 1973, p. 48), il ne justifie aucunement son propos (pas plus que tous les autres commentateurs qui ressassent cette thèse), mais se contente d'une simple déclaration qui exprime une *intention* démontrée nulle part. Or, une telle thèse se devrait de fonder la structure *totale* de l'être puisque, nous l'avons vu, on est *toujours déjà* en rapport avec lui (et qu'il y en a toujours déjà une *pré-compréhension*) – mais tous les efforts de Heidegger pour mettre en évidence une « structure d'entièreté (*Ganzheitsstruktur*) » ne concernent que l'être-là (et nous y reviendrons dans les deux chapitres suivants). Ou, du moins, faudrait-il l'indication d'une détermination *concrète* d'un tel être – dans *Sein und Zeit*, on la cherche en vain. En revanche, plusieurs arguments *positifs* parlent en faveur de l'identification – valable seulement pour *Sein und Zeit*, bien entendu – de l'être et de l'être-là : nous essayerons de montrer sur quoi ils reposent et comment ils peuvent être justifiés.

2. *SuZ*, § 4, p. 15 [c'est nous qui soulignons].

b) Or, cette radicalisation n'est pas un simple *desideratum*, mais Heidegger l'effectue réellement dans *Sein und Zeit* : en effet, il s'agit de donner à la notion d'intentionnalité la portée ontologique qui lui revient, c'est-à-dire qu'il s'agit de l'extraire du cadre simplement « ontique » qu'elle avait chez Husserl (selon Heidegger). Comme il apparaît très nettement aussi dans le § 9 b) des *Fondements métaphysiques de la logique*, cette même intentionnalité, qui détermine l'essence de la conscience en général, l'essence de la raison en tant que telle, doit enfin devenir « une question centrale de l'ontologie générale » [1] ; il faut s'apercevoir du fait, revendique Heidegger, qu'il s'agit ici d'une question qu'il faut problématiser « *métaphysiquement* » [2].

c) Le troisième point permettant de montrer en quoi l'ontologie heideggerienne dans *Sein und Zeit* est une radicalisation de la compréhension pré-ontologique que le *Dasein* a de l'être concerne la conception heideggerienne du *temps*. Une lecture de *Sein und Zeit* qui montre en quoi le sens d'être de toutes les différentes sortes d'étants *est fondé dans l'être-là* et, en particulier, dans l'analyse temporelle de ce dernier telle que Heidegger la livre dans la dernière partie de la version publiée de son ouvrage permet en effet de montrer en quoi Heidegger y fait de l'analytique de l'être-là *la* question de son ontologie [3].

---

1. *FM*, § 9 b, p. 166.
2. *FM*, § 9 b, p. 167.
3. D'autre part, ce qui explique pourquoi la question de l'être débouche sur l'*ontologie fondamentale*, c'est qu'il y a une priorité *ontologique* de la question de l'être par rapport à toutes les autres questions : il faut en effet trouver un *fil conducteur* (qu'est justement l'ontologie fondamentale) pour toute ontologie qui questionne l'être des *étants*.
Il y a en outre une *priorité ontique* : c'est précisément l'*être-là* qui permet l'accès à l'être et ce, en vertu d'une triple priorité par rapport aux autres étants : ontique (c'est le seul étant qui est déterminé par l'*existence*, c'est-à-dire de façon *existentielle*), ontologique (l'être-là est en lui-même « ontologique » (c'est-à-dire qu'il est caractérisé par l'existence comprise cette fois comme « existential »)) et ontico-ontologique (l'être-là est la condition ontico-

L'approfondissement de ce point mérite des développements plus longs que nous livrerons dans notre troisième chapitre.

Pour conclure, il convient d'insister sur l'attitude qu'il faut adopter pour pouvoir comprendre *Sein und Zeit* : « Les *concepts* qui mettent au jour cet enchaînement [entre les notions fondamentales de *Sein und Zeit en tant qu'elles caractérisent essentiellement l'être-là*] ne sont compréhensibles qu'à la condition de n'être pas pris comme des significations de propriétés et de qualités d'un étant présent (*Vorhandenes*) ; au contraire, il faut qu'ils soient pris comme des *indications* de ce que le comprendre s'arrache d'abord aux appréhensions vulgaires de l'étant et se transforme proprement en l'être-là en lui »[1]. Contrairement à la tendance de l'« entendement vulgaire » – qui succombe à une « apparence » analogue selon Heidegger à l'apparence dialectique dont parle Kant dans la « Dialectique transcendantale » dans la *Critique de la raison pure* – une tendance qui consiste justement à prendre l'objet de toute compréhension philosophique fondamentale comme quelque chose de *présent* (*Vorhandenes*)[2], la compréhension *philosophique* requiert en effet une *transformation de l'être-là humain* permettant seul d'ouvrir (*erschließen*) l'« objet » de cette compréhension et d'y accéder et ce, grâce à un questionnement qui, en rendant raison du caractère « flottant » de l'expression de cette essence de l'agir humain qu'est la réflexion sur les concepts qui guident et fondent tout penser, *empêche* que le questionné soit rabaissé à un étant présent[3]. Ce caractère flottant exprime une *tâche* à accomplir et ne se laisse

ontologique de la possibilité de toute ontologie). Pour ces deux priorités de la question de l'être, voir *SuZ*, § 3-4.

1. *CF*, p. 428 ; trad. fr. p. 428.

2. La philosophie qui représente d'une manière exemplaire une telle tendance, selon Heidegger, c'est la phénoménologie husserlienne avec son primat accordé à la conscience *objectivante*.

3. *CF*, p. 422 *sq.* ; trad. fr. p. 422 *sq.*

pas fixer dans des résultats nus. Cette tâche consiste à essayer
de cerner les concepts philosophiques dans leur qualité spécifique qui est non pas d'exposer directement mais d'*indiquer
formellement* ce qu'ils visent – une « indication (*Anzeige*) »
qui exige précisément une transformation en l'être-là de celui
qui questionne[1]. Voyons maintenant d'abord quelle analyse
ou « analytique » Heidegger propose de l'être-là *dans Sein und
Zeit*.

---

1. *CF*, p. 429 *sq.* ; trad. fr. p. 428 *sq.*

Chapitre II

L'ÊTRE-LÀ

Introduction

Comment peut-on poser la question de l'être sans présupposer un cadre métaphysique, gnoséologique, théologique, etc. qui en déterminerait d'avance la direction et le but ? Nous avons vu que, d'un point de vue purement *formel*, la *question* de l'être implique déjà le questionné (l'être), un interrogé (un étant) et le demandé (le sens de l'être). Cette analyse de la structure de la question, loin d'être un jeu de mot vide, permet à Heidegger d'aborder la notion de l'être *sans présupposer au préalable un « sujet » ou une « conscience »*. En effet, pour pouvoir aborder la question de l'être en respectant le précepte phénoménologique de « l'absence de tout présupposé », il faut éviter *deux* écueils : celui, d'abord, d'une position « naïvement » *réaliste* (celle de « l'attitude naturelle ») qui admet un être *en soi, sans qu'elle soit en mesure de rendre compte de la* donation, *pour un « sujet »*, de *cet être* – et tout le problème est évidemment de savoir ce qu'il faut entendre par une telle « donation » ; mais aussi celui de tout *idéalisme* au sens traditionnel du terme qui établit ou bien que l'être est posé *en son être même*, par un « sujet absolu », dans sa forme radicalisée, un tel idéalisme est appelé « idéalisme de production »[1], ou bien que l'être est posé *en son sens* par une subjectivité transcendantale qui lui est corrélée – le représentant par excellence d'un tel « idéalisme transcendantal » étant évidemment Husserl (selon Heidegger). Pourquoi l'idéalisme transcendantal husserlien pose-t-il problème d'après Heidegger ? Non pas parce qu'il admet la *corrélation* entre un « sujet connaissant » et son « objet » (l'être) – corrélation qui, si l'on poussait une telle critique à l'extrême, ne reviendrait qu'à un « redoublement » du réel dans une sphère « subjective »[2] – mais parce que Husserl ne s'est pas interrogé sur la *nature* et l'*essence* de ce sujet, et qu'il est loin d'être évident qu'un tel sujet est *d'abord* un sujet *connaissant*. Donc, si l'on veut poser la question (du sens) de l'être, il ne faut ni poser *d'emblée* cet être, dans son « en soi », ni le considérer comme corrélat d'un sujet *présupposé* et *non clarifié* quant à son statut (ontologique) propre. Poser la question de l'être, c'est d'abord tout simplement poser la question de savoir *ce qui* est et *ce que* c'est – et ce qui *est*, c'est l'étant. Or, il est évident que le philosophe ne va pas se lancer « à corps perdu » dans un questionnement de l'être de *tous* les étants, car ce serait là une tâche infinie – ce qui l'intéresse, c'est l'*être*. L'étant, eu égard à ses différentes « régions », est l'objet des sciences particulières. L'objet de la philosophie, c'est, nous insistons, l'être. Mais, comme nous l'avons déjà vu dans le chapitre précédent, ce qui caractérise de façon insigne l'être, c'est qu'il est d'une certaine manière « voilé » ou « occulté ». Ce qui apparaît – non pas au sens d'une simple « apparence », mais au sens du phénomène « donné » – c'est bel et bien l'étant. Est-ce à dire que

---

1. Remarquons qu'il est extrêmement douteux qu'une telle position ait jamais été défendue par quelque philosophe que ce soit.
2. On trouve une telle critique de la phénoménologie husserlienne par exemple chez Deleuze. *Cf.* à ce propos notre ouvrage *La genèse de l'apparaître*, *op. cit.*, p. 40 *sq.*

nous serions en définitive devant une séparation insurmontable entre l'étant apparaissant et l'être occulté ? Quel intérêt cela aurait-il, dans ce cas, de se poser cette énigmatique question du « sens de l'être » ? Et qu'est-ce qui légitime alors, après tout, l'affirmation heideggerienne que « *la* » question de la philosophie est la question de l'être ?

Ce qui justifie cette thèse, c'est la compréhension d'un « présupposé » fondamental de toute philosophie qui remonte au moins à Platon. L'apport immense de Platon à l'histoire de la pensée, qui ne cesse de produire ses effets jusqu'à aujourd'hui, c'est l'idée, pour le dire en des termes non platoniciens, qu'un « savoir » qui prétend à une quelconque « vérité », c'est-à-dire qui ne contredit pas ce qui *est*, suppose le rapport de ce qu'énonce ce savoir à un *être transcendant*. Cette idée – qui n'est pas *posée dogmatiquement* mais qui doit être comprise de façon *hypothétique* – sous-tend la célèbre théorie platonicienne des « formes » (ou des « idées »). Exemple : je ne peux énoncer quelque chose de vrai à propos de cette table-ci (qui est sensible, c'est-à-dire qui est soumise au devenir) que si *je suppose* qu'elle est dans un rapport – certes difficile à établir – avec la table « en soi », le « paradigme » (ou modèle) de table, l'« idée » de table. Et ce qui est décisif par ailleurs, c'est qu'il y a *une* idée qui est « *au-delà* » de toutes les autres (*epekeina tes ousias*)[1] et qui en sert de « principe » – l'idée du « *Bien* », thématisée, dans la célèbre allégorie de la caverne, à travers la métaphore du soleil. Autrement dit, tout rapport à l'étant, pour autant qu'il prétend à un savoir, est médiatisé par un principe, un « être » transcendant, et met en œuvre le rapport que nous pouvons entretenir avec lui.

Il y a de toute évidence une influence de la pensée de Platon sur la conception heideggerienne de la différence entre

---

1. Cf. *PF*, p. 404 ; trad. fr. p. 343.

les étants et l'être[1]. Et, dans les *Problèmes fondamentaux de la phénoménologie*, Heidegger dit explicitement que cette différence est la condition nécessaire pour que l'ontologie – c'est-à-dire la « philosophie en tant que science » – soit elle-même possible. Nous voyons dès lors l'enjeu de la question de l'être : il ne s'agit pas du caprice d'un penseur qui voudrait se démarquer des autres en assignant à la pensée un objet original, mais il n'y va de rien de moins que de la possibilité même de la philosophie comme « science », c'est-à-dire comme discipline à la recherche du « savoir » et de ce qui le rend possible[2].

Si nous voyons maintenant quel est le sens et l'enjeu de la question de l'être, nous ne savons toujours pas comment on peut sortir du dilemme qui résulte du fait que cet être a comme tendance fondamentale de *se retirer* ou de *se dérober*. En effet, étant donnée la différence fondamentale entre les étants et l'être, comment allons-nous pouvoir nous *enquérir* de cet être ? La réponse de Heidegger est la suivante : la question de l'être, pour pouvoir être posée convenablement, suppose d'abord, nous l'avons déjà dit à la fin du chapitre précédent, une analyse de l'étant insigne qui *a un rapport à l'être*. Il y a en effet un étant pour qui « il y a » de l'être – ce n'est pas le cas de tous : pour une pierre, par exemple, il n'y a pas d'être. Cet étant pour qui l'être est là, Heidegger l'appelle l'*être-là* (*Dasein*), un terme qui désigne l'existence humaine[3]. Or, ce n'est pas là une

1. P. Trawny insiste à cet égard sur l'influence de l'ouvrage *Platons Ideenlehre* de P. Natorp sur la pensée de Heidegger et en particulier sur le lien que Natorp avait lui-même déjà établi entre la théorie platonicienne des idées et la philosophie transcendantale de Kant, *cf.* P. Trawny, *Martin Heidegger*, Francfort s/Main, New York, Campus, 2003, p. 79.

2. Ce sera l'abandon de cette perspective fondationnelle qui motivera la fameuse « *Kehre* » heideggerienne des années 1930.

3. Pourquoi Heidegger n'appelle-t-il pas cet étant tout simplement « homme » ? Pour distinguer sa démarche *ontologique* de toute anthropologie, de toute psychologie ou de toute autre démarche relevant d'une science *particulière*.

désignation ou une détermination parmi d'autres (les philosophes ont en effet défini l'homme d'une multiple façon),
mais ce que Heidegger veut montrer c'est que l'homme, *pour
être homme*, est être-là. L'être-là est ce qui fait que l'homme
est «celui» qu'il est. L'être-là, dit Heidegger, est l'être du
«là *(Da)*»[1], de *son*[2] «là». Comme le souligne à juste titre
P. Trawny[3], ce «là» n'est pas un déïctique, mais désigne
l'ouverture à la compréhension de l'être en général. Par conséquent, pour pouvoir aborder l'être *lui-même*, c'est-à-dire pour
pouvoir élaborer une ontologie, il faut d'abord analyser cet
étant en vertu duquel le *rapport* à l'être est établi. Le parallèle
avec la démarche kantienne est ici évident : dans la *Critique de
la raison pure*, la réponse à la question de la possibilité de la
métaphysique exige d'abord une analyse des facultés de
connaître du sujet connaissant (une analyse qui est fournie
dans l'*Esthétique transcendantale* ainsi que dans l'*Analytique
transcendantale*); dans *Sein und Zeit*, la réponse à la question
du sens de l'être exige d'abord une *Analytique existentiale* qui
étudie la constitution d'être (*Seinsverfassung*) de l'étant qui a
un rapport à l'être. Ce parallèle – visible même au niveau du
choix terminologique – ne doit cependant pas cacher certaines
différences fondamentales : alors que, pour Kant, le terme
d'«*Analytique*» est censé *se substituer* à l'ancien terme
«pompeux» d'«ontologie», Heidegger, lui, revendique explicitement une démarche ontologique : l'analytique existentiale
est une *ontologie fondamentale* (*Fundamentalontologie*), un
préalable indispensable à la fondation d'une ontologie proprement dite. D'autre part, Kant, à la suite de Locke, affirme la
nécessité d'une étude des facultés de connaître *sans qu'il se
justifie là-dessus*, ce qui lui a valu l'accusation d'être dogma-

---

1. *SuZ*, § 28, p. 132.
2. *SuZ*, § 28, p. 133.
3. P. Trawny, *Martin Heidegger*, *op. cit.*, p. 51.

tique à son tour [1], tandis que chez Heidegger, la nécessité d'une analytique existentiale découle de l'essence même et de la structure de la question du sens de l'être – de sorte qu'il ne présuppose effectivement d'aucune façon un *sujet*. Enfin, alors que la philosophie transcendantale kantienne étudie les facultés de connaître eu égard à la manière dont une *connaissance* des objets de l'expérience doit être possible *a priori*, Heidegger inscrit la problématique gnoséologique dans une perspective plus large qui inclut également d'autres modes de « comportement » vis-à-vis de l'étant.

Essayons de voir maintenant quelle est la nature et l'essence de cet étant insigne qu'est l'être-là. Dans *Sein und Zeit*, Heidegger ne livre pas un *seul* exposé exhaustif qui déploierait les différents aspects de l'être-là, mais il en propose (au moins) quatre approches différentes :

– dans le § 4, Heidegger formule la thèse que l'être-là est *ontologique* (« *"il y va"* pour l'être-là en son être *de* cet être ») – c'est-à-dire à la fois qu'il a un *rapport à l'être* et une *compréhension DE l'être* ;

– dans le § 9 [2], il introduit le couple « existence » (l'être-là est un « à-être (*Zu-sein*) »)/« mienneté » dont découle le couple « authenticité »/« inauthenticité » ;

– dans le § 12, Heidegger entame l'analyse de l'être-là en tant qu'« être-au-monde » :

  – monde (chapitres 3 et 4) ;

  – être-à (*In-Sein*) (chapitre 5) ;

  – être-là (chapitre 6) (facticité) ;

– dans le § 28, il introduit encore un autre couple pour caractériser l'être-là : celui d'« ouverture » (*Erschlossenheit*

---

1. *Cf.* sur ce point les excellentes analyses de B. Mabille dans son ouvrage *Hegel, Heidegger et la métaphysique. Recherches pour une constitution*, Paris, Vrin, 2004, p. 187 *sq.*

2. *SuZ*, § 9, p. 42 ; *cf.* aussi § 12, p. 52-53.

Da : disposition affective, comprendre, discours)/« déchéance (*Verfallensein*) ».

Analysons maintenant d'une façon approfondie chacun de ces aspects de l'être-là [1].

L'existence *en tant qu'essence de l'être-là*

L'être-là, nous l'avons vu dans le premier chapitre, est *une sorte* d'étant – à côté des étants présents et maniables par exemple. Les étants présents et maniables sont des étants qu'on « trouve » dans le monde, ils y sont en quelque sorte « toujours déjà » (soit ils ont été engendrés par la nature, soit ils ont été fabriqués par d'autres personnes, nos ancêtres, etc.) et, surtout, ils sont caractérisés par une certaine inertie à l'égard de l'être et de *leur* être. Ce qui distingue l'étant du type « être-là » de ces autres étants, c'est qu'il *n'est pas indifférent* à l'égard de l'être. La détermination ontologique célèbre que Heidegger donne de l'être-là c'est « qu'"il y va" pour cet étant [=l'être-là] en son être *de* cet être lui-même » [2]. Que signifie cette première « définition » ? « "Il y va" de… (*es geht um…*) » : l'être-là a un *rapport* à l'être, et ce rapport est *double* : d'un côté, l'être-là est *ouvert* à l'être, il peut entrer en rapport avec lui, il peut « rencontrer » l'être ; d'un autre côté, l'être-là a toujours déjà *une certaine « compréhension »* de l'être [3], cette compréhension fût-elle la pré-compréhension la

1. Heidegger traite certains de ses aspects *ensemble* de sorte qu'il est impossible de les déployer de façon *linéaire*. Dans ce qui suit, nous choisirons une démarche qui essayera de les exposer de façon à la fois progressive et systématique.

2. *SuZ*, § 4, p. 12.

3. Dans les *Problèmes fondamentaux de la phénoménologie*, Heidegger dit que le comprendre est une « détermination fondamentale de l'existence elle-même », *PF*, p. 390 ; trad. fr. p. 332.

plus indéterminée et vague. Heidegger appelle cette double caractéristique ontique – c'est-à-dire qui concerne l'*étant* « être-là » – selon laquelle l'être-là a un rapport insigne à l'être, d'un côté, et toujours déjà aussi une compréhension de l'être, de l'autre – l'« être-*ontologique* » de l'être-là. Ce qui caractérise en propre l'être-là en tant qu'*étant* (donc *ontiquement*), c'est qu'il *est* ontologique : il a un rapport *à* l'être et toujours en même temps une compréhension *de* ce même être.

Pour désigner cet être de l'être-là, son *essence*, Heidegger choisit la notion d'« existence ». Il faut être attentif à la profonde *modification* que Heidegger fait subir à ce terme par rapport à son acception traditionnelle. Depuis les conventions fixées par les philosophes scolastiques, le terme d'« existence (*existentia*) » désignait toujours l'être d'une chose dans son pur *quod*, c'est-à-dire dans sa pure existence factuelle ici et maintenant, dans son pur « être-là ». Il s'opposait à l'« essence (*essentia*) » qui indiquait la teneur essentielle, le *quid* d'une chose, c'est-à-dire ce qui est énoncé dans la *définition* d'une chose. Ce que la tradition appelait l'essence, Heidegger l'appelle la « présenteté (*Vorhandenheit*) ». La présenteté est l'être (*existentia*) des étants présents qui possèdent par ailleurs une essence (*essentia*) qui *se distingue* de cette présenteté. Pour l'étant qui, en son être, se rapporte à son être et en a une compréhension, Heidegger choisit donc le terme d'« être-là » qui ne dit pas une existence au sens de la simple présenteté, mais une existence au sens littéral du terme, exprimant un « se dresser au dehors ». Ce choix terminologique n'est en effet pas arbitraire. Le verbe « exister » vient initialement du verbe composé grec « *ek-histemi* » où « *histemi* » signifie « se dresser, être debout » et « *ek-* » désigne une direction vers le dehors, vers l'extérieur. Mais cela ne suffit pas pour expliquer ce choix. Le verbe allemand « *verstehen* » (qui veut dire « comprendre ») est un composé de « *stehen* » (*se dresser, être debout*) et le préfixe «*ver-*» qui dénote un mouvement de déplacement, de sortie hors de soi. «*Exister*» dit donc exactement la même chose que «*verstehen*» en son sens littéral! Nous voyons ainsi que ce verbe est utilisé à bon escient par Heidegger pour exprimer l'idée d'une sortie *hors de soi* et, en même temps, d'une *compréhension*.

Ce qui est décisif, c'est que l'être de l'être-là (c'est-à-dire l'existence dans ce nouveau sens) exprime *l'unité d'une essence et d'une existence au sens traditionnel du terme*. Dans l'être-là, l'*essentia* et l'*existentia* ne font qu'un[1]. L'être-là n'est pas un genre ou une espèce, ce n'est pas une «structure» *universelle* comme le «sujet transcendantal» kantien, mais ce n'est pas non plus un simple individu : il exprime *à la fois* une structure universelle ou «catégoriale» (au sens husserlien) – Heidegger dit : «*existentiale*» – *et* une singularité individuelle – Heidegger dit : *existentielle*. Quel est cet être qui réunit ces deux dimensions (de l'essence et de l'existence)? C'est un être qui n'est pas dit *de* l'être-là, ce n'est pas une propriété ni un attribut, mais c'est *ce que l'être-là A à être*. L'être de l'être-là, son *exister*, c'est un *à-être* (*Zu-Sein*) : l'être-là a à être son propre être, il «se comprend toujours à partir de son existence, *à partir d'une possibilité de lui-même, d'être lui-même ou de ne pas être lui-même*»[2]. Le mot décisif

---

1. Cela n'empêche pas que l'être-là possède lui aussi son mode de l'*existentia* spécifique – que Heidegger appelle la «facticité» [nous y reviendrons plus bas].

2. *SuZ*, § 4, p. 12. Cela n'aurait donc pas de sens de demander «*ce qu'est* l'être-là», car on serait obligé de répondre par un «ceci ou cela» qui dit une *essence*, alors que l'essence de l'être-là, c'est d'*exister*. La seule réponse possible à une telle question c'est : *l'être-là existe*. Lorsqu'on comprend l'être-là en son sens ontologique, on ne le saisit jamais comme élément d'un genre ou d'une espèce.

Précisons par ailleurs que le fait d'*avoir à* être ne signifie pas une sorte de devoir moral, car sinon on conférerait à nouveau à l'être-là une *essence* qu'on lui demanderait de réaliser. Il n'y a rien ici de prescriptif : l'«à-être» caractérisant l'existence de l'être-là exprime simplement l'idée que l'être spécifique

est ici « possibilité » : le mode d'être primordial de l'être-là, en tant qu'il *existe*, est le *possible* : l'être-là n'est pas un être nu, mais c'est un *pouvoir-être* (*Sein-Können*). Exister veut alors dire : pouvoir être quelque chose et se comprendre à partir de cette potentialité.

Existence et « mienneté »

Or, s'il y a effectivement identité, dans l'être-là, entre son *essentia* et son *existentia* – une identité qui s'exprime, au niveau du type d'être spécifique de l'être-là qu'est l'*existence*, comme identité de l'existenti*al* et de l'existenti*el* – ou si l'*essentia* doit être comprise à partir de l'*existentia*[1], cela ne signifie pas pour autant que la *compréhension* au niveau de ces deux modifications de l'exister soit à son tour identique. En effet, il faut distinguer entre la compréhension *ontique* que l'être-là a de lui-même et sa compréhension *ontologique*. La compréhension ontique est sa compréhension *existenti*elle : elle concerne la manière dont l'être-là se comporte vis-à-vis de ses possibilités et décide, *pour lui-même* (personne ne saurait le faire à sa place), de saisir – ou non – telle ou telle possibilité qui est la sienne. C'est une compréhension ontique parce qu'elle concerne l'être-là en son individualité *factuelle*. De cette compréhension ontique, il faut distinguer la compréhension – qui est celle du philosophe – des structures *ontologiques* de l'être-là qui ne concerne absolument pas l'être-là en son existence concrète et factuelle, mais les structures ontologiques *théoriques* de l'être-là en son *être* même. Heidegger appelle ces structures théoriques – qui visent cela même qui « *constitue* » l'existence[2] – les « *existenti*aux » (c'est le pluriel

de l'être-là consiste pour celui-ci non pas à correspondre à son essence, mais à se donner les possibilités d'être.
1. *SuZ*, § 9, p. 42.
2. *SuZ*, § 4, p. 12.

d'«*existenti*al») de l'être-là. En ce sens-là, l'analytique de l'être-là proposée dans *Sein und Zeit* est une analytique *existentiale*. Notons enfin que cette distinction entre l'existentiel et l'existential correspond à celle – transposée certes sur le plan de l'*existence* – entre l'empirique et le transcendantal chez Kant. Ce qui chez Kant est une catégorie en tant que forme pure *de l'objet*, dont le mode d'être est celui de la «présenteté» pour Heidegger, est chez Heidegger un existential en tant que structure ontologique *de l'être-là*.

Dans le § 9 de *Sein und Zeit*, Heidegger reprend d'une manière synthétique les développements précédents qui seront désormais fixés terminologiquement à travers le couple «existence»/«mienneté (*Jemeinigkeit*)». Ainsi, nous l'avons vu, l'essence de l'être-là est son «à-être» qui exprime les différents modes possibles d'être *de* l'être-là et *pour* l'être-là. Et l'être que l'être-là a à être, c'est *mon* être, l'être «chaque fois mien». Cette «mienneté» – c'est-à-dire la manière dont l'être-là peut être «à lui-même en propre (*sich zueigen*)» [1] – est la condition de possibilité [2] de l'«authenticité (*Eigentlichkeit*)» et de l'«inauthenticité (*Uneigentlichkeit*)» [3] de l'être-là. Ces modes d'être ne sont pas dans une relation *hiérarchique* [4] les uns avec les autres, mais expriment les différentes manières dont l'être-là, en se choisissant (ou non), peut se conquérir ou se perdre. Aucun devoir ne prescrit à l'être-là d'être «authentique»; l'inauthenticité ne caractérise pas

---

1. *SuZ*, § 9, p. 42.

2. *SuZ*, § 12, p. 53.

3. Nous trouvons la meilleure définition de l'inauthenticité dans le § 20 a des *Problèmes fondamentaux de la phénoménologie* : l'inauthenticité désigne «un comprendre dans lequel l'être-là existant ne se comprend pas en premier lieu à partir de la saisie de sa possibilité la plus propre», *PF*, p. 395; trad. fr. p. 335.

4. *Cf.* en particulier *SuZ*, § 31, p. 146. Voir aussi *ibid.*, § 27, p. 130; § 38, p. 179 et le § 54.

moins *structurellement* l'être-là que ne le fait l'authenticité elle-même.

Il importe de souligner, enfin, que ce couple « existence »/ « mienneté » domine la caractérisation du sens d'être de l'être-là tout au long de *Sein und Zeit*[1].

L'être-au-monde

Les caractères ontologiques de l'*existence* et de la « *mienneté* » sont fondés dans la « constitution d'être (*Seinsverfassung*) » de l'être-là qu'est l'« être-au-monde ». L'analyse de cette dernière se présente comme une troisième approche possible de l'être de l'être-là, une approche qui constitue le cœur et aussi, sur le plan quantitatif, la plus grande partie de la première section de la première partie (publiée) de *Sein und Zeit*. Pourquoi Heidegger fait-il alors de l'« être-au-monde » la constitution ontologique fondamentale de l'être-là ?

Pour l'être-là, « il y va » en son être *de* cet être. L'être-là, en tant qu'il *existe*, est toujours déjà *rapport à...* Ce rapport n'est pas suspendu dans le vide, mais – telle est la thèse *fondamentale* de Heidegger – elle n'est possible que sur la base et au sein du « *monde* ». Dès lors, la structure ontologique fondamentale de l'être-là n'est pas *unitaire* – l'être-là n'est pas un « *sujet* » ni une conscience isolé(e) – mais elle engage *trois* « termes » : le monde comme pôle « objectif » – mais ce n'est pas un objet ; l'être-là comme pôle « subjectif » – mais, nous insistons, ce n'est pas un sujet ; et ce qui rend *possible* ce « rapport », c'est-à-dire la manière, de l'être-là, d'être *au* monde. L'ontologie fondamentale, c'est-à-dire l'analytique existentiale de l'être-là, n'a pas pour thème le rapport *ontique*

---

1. Ainsi, Heidegger écrit par exemple dans le § 47 de *Sein und Zeit* que la mort, comme possibilité « ultime » du pouvoir-être de l'être-là [nous y reviendrons] est elle aussi constituée ontologiquement par la « mienneté » et l'existence, *SuZ*, § 47, p. 240.

entre le sujet et l'objet, mais elle s'interroge sur les conditions *ontologiques* d'un tel rapport – conditions ontologiques qui, en réalité, mettent en jeu non pas les différentes manières dont l'être-là *se rapporte* au monde, mais dont il *est* « à même » le monde, dont il est *au* monde, dont il est *le* monde. Cette façon d'être à… le monde, c'est-à-dire d'être *au* monde, Heidegger l'appelle l'« *être-à* (*in-sein*) ». Comment faut-il comprendre plus exactement cet « être-à », qu'il ne faut pas confondre avec l'à-être, c'est-à-dire le fait que l'être-là, dans la mesure où il existe, a « à être » son propre être ?

L'« être-à » comme mode d'être spécifique de l'être-là vis-à-vis du *monde* est le mode d'être qui fonde *ontologiquement* ce que Husserl appelle, sur un plan *ontique*, le rapport *intentionnel* à l'objet[1]. L'être-là n'est pas posé « dans » le monde, comme les poissons dans l'aquarium, et il ne « produit » évidemment pas non plus le monde *ex nihilo*, mais l'être-à désigne l'être de l'être-là sur la base duquel tout rapport – ontique – à un étant mondain est rendu possible[2]. Pour Heidegger, la question de savoir comment un « sujet » peut « sortir » de lui-même et « rencontrer » un « monde extérieur » est un faux problème métaphysique : ce n'est pas un « sujet » *isolé* qui, en se rapportant à l'objet, constitue le sens de ce rapport, mais ce n'est que parce que l'être-là est toujours déjà *au* monde que des étants peuvent se manifester à lui au sein de ce dernier. Du coup, l'« être-au-monde » n'exprime pas un rapport d'inclusion *spatiale* : selon Heidegger, « *in-sein* »

1. Nous y reviendrons dans notre quatrième chapitre.
2. Si la démarche heideggerienne dans *Sein und Zeit* est certes une démar-che *transcendantale* – elle cherche partout des « conditions de possibilité », voire même des « fondements » – cela ne signifie pas pour autant que *tout* se laisse ramener à de tels rapports de fondation. Il est tout à fait remarquable, en effet, que le rapport au monde (et, à partir de là, aux objets) n'est pas fondé *dans* autre chose, mais que l'être-là *est* lui-même (dans) un tel rapport. Le nom pour cet état de choses est cet être-à (*In-sein*) qui est ainsi un « mode d'être essentiel (*wesenhaft*) » (*SuZ*, § 28, p. 132) de l'être-là lui-même.

serait le dérivé de l'ancien verbe haut allemand « *innan* » qui indique un rapport de « familiarité » et d'« accointance » avec quelque chose qui inspire la « confiance ». Ainsi, être au monde ne veut pas dire être *dans* le monde, mais *être familier avec* le monde. Loin de désigner un rapport purement spatial (dont la visée serait en fin de compte purement *gnoséologique*), il exprime plutôt un rapport *affectif*. Il s'ensuit que l'être-là n'est ni *isolé*, ni affectivement « *neutre* ».

Nous disposons désormais des éléments essentiels nous permettant d'aborder le point le plus décisif de l'analyse de l'être-à dans *Sein und Zeit*. L'idée fondamentale de Heidegger, qui sous-tend toute cette analyse et qui exprime une teneur hautement métaphysique, est celle de l'« éclosion (*Aufgehen*) »[1] de l'être-là dans le monde – « *Aufgehen* » que Martineau n'hésite pas à traduire par « identification » (et nous y souscrivons entièrement). Cette idée – que Heidegger reprend en réalité à Nietzsche – se laisse formuler en ces termes : *l'être-là n'est pas différent du monde, de son monde, ni de la compréhension qu'il en a*[2]. Autrement dit, *pour l'être-là*, l'être-là, le monde et la compréhension qu'il a du monde (et de cette identité[3]) sont *une seule et même chose*[4]. Nous l'avons déjà mentionné, l'être-là n'est pas *dans* le monde, comme n'importe quelle chose est contenue dans son réceptacle. D'autre part, en ce qui concerne maintenant non pas la *spatialité*, mais la *temporalité* spécifique à l'être-au-monde, l'être-

---

1. *SuZ*, § 12, p. 54.
2. Cette thèse est énoncée dans de très nombreux passages chez Heidegger. *Cf.* par exemple *SuZ*, § 31, p. 143 et p. 146 ; § 75, p. 389 ; *PF*, § 20 e), p. 422 ; trad. fr. p. 357, etc. *Cf.* plus bas.
3. Le passage qui illustre le mieux l'identité de l'être-là et de la compréhension (de la conceptualité de l'être) se trouve dans le § 70 b) des *Concepts fondamentaux de la métaphysique*, p. 432 ; trad. fr. p. 431.
4. Le caractère « circulaire » (non vicieux !) de la pensée heideggerienne s'atteste de manière exemplaire dans cette thèse fondamentale de l'analytique existentiale dans *Sein und Zeit*.

là, au cours de sa « vie », ne *change* pas alors que le monde reste *immuable*, mais au contraire toute nouvelle expérience, toute nouvelle découverte ouvre en même temps à l'être-là un nouveau monde. L'histoire d'une « vie » de l'être-là est inextricablement liée à celle du monde qui est le sien. Soulignons avec force la dimension non pas psychologique, ni biologique, ni anthropologique, mais *ontologique* du phénomène présent. Par exemple, le fait que nous ayons des préférences philosophiques pour tel ou tel « système » ou tel ou tel « philosophème » s'explique, d'après cette conception, non pas par des facteurs « empiriques », mais par la *constitution d'être* de notre être-là – une constitution qui est la condition de possibilité, sur le plan ontique, de tel ou tel « caractère », de telle ou telle « conviction », etc. Dans *Sein und Zeit*, Heidegger analyse ce phénomène à plusieurs reprises et à des niveaux constitutifs différents – nous serons par conséquent amenés à y revenir ultérieurement.

Ainsi, avec l'« être-au-monde », le *monde* est là, et il est là *pour l'être-là*; s'exprime ici une « unité » ou une « simultanéité » que Heidegger désigne comme « *Erschlossenheit (ouverture)* » de l'être-là. Ce terme de l'« *Erschlossenheit* » a un sens plus large que le mot « *Offenheit* (être-ouvert) » : « subjectivement », il désigne le fait que l'être-là soit *ouvert au* monde et, « objectivement » il signifie que le monde est *accessible*. Cette ouverture est antérieure à la distinction entre une faculté sensible (« inférieure ») et intelligible (« supérieure ») assurant le rapport à l'objet. C'est la raison pour laquelle Heidegger choisit un vocabulaire – « disposition affective (*Befindlichkeit*) » et « comprendre (*Verstehen*) » en tant que deux modes co-originaires d'être le là (auxquels il faut encore ajouter le « discours (*Rede*) ») – qui permet d'éviter l'« explosion » entre le sujet et l'objet [1], explosion qui pose le sujet et

1. *SuZ*, § 28, p. 132.

l'objet dans un état d'isolement, séparés par l'abîme d'un
« entre (*Zwischen*) » infranchissable. Ce que l'ontologie fondamentale se doit de mettre en évidence, c'est le « sol » sur lequel
la rencontre avec l'étant est possible pour l'être-là : ce sol,
c'est l'*être-à* en tant que constitution ontologique fondamentale de l'être-au-monde, dont traite l'analytique existentiale.

L'ANALYTIQUE EXISTENTIALE

L'analytique existentiale étudie plus précisément l'être
des moments structurels de l'être-au-monde que sont le
monde, l'être-à et l'être-là lui-même.

Le monde

Pour Heidegger (re)devient un problème ce qui allait de
soi pour Kant et aussi – selon lui – pour Husserl – mais pas
pour Fichte : comment quelque chose peut-il venir à notre
encontre ? Comment est-il possible que nous puissions rencontrer une chose, un objet, etc. ? Ce qui pour Kant – tout comme
pour Husserl d'ailleurs, dans et à travers l'intentionnalité,
c'est-à-dire la propriété fondamentale de la conscience d'être
dirigée vers un objet – relève d'un *factum*, c'est quelque chose
qui, pour Heidegger, doit être interrogé quant à ses conditions
de possibilité.

Ce qui caractérise la position *husserlienne*, c'est que tout
questionnement ontologique met en jeu une analyse du *mode
de donation* de l'objet, une analyse qui culmine dans l'*auto*-
donation de ce dernier. Pour Heidegger, l'originalité de son
propre point de vue consiste en ceci qu'il ne s'interroge plus
sur le mode de l'auto-donation d'un objet *déjà donné* – où
l'*objectité* de l'objet (*Gegenständlichkeit*) est déjà présuppo-
sée –, mais qu'il s'agit désormais, pour lui, de se demander

comment la *donation* de l'objet (ou l'accès à l'objet) peut *elle-même être possible*. Cette nouvelle approche quitte le terrain d'une phénoménologie des « fils conducteurs » et ce, non pas dans le sens d'une analyse génétique, ce sera là l'option husserlienne, mais dans le sens d'une analyse du *comportement* (*Verhalten*) de l'être-là vis-à-vis de l'étant qui se donne.

C'est le but de l'analyse de l'« *Umwelt* (monde environnant) » que de mettre en évidence le rapport hiérarchique de fondation entre les diverses manières de se rapporter à l'étant. Il s'agit en particulier pour Heidegger d'établir que le rapport *objectivant* à l'étant, qui est caractérisé par une visée *gnoséologique* est fondé dans le « comportement préoccupant (*besorgendes Verhalten*) ». Tandis que, pour Husserl (tel que le lit Heidegger), le rapport intentionnel est un *factum* phénoménologique qu'il n'y a pas à questionner davantage, Heidegger s'intéresse précisément à la question de savoir comment le *rapport* intentionnel est possible, c'est-à-dire comment, à partir de ce qui nous fait face, nous pouvons en avoir conscience, comment nous pouvons y avoir accès, comment nous pouvons proprement le rencontrer.

L'idée fondamentale de Heidegger, c'est que l'être-là ne rencontre pas l'étant de façon directe et immédiate, dans sa nudité, mais sur le fond d'un « rapport de sens (*Bewandtnis-zusammenhang*) » qui l'inscrit dans un réseau de significations renvoyant les unes aux autres. Le monde est constitué de la totalité des « rapports de sens » possibles qui déterminent ce que Heidegger appelle la « significativité (*Bedeutsamkeit*) ».

Comment le monde peut-il être la condition de possibilité de la rencontre d'un étant intra-mondain ? C'est l'analyse de l'être des étants maniables – de ce que Heidegger appelle la « *Bewandtnis* (tournure) » – qui répond à la question[1].

1. *SuZ*, § 18.

Heidegger joue sur un double sens de cette notion en allemand :

a) Ce terme s'utilise d'abord dans l'expression « es bei einer Sache *bewenden lassen* » : cela signifie qu'on abandonne quelque chose à soi-même, on n'insiste plus, on s'en tient là. Saisir « ontologiquement » cette expression signifie pour Heidegger : s'apercevoir que l'étant n'est *pas* rendu possible – ni quant à son être, ni quant à son être-connu – par des conditions de possibilité provenant d'un sujet, qu'il n'est pas simplement « donné » – sans que l'on sache ce qui rend cette donation possible – et cela signifie ainsi de comprendre le sens de la « libération » (« *FreiGABE* » à la place de la simple *GEGEBENheit*) de l'étant maniable intra-mondain. Qu'est-ce qui permet cette libération ?

b) Pour le comprendre, il faut prendre en considération le deuxième sens de la *Bewandtnis* : « es hat *mit* einer Sache *bei* etwas seine Bewandtnis » signifie : « *avec* quelque chose il retourne *de* quelque chose ». Or, *de quoi* il retourne avec l'étant ? C'est son « ce-à-quoi (il sert) », son « ce-pour-quoi (*Wozu*) », sa finalité (ce qui explique pourquoi on ne peut pas directement traduire « *Bewandtnis* » par « finalité », comme le font Boehm et de Waelhens). Heidegger insiste ainsi sur l'idée que dans l'être des étants maniables il y a une part irréductible de subjectivité – une subjectivité qui n'est pourtant pas consti-tuante. Cette part irréductible s'exprime à travers le fait que les « *Bewandtniszusammenhänge* » renvoient en dernière instance à l'être-là. Et c'est par là qu'est fondé, pour Heidegger, le rapport objectivant. En effet, nous l'avons dit, tout ce-pour-quoi (*Wozu*) renvoie finalement au ce-en-vue-de-quoi (*Worum-willen*) du *Dasein*. Le ce-pour-quoi primaire, écrit Heidegger, est l'être-là lui-même. Ainsi, la libération de l'étant maniable est rendue possible par le renvoi téléologique de tout étant à l'être-là.

Or, le *Dasein* n'est pas simple sujet, il est être-au-monde. De telle sorte que la libération de l'étant maniable ne tient pas à une activité du sujet, mais au rapport de sens *a priori* du monde auquel le *Dasein* « revient (*zurückkommmt*) » [1].

L'être-à

Procédons maintenant à l'analyse concrète des « existentiaux », c'est-à-dire des structures ontologiques de l'être-là qui constituent l'« être-à ». L'« ouverture » de l'être-là est caractérisée par trois existentiaux (authentiques) : a) la *Stimmung* (tonalité affective), b) le *Verstehen* (comprendre), c) la *Rede* (discours) et par le mode *inauthentique* de l'être-là qu'est d) le *Verfallen* (déchéance).

La disposition affective

La disposition affective (*Befindlichkeit*) – la tonalité affective (*Stimmung*), l'être-accordé (*Gestimmtsein*) – exprime d'abord l'idée (déjà effleurée plus haut) que l'être-là se trouve (*befindet sich*) toujours déjà au monde, l'être-là n'est donc jamais « privé de monde (*weltlos*) ». La tonalité affective (ou l'« humeur ») se détermine essentiellement par trois caractères d'ouverture : 1) Elle ouvre l'être-jeté. 2) Elle ouvre l'être-au-monde en son entièreté. 3) Elle fonde l'être-affecté de l'être-là.

1) L'être-là, en tant qu'il est *au* monde, y est *jeté*. Il n'est pas la *cause* (l'*origine*) de son être-au-monde, et il en ignore la *fin* (dans les deux sens du terme). Cette « présenteté » tout à fait particulière qui n'est propre qu'à l'être-là, et qu'il faut évidemment distinguer de la présenteté des étants présents, Heidegger l'appelle la « facticité ». Or, l'ouverture de l'être-là à son être-jeté comporte à son tour deux aspects : a) l'ouverture

---

1. *SuZ*, § 69 A, p. 352 *sq.*

originaire de l'être-là en son « là » ; b) le se-détourner de soi-même.

a) La tonalité affective est le caractère d'ouverture qui amène l'être-là devant son « là » *pur*. Cette ouverture a lieu *avant* tout vécu, au sens husserlien tel que le comprend Heidegger, c'est-à-dire qu'elle n'est pas un mode *gnoséologique* de la manière dont nous nous rapportons au monde. Elle n'est ni un « état d'âme » (psychologique), ni un mode de connaissance théorique (qui se rapporterait à quelque chose de présent), mais elle fait accéder l'être-là à la nudité de son existence.

b) Mais l'être-là n'accède pas directement à cet être-jeté. En effet, ce mode d'ouverture, *avant* tout refoulement qui est l'objet de la psychanalyse, se présente *d'abord et le plus souvent* dans le mode du « détournement esquivant (*ausweichende Abkehr*) ». Ce qui « effraie » l'être-là – et ce qui « explique » le fait qu'il se détourne de soi-même – ce n'est pas un « trauma » archaïque, mais la froideur de l'être-là esseulé en tant qu'il a à répondre de lui-même, et en tant qu'il est arraché à tout rapport de renvois de possibilités qui lui seraient offertes. Le premier mode d'ouverture au monde est, tout à fait négativement, la prise de « conscience » (selon un mode non thétique) de l'être-jeté de l'être-là qu'il cherche à fuir pour être dans la familiarité avec le monde environnant. Ainsi, l'être-là ne se découvre pas d'abord comme étant jeté *dans* le monde, mais c'est parce qu'il se détourne de soi-même, en son là nu qui l'effraie, qu'il est *au monde*.

2) Mais cela ne signifie en aucun cas que cet être au monde se constituerait de façon subjective, l'être-là ne « décide » ici de rien, et, nous l'avons déjà laissé entendre, ce mode d'ouverture n'a rien à voir avec un acte thétique de la conscience. L'être-là *est* être-au-monde. Après avoir traité de la première détermination d'ouverture, qui correspond à ce qu'on pourrait

appeler le volet « subjectif » de l'être-au-monde, Heidegger
considère maintenant le volet « objectif », c'est-à-dire la
manière dont l'être-au-monde apparaît en son *entièreté*.

« La disposition affective est si peu réfléchie qu'elle
surplombe l'être-là justement lorsqu'il est voué et abandonné,
d'une manière non réfléchie, au "monde" dont il s'occupe » [1].
Dans cette unique phrase, Heidegger renverse la perspective
de toute philosophie réflexive : le monde ne se découvre pas à
nous dans un acte réflexif, mais, à l'inverse, c'est le fait d'être
surplombé de façon pré-réflexive par la disposition affective
qui nous ouvre l'horizon au sein duquel rapport – intentionnel – à un étant intra-mondain est possible. L'humeur
« surplombe (*überfällt*) ». Elle ne vient ni de l'« extérieur », ni
de l'« intérieur » de l'être-là, mais en tant que mode d'être au
monde, elle monte à partir et au sein même de l'être-au-monde.
Ainsi, « l'humeur a toujours déjà ouvert l'être-au-monde en
tant que totalité et rend tout d'abord possible un se-diriger-
vers… » [2]. L'humeur en tant que première faculté transcendantale rend possible l'intentionnalité. Elle est le mode existentiel
fondamental de l'*ouverture co-originaire* de l'existence, du
monde et du fait que l'être-là soit *avec* d'autres étants, d'autres
être-là – mode d'être que Heidegger appelle l'« être-avec (*Mit-
Sein*) ».

3) La troisième détermination d'essence de l'ouverture
affective dévoilera en quoi l'être-là peut, au sein de son être au
monde, être affecté par un étant *intra*-mondain. L'être-là est
fondamentalement disposé affectivement – et c'est cela qui lui
ouvre un monde, *le* monde, et qui l'ouvre *au* monde. Contrairement aux étants présents qui, les uns « à côté » des autres,
sont indifférents les uns aux autres et peuvent certes se
toucher, se superposer, voire même s'inclure, mais sans jamais

1. *SuZ*, § 29, p. 136.
2. *SuZ*, § 29, p. 137.

s'affecter, l'être-là *est* affectible. Avant de s'orienter de façon thématique ou objectivante à un corrélat noématique, l'être-là est toujours déjà dans un rapport *affectif* à ce à quoi il s'ouvre – rapport affectif qui rend originairement possibles les affects, les passions, les émotions, les sentiments, etc. Le fait de pouvoir être affecté[1] est fondé dans l'humeur en tant que disposition affective. Cela signifie que l'être-là « dépend » toujours déjà du monde[2]; sans ce rapport de dépendance (ou de *renvoi*), « l'affectibilité » de l'être-là serait privée de tout sens.

Tournons-nous maintenant vers le deuxième existential – celui du *comprendre*.

Le comprendre

Le comprendre est l'autre existential à travers lequel se structure l'ouverture de l'être-là. À l'instar des formes pures de la sensibilité et de l'entendement chez Kant, la disposition affective et le comprendre sont *co-originaires* selon Heidegger. Toute disposition affective a sa compréhension de même que toute compréhension est « accordée » affectivement. D'une part, le comprendre n'est pas un mode de la connaissance, par opposition par exemple à l'explication; il exprime, nous l'avons vu, l'ouverture qui caractérise en propre l'être-au-monde existant. Comme l'a montré notre analyse du terme d'« existence », l'ouverture est *eo ipso* compréhension, en un sens qui n'est pas exclusivement gnoséologique. D'autre part – et nous retrouvons là un point décisif pour approcher la nature et l'essence de l'être-là –, dans le comprendre s'ouvre l'identité de l'être-là et du monde : Heidegger précise ici que

---

1. *Cf.* la première page de l'*Esthétique transcendantale* dans la *Critique de la raison pure*.
2. Cf. *SuZ*, § 29, p. 137 : « La disposition affective implique existentialement un renvoi (*Angewiesenheit*) ouvrant au monde, à partir duquel de l'étant capable de nous concerner peut faire encontre ».

l'*être en-vue-de-lui-même* (*um seiner selbst willen*) de l'être-là et la « significativité (*Bedeutsamkeit*) », fondée dans cet « en-vue-de...(*Worumwillen*) »[1], sont co-originaires[2]. « Que l'en-vue-de... *et* la significativité soient ouverts dans l'être-là, cela veut dire que l'être-là est un étant pour qui, en tant qu'être-au-monde, il y va de lui-même »[3].

Quel est proprement l'« objet » de ce comprendre ? *Qu'est-ce que* l'être-là « comprend » ? Il ne comprend pas ceci ou cela, le comprendre n'a pas d'objet si on entend par là une teneur *réelle*, susceptible d'être déterminée moyennant une définition. Le « comprendre » doit être compris comme un « pouvoir » : quand on a compris quelque chose, on *peut* le faire. Ce que l'être-là comprend, au sens où c'est en son *pouvoir*, c'est l'être en tant qu'exister. Comprendre veut dire : pouvoir-être. L'être-là n'est pas ceci ou cela, il est un être-possible.

Or, cet être-possible ne désigne pas une simple possibilité « logique », ontologiquement inférieure à la *réalité effective* (*Wirklichkeit*). La possibilité en tant qu'elle caractérise onto-logiquement l'être-là est un *existential*. Son rôle est absolument *décisif*, dans *Sein und Zeit*, puisqu'il permet de fonder,

1. À travers l'analyse de l'identité de l'en-vue-de... et de la significativité, Heidegger prolonge et achève la thèse fondamentale, évoquée plus haut, de l'« éclosion » de l'être-là dans le monde.

2. L'être-là, en tant qu'il existe, « est son là » signifie 1) que le monde est là – l'être-là du monde est l'être-à, et 2) que l'être-à est là – l'être-là est en vue de l'être-à du monde, c'est-à-dire qu'il est en vue de lui-même. L'ouverture du comprendre signifie, nous insistons, que l'« *en-vue-de* » et la *significativité* sont co-originaires.

3. *SuZ*, § 31, p. 143. Notons enfin que cette dualité « être-en-vue-de... »/ significativité permet de jeter encore davantage de lumière sur l'origine de la division de l'être-là en un être-là « authentique » et un être-là « inauthentique ». Quand le comprendre se projette dans le *monde*, c'est-à-dire lorsque l'être-là se comprend d'abord *à partir du monde*, il est « inauthentique ». En revanche, quand il se projette dans l'en-vue-de... il est authentique (*cf.* à ce propos *SuZ*, § 31, p. 146).

aux yeux de Heidegger, le transcendantalisme kantien sur la base d'une ontologie phénoménologique.

Que le transcendantalisme kantien exige une « refonte », cela apparaissait déjà clairement à Husserl. Alors que pour Kant, le transcendantal échappe à l'expérience, *dans la mesure, précisément, où il rend l'expérience POSSIBLE*, pour Husserl, la fondation d'une philosophie comme *science* exige que les moments constitutifs de tout phénomène se laissent exhiber dans une évidence intuitive. Cela implique alors que le transcendantal doit lui-même s'attester dans une forme d'expérience, qui n'est certes plus empirique mais « catégoriale ». Heidegger suit à son tour cette voie entamée par Husserl, tout en la modifiant conformément à ses préceptes méthodologiques propres. Dans son projet *fondationnel* d'une « ontologie *fondamentale* », Heidegger cherche en effet partout des « conditions de possibilité », des « fondements », etc. Mais au lieu de reconduire toute fondation à la subjectivité transcendantale originairement constituante, il se demande en outre dans quoi un questionnement relatif aux « conditions de possibilité » elles-mêmes est fondé[1] ? Heidegger répond : dans l'existential du *comprendre*. Il justifie cette thèse dans un passage crucial[2] du § 31 de *Sein und Zeit*.

En tant que l'être-là se trouve au monde et qu'il y est « disposé » (affectivement) sans qu'il en soit la cause et la raison, il est – nous l'avons vu – *jeté* au monde. L'être-là est un être-*jeté* (*Geworfenes*). Mais en tant que « comprenant », l'être-là est aussi *pro-jet* (*Enwurf*). Le « pro-jet », en tant qu'existential, signifie que l'être-là ouvre son être-au-monde *à* un pouvoir-être et *comme* pouvoir-être. Le pro-jet l'ouvre aux possibilités à partir desquelles il se comprend toujours déjà. « Le caractère de projet du comprendre constitue l'être-au-

---

1. *SuZ*, § 31, p. 145.
2. *SuZ*, § 31, p. 145, l. 10 *sq*.

monde eu égard à l'ouverture de son là en tant que là d'un pouvoir-être. Le projet est la constitution d'être existentiale de "l'espace de jeu" du pouvoir-être factuel »[1]. Ainsi, Heidegger fonde le principe même de toute philosophie transcendantale – à savoir la recherche des *conditions de possibilité de l'expérience* – dans la structure ontologique de l'être-là.

Mais ce pro-jet du pouvoir-être propre de l'être-là a aussi une autre fonction : il permet de jeter les bases d'une théorie du *sens*. En effet, « le » sens – à partir duquel toute signification particulière se laisse d'abord saisir[2] – est à la fois *ce vers quoi*[3] l'être-là se projette et *ce à partir d'où* quelque chose devient compréhensible. La constitution du sens implique ainsi un *double mouvement* (sur lequel nous reviendrons dans les chapitres suivants) appartenant, en tant que « échafaudage formel et existential », à l'ouverture de l'être-là[4].

Le discours

Les existentiaux constitutifs de l'ouverture (*Erschlossenheit*) de l'être-là sont au nombre de trois. La *médiation* entre la disposition affective et le comprendre (« toute disposition affective est "comprenante" » et « tout comprendre est "accordé" affectivement ») a pour but de surmonter le dualisme entre une faculté « inférieure » et une faculté « supérieure » de la connaissance, entre la « sensibilité » et l'« entendement ». Or, l'introduction du troisième existential

---

1. *SuZ*, § 31, p. 145.

2. Ainsi, Heidegger ne restreint pas le sens au « contenu » ou à la « teneur » d'un « jugement ».

3. Il importe de souligner que l'être-là ne saisit pas de façon expresse ces possibilités vers lesquelles l'être-là se projette. Pourquoi ? Parce qu'une thématisation expresse de ces dernières les priverait justement de leur caractère de possibilité. « Le comprendre, en tant que pro-jeter, est le mode d'être de l'être-là dans lequel il *EST ses possibilités en tant que possibilités* », *SuZ*, § 31, p. 145.

4. *SuZ*, § 32, p. 151.

– le « discours (*Rede*) » [1] – a lui aussi pour but de surmonter un dualisme – celui du langage et de la pensée. Quel est le rôle du discours dans l'analytique existentiale ? Le *discours* – un existential qui est co-originaire avec la disposition affective et le comprendre – *articule la compréhensivité*. Ce qui est articulable, c'est le *sens*. La compréhensivité, en tant que « teintée » affectivement, de l'être-au-monde s'exprime dans le discours. Autrement dit, le discours (la « *Rede* » traduit le grec « *logos* ») est la condition existentiale et ontologique de tout langage.

Quotidienneté et déchéance

Que l'être-là existe, cela veut dire – nous l'avons déjà indiqué au début du présent chapitre – qu'il doit toujours être considéré selon *deux* perspectives à la fois : du point de vue « existenti*al* », d'une part (et nous venons de le faire), et du point de vue « existenti*el* », d'autre part. Ainsi, il nous reste à considérer l'être-là en son pouvoir-être *quotidien*, c'est-à-dire selon le mode de la *déchéance*. Cette façon de procéder est ancrée dans la méthode même de l'ontologie phénoméno-logique de Heidegger. En effet, l'analyse de l'être-là est fidèle au précepte phénoménologique d'un « retour aux choses mêmes » – un précepte qui signifie l'écartement de toute substruction théorique et que Heidegger réinterprète à sa manière : pour lui, cette analyse doit s'appuyer sur des descrip-tions qui rendent compte de la manière dont l'être-là se pré-sente « d'abord et le plus souvent ». L'écueil d'une *objecti-vation* mal à propos – en tout cas à ce niveau constitutif – ne peut en effet être évité que si l'analyse prend son point de départ dans la « quotidienneté moyenne (*durchschnittliche Alltäglichkeit*) » [2] de l'être-là. Heidegger reconduit ainsi son

---

1. Nous reprenons la traduction de R. Boehm et A. de Waelhens.
2. *SuZ*, § 5, p. 16.

idée d'une *co-originarité* de l'existence et de la facticité
(« mienne »), de l'existential et de l'existentiel. Dans le § 28,
cette co-originarité s'exprime à travers le fait que l'être-là est à
la fois *le* « là » et *son* « là ». Pour clarifier cette idée, il faut
revenir encore une fois au *monde* comme « constituant » de
l'être-là.

Dans son *Analytique existentiale*, Heidegger aborde la
question du monde non pas comme un « objet » ou un
« horizon » au sein duquel n'importe quel objet peut se
manifester à nous, mais comme ce mode d'être de l'être-là
dans lequel celui-ci est dans cette « familiarité » caractéristique de son « être-à ». L'être-là se présente « d'abord et le
plus souvent » dans sa « quotidienneté moyenne » et cela veut
dire qu'il se présente comme *déchu au monde*. La « déchéance
(*Verfallen*) » est une mode d'être fondamental de la quotidienneté[1]. Tout comme toute *abstraction théorique* doit être
ancrée dans la disposition affective de l'être-là quotidien[2], la
possibilité d'un pouvoir-être authentique de l'être-là ne peut se
dessiner que sur la base d'un être quotidien, c'est-à-dire inauthentique. Cela ne signifie pas, nous insistons, que l'inauthenticité – comparée à l'authenticité – aurait une connotation
péjorative, bien au contraire : l'être-là est toujours *à la fois*, au
moins potentiellement, dans une attitude inauthentique et dans
un pouvoir-être authentique.

Le monde est un « *constituant* (*Konstitutivum*) » de l'être-
là[3]. Il ne doit pas être confondu avec l'étant « nature » – en tant

---

1. *SuZ*, § 38, p. 175.
2. L'analyse qui illustre le mieux cette idée est celle – conduite d'une
manière implicite – de la notion cartésienne de l'espace en tant qu'elle doit être
ancrée, du point de vue de l'ontologie fondamentale de Heidegger, dans la
« spatialité » propre de l'être-là (cf. *SuZ*, § 22-24). Et il est d'ailleurs tout à fait
significatif à ce propos que cette analyse se trouve dans le troisième chapitre
de la première partie de *Sein und Zeit*, intitulé justement « La mondanéité
(*Weltlichkeit*) du monde ».
3. *SuZ*, § 11, p. 52.

que totalité des étants présents décrits par les sciences mathé-
matisées – qu'on rencontre au sein du monde[1]. En tant que
«caractère d'être» de l'être-là, le monde – ainsi que la
«mondanéité (*Weltlichkeit*)» comme sa structure ontologique –, est un *existential*. On peut le décrire en analysant
l'être-au-monde quotidien en tant qu'il est «pris» ou «capté»
(*benommen*)[2] par son monde. Cette «capture» (qui n'est autre
que la «déchéance»[3] mentionnée à l'instant) est caractérisée
par le fait que, dans la vie quotidienne, l'être-là est «préoccupé»[4] par quelque chose qu'il partage avec d'autres être-là.
Il fait ce qu'«on» fait. Dans ses actes, ses convictions, son
«bavardage (*Gerede*)», c'est-à-dire en disant ce qu'«on» dit,
l'être-là apparaît dans le mode d'être du «on». Celui-ci est le
«sujet» de la publicité quotidienne qui structure ontologiquement l'être-là dans son inauthenticité. Même si l'analyse
du «on» permet de livrer un certain nombre de déterminations
positives de l'être-là, il ne faut pas oublier que la déchéance
dans le «on» exprime une «fuite» de l'être-là devant son
pouvoir-être le plus propre. Comment peut-on analyser
phénoménologiquement cette fuite?

L'être-là

L'angoisse comme tonalité affective fondamentale
de l'être-là

L'analytique existentiale dévoile une *diversité* de
moments structurels – en particulier, nous l'avons vu, la
dualité existence/facticité (ou «mienneté»). Face à cette

---

1. Pour une analyse plus approfondie des différentes acceptions du concept
de «monde», *cf.* le quatrième chapitre du présent ouvrage.

2. *SuZ*, § 24, p. 113

3. *SuZ*, § 38, p. 175.

4. À travers la préoccupation (*Besorgen*) s'exprime l'être de l'être-là
– qu'est le souci (*Sorge*) (*cf.* plus loin) – dans son mode inauthentique.

diversité se pose le problème de l'entièreté (*Ganzheit*) de l'être-là. En effet, bien qu'ayant la possibilité de se saisir dans son authenticité, l'être-là est d'abord, et toujours déjà, déchu. Est-il alors possible de saisir l'être-là dans sa structure *entière* à partir de laquelle la prétendue co-originarité des structures ontologiques dévoilées s'atteste et devient compréhensible ? Comme ces structures ontologiques renvoient, de loin, à la différence entre l'être *en général* et l'être *de l'être-là*, il y va ici de la question de l'*unité même* de l'être.

La fonction de l'analyse de l'angoisse est de montrer qu'il est effectivement possible de dévoiler une telle structure d'entièreté – et ce, non pas sur la base d'une construction *théorique*, mais d'une analyse qui, en tant qu'elle prend en vue la tonalité affective fondamentale de l'être-là, s'en tient à la teneur *phénoménale* stricte. Une telle analyse n'est pas dépourvue de difficultés. En effet, pour pouvoir cerner cette structure d'entièreté, il ne suffit pas simplement de puiser dans ce qui a été obtenu jusqu'à présent, puisque l'être-là n'est aucunement un *étant présent* et qu'il est donc impossible de s'en référer au contenu des descriptions déjà accomplies. L'être même de l'être-là, son « à-être », empêche de le saisir dans son entièreté à partir de ce qui est déjà « là ». Pourquoi l'angoisse permet-elle de dévoiler l'être-là eu égard à la structure de son *entièreté* ? Pour deux raisons. 1) Parce qu'elle est la *tonalité affective* qui exprime de la façon la plus originaire la structure du *phénomène* selon son acception heideggerienne : nous avons vu dans le premier chapitre que le phénomène, selon Heidegger, c'est ce qui n'est *pas* donné d'abord et le plus souvent. L'angoisse dévoile une dimension de l'être-là en *se détournant* de celui-ci – et elle traduit ainsi, sur le plan de la disposition affective, la structure formelle du phénomène. 2) Et ce détournement est déjà – et surtout – visible sur le plan de la déchéance. Heidegger peut donc ancrer son analyse, conformément au précepte qu'il s'est lui-même fixé, dans la quotidienneté « déchue »[1].

Qu'est-ce que l'être-là « fuit » dans le phénomène de l'angoisse? De quoi se détourne-t-il? D'abord de *lui-même* dans son pouvoir-être authentique. Or, ce qui est un détourner-de… sur le plan *ontique* n'occulte pas mais *fait d'abord apparaître* quelque chose sur le plan *ontologique*. En effet, cette fuite n'est possible que parce que quelque chose s'est d'abord dévoilé à l'être-là *devant quoi* il fuit. Certes, ce qui s'est ainsi dévoilé n'a pas été saisi thématiquement – mais cela n'empêche pas que ce soit « là ». Nous avons là encore un exemple de cette circularité herméneutique dont il a déjà été question dans notre premier chapitre : l'explication *ontologique* est une explication de ce qui a d'abord été « expérimenté » *ontiquement* sans que cette expérience ait permis une thématisation expresse. Reposons alors la question : devant quoi l'être-là fuit-il dans le phénomène de l'angoisse ?

Tout d'abord, Heidegger constate qu'il y a deux sortes de « peurs » : pour caractériser la peur de quelque chose de déterminé (ce chien, ce personnage, cette catastrophe naturelle, etc.), Heidegger choisit le terme de « crainte *(Furcht)* ». Ce qui la distingue de l'*angoisse (Angst)*, c'est que l'« objet » de l'angoisse est *in*déterminé – dans ce cas, on ne peut parler d'un « objet » *stricto sensu*. Ce qui provoque l'angoisse, c'est l'*être-au-monde en tant que tel*[2]. En effet, rien d'intra-mondain ne se présente comme « objet » de l'angoisse. Celui-ci est « nulle part ». Cela ne signifie pas que ce serait là un néant, au contraire, ce « nulle part » est la *condition de possibilité de l'ouverture de l'être-à spatial*. Autrement dit, *l'angoisse est la disposition affective fondamentale qui ouvre l'être-là au*

---

1. Nous répondons par là à la question posée à la toute fin du sous-chapitre précédent.
2. *SuZ*, § 40, p. 186.

monde. Et comme l'angoisse rejette l'être-là vers son pouvoir-être-au-monde propre, l'angoisse *singularise* l'être-là sur son être-au-monde authentique. L'angoisse libère l'être-là à l'authenticité, c'est-à-dire à son être le plus propre comme possibilité, comme pouvoir-être.

Nous voyons ici que ce qui « provoque » l'angoisse, sans qu'on puisse parler d'un rapport de *cause à effet*, est identique à ce qui « éprouve » l'angoisse, sans qu'il s'agisse d'un « affect » ontique ou mondain. Dans les deux cas, il y va de l'être-là comme être-au-monde. Heidegger peut alors écrire :

> L'identité (*Selbigkeit*) existentiale de l'ouvrir avec l'ouvert – identité telle qu'en cet ouvert le monde est ouvert comme monde, l'être-à comme pouvoir-être singularisé, pur, jeté – rend évident qu'avec le phénomène de l'angoisse c'est une disposition affective insigne qui est devenue le thème de l'interprétation [1].

Alors que, dans la *quotidienneté moyenne* (où il est déchu « au » monde), l'être-là est dans une familiarité et tranquillité rassurantes, dans l'angoisse, il est plongé dans une « étrangeté (*Unheimlichkeit*) » qui dit précisément cette perte de son « être-chez-soi » [2]. La familiarité quotidienne s'effondre et la déchéance au monde dans lequel l'être-là s'était absorbé est annulée. Ainsi, dans l'angoisse, l'être-là fuit en réalité devant cette étrangeté pour se réfugier dans la familiarité de la quotidienneté publique, il fuit devant cette responsabilité d'avoir à assumer son être-au-monde propre.

Or, si dans l'angoisse l'être-là est singularisé vers son propre être-au-monde et *seulement* vers celui-ci, c'est *tout* l'être-là qui est ici « en jeu ». Nous comprenons dès lors pourquoi c'est effectivement l'être-là en son *entièreté* qui est

1. *SuZ*, § 40, p. 188.
2. « *Unheimlichkeit* » signifie en allemand littéralement le fait de « ne pas être à la maison ».

ici en cause : dans la mesure où l'angoisse nous met devant notre pouvoir-être propre, le « néant » dont il était question plus haut s'avère être la possibilité de « l'impossibilité de l'existence en général »[1]. Cette existence est celle de l'être-là. La disposition affective de l'angoisse le met en face de son pouvoir-être entier. Heidegger a-t-il alors répondu à la question de l'être de l'entièreté structurelle de l'être-là ?

Le souci comme être de l'être-là

L'angoisse – en tant qu'elle est justement une *disposition affective* fondamentale – permet tout d'abord de « prendre en vue » la structure de l'entièreté de l'être-là. Encore faut-il *expliciter* (dans une *compréhension explicite*) ce qui a été pris en vue de la sorte. Cette explicitation sera réalisée à travers l'analyse structurelle du souci en tant qu'*être de l'être-là*. Que l'entièreté de l'être-là soit le souci[2], c'est ce que montre le § 41 de *Sein und Zeit*.

Comme nous l'avons déjà souligné, Heidegger ne précise qu'au fur et à mesure[3], dans *Sein und Zeit*, quels sont les

1. *SuZ*, § 53, p. 264 et déjà p. 262.
2. *SuZ*, § 50, p. 252.
3. C'est à cet endroit qu'il faut dire un mot sur la composition de *Sein und Zeit*. L'ouvrage majeur de Heidegger se divise en deux parties très différentes : la première partie livre *l'analytique de l'être-là* proprement dite, c'est-à-dire l'analyse ontologique des « éléments » (existentiaux) de cet étant spécifique qu'est l'être-là ; la deuxième partie, qui en livre l'« analyse temporelle », se doit de rendre compte du *bien-fondé* de cette analytique. En faisant une analogie avec la structure de la *Critique de la raison pure*, on pourrait dire que la deuxième partie se propose de *déduire* – en l'*interprétant temporellement* – ce que, dans la première partie, l'auteur a d'abord posé et exposé.

Or, il semblerait que dans le § 45 de *Sein und Zeit*, qui se situe à la charnière entre ces deux parties, Heidegger ne parvienne que très laborieusement à articuler ces deux parties. Et c'est ce qui explique peut-être pourquoi Heidegger est à ce point soucieux de dévoiler la « structure entière (*Strukturganze*) » de l'être-là ! La réponse à la question de savoir ce qui nous garantit qu'on a effectivement pris en compte la totalité des « éléments » de l'analytique est donnée avec l'ébauche du « pouvoir-être-entier (*Ganzseinkönnen*) » de l'être-là : tout se

caractères ontologiques fondamentaux de l'être-là. Le § 41 affirme désormais sans aucune ambiguïté que ce sont les déterminations existentiales de l'existentialité, de la facticité et de la déchéance qui permettent de saisir ontologiquement cet être de l'être-là. Précisons la nature de chacun de ces existentiaux.

a) L'être-là est ontologique, c'est-à-dire qu'« il y va » en son être de cet être. Cela signifie qu'il est ouvert à son être et qu'il en a une compréhension. Comprendre signifie : se projeter à ou vers son pouvoir-être le plus propre (*sich-entwerfen zum eigensten Sein-können*). C'est son propre être qui est le « ce-en-vue-de-quoi » de l'être-là. Or, cette structure ontologique implique que l'être-là – pour pouvoir avoir toujours déjà une compréhension de soi dans le pro-jet – *est* toujours déjà *au-devant* de soi-même (il est « *ihm selbst je schon VORWEG* ») : l'être-là se transcende toujours déjà en tant qu'*être-à* le pouvoir-être (donc en tant qu'être *au* pouvoir-être) qu'il est *lui-même*, et grâce à cet acte de « transcendance », l'être-là se projette vers le *futur*.

---

passe comme si l'analyse de ce qui fait la structure entière du pouvoir-être (c'est-à-dire, en réalité, du comprendre (*Verstehen*)) permettait de s'assurer du caractère exhaustif de l'ensemble des existentiaux – une démarche qui ne saurait satisfaire le lecteur, car Heidegger ne s'est pas vraiment justifié du point de vue adopté, ni de la perspective selon laquelle par exemple l'ouverture (*Erschlossenheit*), la triplicité facticité-existence-déchéance, etc. sont effectivement bien fondées.

Comment sortir de ce dilemme ? En réalité, cette opposition n'est qu'apparente. Elle est induite par un défaut d'exposition : comme nous l'avons déjà dit au début de ce chapitre, Heidegger choisit plusieurs angles d'attaque pour entrer dans l'analytique de l'être-là (dans les paragraphes 4, 9, 12, 28 et 31) : une première analyse est conduite en termes d'« existence » et de « facticité » et ce ne sera que beaucoup plus tard (dans le § 41 (*cf.* aussi *SuZ*, § 50, p. 249-250)) que Heidegger analysera le souci comme être de l'être-là (avec le *triplet* facticité/existence/déchéance) en présentant par là la structure ontologique qui dominera toute la deuxième partie de *Sein und Zeit*. C'est en effet déjà à partir du chapitre 6 de la *première* partie que s'ouvre la perspective qui commandera toute la deuxième partie.

b) Cette structure devançante s'étend sur la *totalité* de l'être-là en tant qu'être-au-monde. Or, comme cela signifie que l'être-là est toujours déjà jeté dans le monde, il s'ensuit qu'il possède la structure du « toujours-déjà-dans » (le monde) – qui est une structure rendant possible le *passé*. L'être-là est autant au-devant de lui-même que tributaire de son être-jeté.

c) Et, troisièmement, l'être-là est, *de fait*, auprès du monde – et ce, selon le mode de la déchéance (qui va rendre possible le *présent*). D'où donc la structure du souci :

> l'être de l'être-là est « au-devant-de-soi-déjà-dans-(le monde-) en tant qu'être-auprès-de (l'étant qu'il rencontre de façon intra-mondaine) [1].

Le très important § 65 de *Sein und Zeit* se propose de mettre en évidence le « *sens* » du souci. Par là, Heidegger vise un double but : d'une part, il s'agit de montrer que c'est la *temporalité* qui fait le sens ontologique de l'être-là – ce qui transparaissait déjà à travers la description des différents composants du souci ; et, d'autre part, il s'agit de donner une précision supplémentaire – relative à la *méthode* de *Sein und Zeit* – concernant le statut de l'« idéalisme transcendantal » (tel que l'entend Heidegger), spécifiquement mis en œuvre dans cet ouvrage. Nous commencerons d'abord par ce dernier point [2].

L'écueil qu'il s'agit d'éviter pour Heidegger, c'est de tomber dans l'ontologie de la *présenteté*. Si la résolution [3] exprime sur le plan *existentiel* l'authenticité de l'être-là, l'*idéalisme transcendantal* le fait, en philosophie, sur le plan *méthodologique*. Heidegger n'emploie presque jamais le

---

1. *SuZ*, § 41, p. 192.
2. Et nous reviendrons au premier point au début du troisième chapitre.
3. La « résolution » (cf. *SuZ*, § 60, p. 296 *sq.*) – qui est l'*ouverture authentique* – est « *le se-projeter silencieux et prêt à l'angoisse vers l'être-en-dette* [*cf.* le § 58] *le plus propre* ». Nous approfondirons ce point dans le chapitre suivant.

terme d'«idéalisme» – et pour cause, car il veut se démarquer de Husserl. Mais à un endroit crucial – qui traite de la réalité (et du réalisme) en tant que «problème de l'être» – qui est décisif pour notre propos, Heidegger affirme :

> Si le titre d'«idéalisme» exprime que l'être ne saurait jamais être expliqué à travers l'étant, mais que, pour tout étant, il est toujours déjà le «transcendantal», alors c'est dans l'idéalisme que réside l'unique possibilité véritable de [toute] problématique philosophique [1].

Dès lors, il s'agit pour Heidegger de dévoiler partout l'ontologie de la présenteté afin de lui substituer son idéalisme transcendantal. En quoi l'analyse du *sens* lui permet-elle d'accomplir cette tâche ?

La question fondamentale est de savoir ce qui *rend possible* l'*être de l'être-là* (son *existence*). On ne peut répondre à cette question avec une radicalité suffisante que si l'on éclaircit d'abord ce que veut dire «rendre possible». Le terme que Heidegger introduit pour répondre à cette question est le «pro-jeter (*Entwerfen*)». Il dit d'une façon très tranchante : «Le pro-jeter ouvre des possibilités, c'est-à-dire cela même qui rend possible»[2]. Essayons d'expliquer cette proposition cruciale. Nous verrons que cela nous permettra de penser ensemble les trois déterminations ontologiques fondamentales de l'être-là : l'être-*ontologique* de l'être-là[3] ; l'*à-être* (*Zu-sein*) de l'être-là et son *pouvoir-être*.

Le pro-jeter exprime d'abord un mouvement : *de* quelque part – *vers* quelque part. Ce mouvement n'est pas celui d'un

---

1. *SuZ*, § 43 A, p. 208 (passage déjà cité). Et Heidegger d'ajouter que si l'on comprend l'idéalisme de la sorte, Aristote ne doit pas moins être considéré comme un idéaliste que Kant.

2. *SuZ*, § 65, p. 324 : «Das Entwerfen erschließt Möglichkeiten, das heißt solches, das ermöglicht».

3. Rappelons que l'être-ontologique de l'être-là signifie qu'il est *ouvert* à l'être et qu'il en a une *compréhension*.

projetant (*Entwerfendes*) à un projeté (*Entworfenes*). En effet, nous devons distinguer entre quatre modalités : 1) le pro-jeter (*Entwerfen*) ; 2) le pro-jetant (*Entwerfendes*) ; 3) le pro-jeté (*Entworfenes*) et 4) le pro-jet (*Entwurf*). Il apparaîtra alors qu'il y a une différence entre *ce que met en jeu* le pro-jet et ce pro-jet lui-même (différence qui correspond à celle entre (le pro-jeter de) l'*être-là* factuel et l'*être* du pro-jet).

Plaçons-nous d'abord au niveau de l'être-là factuel. Heidegger distingue – *au sein du pro-jet* (*Entwurf*) – entre ce qui est projeté (*das Entworfene*) et « ce-vers-quoi (*woraufhin*) » le pro-jet pro-jette. Ce dernier est le *sens*, c'est-à-dire cela même à partir de quoi le pro-jeté peut être conçu dans ses possibilités comme ce qu'il est – car, comme nous verrons, ces possibilités-là ne sont pas *abstraites*, mais *celles de l'être-là*!. Soulignons que ce qui pro-jette ce sens (ou ce qui *se* pro-jette *vers* ce sens), Heidegger ne l'appelle pas le pro-jetant mais le pro-jeté[1], ce qui veut dire que l'être-là – car c'est bien entendu de lui qu'il s'agit ici – n'est pas l'origine absolue de ce pro-jet mais lui-même déjà pro-jeté (et il faut qu'il en soit ainsi, car, depuis le début de *Sein und Zeit*, Heidegger avait insisté sur le fait que l'être-là est pro-jet *pro-jeté* (*geworfener Entwurf*)). Retenons donc ce premier point : au sein du pro-jet (*Entwurf*), le pro-jeté se pro-jette sur le sens (le « ce-vers-quoi » du pro-jet).

Heidegger précise alors la teneur ontologique de chacun de ces pôles : ce qui est pro-jeté, c'est l'être de l'être-là, et ce vers quoi il se pro-jette c'est le *sens* (de l'être-là), le « ce-vers-quoi » du pro-jet. Or, cet être de l'être-là, le pro-jeté, est le « pro-jet primaire de la compréhension de l'être » et le sens est le « ce-vers-quoi » de ce pro-jet. Ce projet primaire de la compréhension de l'être « donne » le sens : « la question du sens de l'être d'un étant [ici : de l'être-là] thématise le

---

1. *SuZ*, § 65, p. 324, l. 8, l. 10, l. 15, l. 17.

"ce-vers-quoi (*Woraufhin*)" de la compréhension d'être qui est au fondement de tout *être* de l'étant »[1].

L'autre concept central de notre proposition – « le pro-jeter ouvre des possibilités, c'est-à-dire cela même qui rend possible » – est celui de « possibilité ». Quel sens faut-il donner à ce terme ?

La possibilité ne désigne pas pour Heidegger une catégorie modale de la « présenteté (*Vorhandenheit*) » – c'est-à-dire qu'elle ne désigne ni quelque chose qui n'est *pas encore réel* (*wirklich*, possibilité logique), ni quelque chose qui n'est *jamais nécessaire* (contingence). Le possible n'est pas ce qui est « *seulement* » possible (ce qui indiquerait une « infériorité ontologique » du possible par rapport au réel). La possibilité exprime pour Heidegger un pouvoir-être. Le pouvoir-être exprime l'être de l'être-là. Celui-ci est d'abord ontologique, il est *compréhension* d'être (*Seinsverständnis*), et cet être est l'être dont « il y va » donc pour l'être-là en son être. Ce qu'il « comprend », ce qu'il « sait », c'est-à-dire ce qu'il « *peut* », c'est l'être en tant qu'exister. Il est à-être (*Zu-sein*). La compréhension « constitue (*macht aus*) » l'être existentiel du pouvoir-être factuel[2].

Nous voyons ainsi comment dans cette notion de « possibilité » se rassemblent toutes les déterminations ontologiques essentielles de l'être-là. Si la philosophie transcendantale s'occupe de ce qui *rend possible*, la connaissance des objets de l'expérience, Heidegger trouve dans le *pro-jeter* le principe ontologique de la philosophie transcendantale. Et c'est donc la raison pour laquelle Heidegger écrit : « Le *pro-jeter* ouvre des possibilités, c'est-à-dire cela même qui rend possible ». Quelle est l'origine de ce pro-jeter ? C'est le pro-jet de l'être. « Qui » projette l'être ? Alors que dans le § 31 de *Sein*

---

1. *SuZ*, § 65, p. 325.
2. *Ibid.*

und Zeit, Heidegger avait clairement assigné le pouvoir pro-
jetant au caractère de pro-jet du *comprendre* (*Verstehen*) –
c'est-à-dire à un existential *de l'être-là* – le § 65 se prononce de
façon bien plus neutre sur ce point. Ici, il n'est plus question
que d'un simple «pro-jeter». On peut en imaginer trois
sources : l'*être* (qui aurait dû être traité dans la troisième
section de la première partie de *Sein und Zeit*), le *néant* (*das
Nichts*)[1] et la *temporalité* (de l'être-là). C'est cette dernière
option que Heidegger retiendra finalement dans *Sein und Zeit*.

Avant de répondre à la question de savoir en quoi c'est en
effet la *temporalité* qui rend possible l'être de l'être-là en son
existence, il faut encore développer un dernier aspect concernant le concept de «possibilité» – le rapport de *compréhension* que l'être-là a vis-à-vis de cette notion. Si la possibilité
n'est pas un état présent que l'être-là aurait à «constater» ou à
«saisir», mais qui exprime son «à-être», la «*saisie*» de cette
possibilité ne saurait pas non plus être une saisie thématisante
ou objectivante. Et ce, d'autant plus que, nous l'avons vu, une
telle saisie thématisante priverait la possibilité justement de
son caractère possible. Heidegger dit : dans le comprendre en
tant que pro-jeter, l'être-là *est* ses possibilités en tant que
possibilités[2]. Le mode de saisie de la possibilité est la *certitude* : la certitude «doit comprendre que la résolution, selon
son propre sens de la résolution, doit être *tenue ouverte* et libre
pour chaque possibilité factuelle»[3]. L'être-là doit se tenir libre
pour sa *retenue* (*Zurücknahme*) pour ne pas ensevelir ou figer
sa possibilité – et ce, de façon sans cesse répétée, permanente,
c'est-à-dire pour *tout* le pouvoir-être de l'être-là. Or, la résolution ne peut s'assurer de cette certitude permanente que si
celle-ci se rapporte à la possibilité dont elle peut être absolu-

1. Cf. *Qu'est-ce que la métaphysique ?* de 1929.
2. *SuZ*, § 31, p. 145.
3. *SuZ*, § 62, p. 307.

ment certaine. Cette possibilité-là, c'est la *mort*. Pourquoi ? Parce qu'en allant au-devant de soi vers sa mort comme possibilité, l'être-là pénètre quelque chose qui s'oppose de la façon la plus radicale à tout ce qui est réel – la mort, c'est ce qui résiste dans la plus haute mesure à la possibilité d'imaginer quelque chose comme réel, de se le représenter ou de le saisir de quelque façon que ce soit et, ce faisant, d'«oublier» la possibilité. Regardons de plus près ce rôle du devancement de la mort dans l'économie de *Sein und Zeit*.

La mort

Le but de l'analyse de la mort est, d'une manière générale, de s'assurer du caractère *originaire* de l'interprétation onto-logique de l'être-là. Pourquoi les analyses précédentes n'ont-elles pas eu ce caractère originaire ? Parce qu'elles relevaient encore de façon primordiale de la quotidienneté moyenne, c'est-à-dire *in*authentique – ce qui n'a certes pas empêché Heidegger de déterminer concrètement l'essence de l'existen-tialité à travers l'analyse des existentiaux. C'est pourquoi, pour combler ce manque, il s'agit désormais de dévoiler égale-ment la structure existentiale du pouvoir-être *authentique*.

Or, il y a ici une difficulté. L'être-là en tant qu'il est caractérisé comme *existant* se dérobe *par essence* à la saisie comme étant «entier». Autrement dit, l'être-là en tant qu'il s'étend «entre» sa naissance et sa mort, réserve toujours des possibilités imprévisibles. La constitution fondamentale de l'être-là est essentiellement caractérisée par le fait qu'elle n'est jamais «achevée». Et lorsque l'état d'achèvement est atteint – l'être-là «n'est plus» (le «là» est perdu). Pour échapper à ce dilemme, il faut comprendre le sens *ontologique* de la mort, plus exactement : il faut s'enquérir du concept *existential* de la mort qui ne réduit pas l'être-là à un étant

présent qui ferait un calcul avec ce qui n'est pas encore présent
(au double sens du terme).

Pour ce faire, il ne suffit pas de procéder à une analyse
ontologique de la mort d'autres être-là. En effet, on ne peut
jamais faire l'expérience de la mort des autres, non pas au sens
ontique, mais au sens de la « perte d'être » ici recherchée, et il
est évident qu'on ne peut mourir « à la place » des autres. La
question du sens ontologique du mourir – comme possibilité
d'être de *son propre* être – ne trouve pas de réponse par ce
biais-là. La mort « singularise »; en tant que *phénomène
existential*, elle ne peut être thématisée qu'en ayant recours au
pouvoir-être le plus propre de chaque être-là en sa « mienneté »
irréductible.

Comment caractériser le rapport de l'être-là à sa propre
mort? Le temps qui lui « reste » n'est pas un étant présent.
L'être-là n'*a* pas du temps qui lui reste, mais il *est* (existe), et
c'est *en étant* qu'il se rapporte à sa fin. Mais cela ne veut pas
dire pour autant qu'il vit un processus qui serait comparable
par exemple à un fruit qui mûrit et qui aurait sa *fin* dans l'état
mûr. La mort n'est absolument pas la fin de l'être-là au sens où
elle en constituerait l'état d'achèvement. L'être-là existe de
telle manière qu'un « ne pas encore » lui appartient, mais non
pas au sens où il faudrait lui rajouter un bout de son être, mais
au sens où il est un *être pour la fin* (*Sein zum Ende*) de lui-
même. La « vie » de l'être-là implique par essence que celui-ci
a à assumer sa mort[1]. Comment clarifier ontologiquement cet
« être-pour-la-fin » à partir de l'être de l'être-là?

L'être-là est un pouvoir-être. Sa mort est la possibilité de
ne plus pouvoir être là. C'est une possibilité *extrême* qui l'ôte
de tout rapport-à… « Extrême » parce qu'elle exprime de la
manière la plus radicale cet « être-au-devant-de-soi (*Sich-
vorweg*) » qui était apparu dans la structure du souci.

1. *SuZ*, § 48, p. 245.

L'angoisse n'est pas simplement la peur de mourir (affect ontique qui peut apparaître et disparaître), mais la disposition affective *fondamentale* qui nous ouvre au fait que l'être-là existe *pour* sa fin. Comment l'être-là peut-il comprendre de façon authentique cette possibilité la plus propre (qui est aussi indépassable qu'indéterminée)? Quelles en sont les conditions existentiales?

C'est le § 53, intitulé « projet existential d'un être authentique pour la mort », qui déploie d'une façon essentielle la problématique de la mort dans *Sein und Zeit*. Heidegger y établit d'abord le sens de l'être pour la mort en tant que comportement à l'égard d'une possibilité (la « plus extrême ») de soi-même. Quotidiennement, le comportement de l'être-là à l'égard d'une certaine possibilité vise à *réaliser* cette dernière. Dans le cas de sa propre mort, il ne peut s'agir d'une telle réalisation parce que cela priverait l'être-là du sol de son être existant pour la mort. Comment caractériser alors ce « rapport » à sa mort? Un rapport authentique à la mort implique de ne pas l'éviter, la fuir ou la contourner, mais de la *soutenir en tant que possibilité*. L'attente ne répond pas à une telle exigence, car l'attente est elle aussi déjà attente d'une réalisation de la possibilité. Comment préserver le caractère d'être *possible* de la mort dans le rapport à cette dernière? En *devançant* cette possibilité, en « plongeant » en elle, elle ne cesse d'*augmenter* – jusqu'à l'infini (cela est comparable à la plongée dans le souvenir, dont parle Bergson dans *Matière et mémoire*, qui s'accomplit en inhibant toute action). Plus l'être-là la comprend en son caractère non occulté, plus il s'approche de la possibilité de l'impossibilité de l'existence en général. Un rapport authentique à la mort est cette plongée dans l'abîme de cette possibilité de l'impossibilité. Dans ce rapport, nous ne disposons d'aucun *appui* qui nous permettrait de la « figurer » de quelque façon que ce soit. Mais qu'est-ce qui

permet alors à Heidegger d'écrire que « l'être pour la mort en
tant que devancement dans la possibilité *rend* d'abord *possible*
cette possibilité et la libère en tant que telle » [1] ? C'est que
« l'être pour la mort est le devancement dans un pouvoir-être
de cet étant dont le mode d'être est le devancement lui-
même » [2]. Dans l'être pour la mort, l'être-là se découvre dans
ses deux caractéristiques fondamentales de son être que sont
l'« au-devant-de-soi (*Sich-vorweg*) » (souci) et l'être-possible
(existence). « Le devancement se montre comme la possibilité
du comprendre du pouvoir-être extrême *le plus propre*, c'est-
à-dire comme la possibilité d'une *existence authentique* » [3].
Pour étayer cette thèse Heidegger procède alors à l'analyse de
la structure *concrète* du devancement de la mort.

1) La mort est la possibilité *la plus propre* de l'être-là.
L'être pour cette possibilité ouvre à l'être-là son pouvoir-être
le plus propre où « il y va » donc de l'être de l'être-là.

2) Cette possibilité la plus propre coupe l'être-là de *tout
rapport* et le rejette sur lui-même. Elle singularise l'être-là et
le responsabilise à avoir à assumer son propre être.

3) Cette possibilité est « *indépassable* » au sens où, en tant
que possibilité *ultime*, elle dévoile toutes les autres possibilités
(factuelles) comme *finies* et comme procédant d'elle. Et, ce
qui est décisif, le devancement *se libère* pour cette possibilité
indépassable. Cela veut dire que face à la mort, en tant que
devancée, bien sûr, l'être-là se libère des possibilités factuelles
qui le contraignent. Le devancement lui permet à la fois de
se préserver du fait de s'accrocher à telle ou telle possibilité
déjà réalisée et de se mettre sans cesse à nouveau devant ses
possibilités propres. Heidegger conclut enfin que c'est *dans la
mesure où le devancement dans la possibilité indépassable*

---

1. *SuZ*, § 53, p. 262.
2. *Ibid.*
3. *SuZ*, § 53, p. 263.

ouvre en même temps à toutes les possibilités factuelles que l'être-là s'anticipe *en entier*, c'est-à-dire en tant que possibilité d'exister comme pouvoir-être entier.

4) Or, la possibilité extrême ne peut être *certaine* que si l'être-là rend pour lui-même *possible* cette possibilité en tant que pouvoir-être le plus propre. Le fait que le devancement dans la mort soit le mode d'être propre de l'être-là lui-même (*cf.* plus haut) implique une «possibilisation (*Ermöglichung*)»[1] devançante de l'ouverture de la possibilité. «L'ouverture de la possibilité est fondée dans la possibilisation devançante»[2]. Ce point est essentiel – Heidegger achève par là la fondation du transcendantalisme dont il a été question, rappelons-le, lorsque nous avons traité de l'existential du comprendre et du souci comme être de l'être-là. L'être-là comme être-possible rend lui-même possible son être-possible. Il y a une sorte de *revirement* – caractéristique de l'attitude transcendantale – de ce qui rend possible en une *possibilisation*, c'est-à-dire en ce qui rend possible cela même qui rend possible[3]. Et c'est donc l'être de l'être-là qui est caractérisé par ce revirement, par cette possibilisation.

Notons enfin que comme la certitude de la mort renvoie à une possibilité *indépassable*, au fondement de toute possibilité factuelle, elle est plus certaine que celle relative à n'importe quel étant intra-mondain et factuel. La certitude relative au devancement est une certitude qui est ontologiquement première.

---

1. *SuZ*, § 53, p. 264.
2. *Ibid.*
3. On peut remarquer en passant que ce revirement – décisif pour la compréhension du sens du transcendantal – a déjà été constaté par Fichte dans son analyse du «*Soll*» (du «devant-être») qu'on trouve (entre autres) dans la *Doctrine de la Science* de 1804[2]. Nous le retrouverons à des endroits cruciaux de l'évolution ultérieure de la pensée heideggerienne (*cf.* notamment notre cinquième chapitre).

Malgré la richesse de ces analyses sur la mort, on pourrait se demander si, pour établir le lien entre, d'une part, la mort comme certitude d'être une possibilité qui ne saurait être évitée et, d'autre part, le fait que le devancement de la mort ouvre à toute possibilité d'exister, Heidegger ne glisse pas entre une acception de la possibilité comme *pouvoir-être* et une acception qui s'opposerait simplement, comme dans la tradition métaphysique, au réel – de sorte que la « déduction » heideggerienne de la possibilité ultime serait posée sur une base peu solide… Cette impression est encore renforcée par le fait que le § 62 ne parle plus *que* de la certitude de mourir, mais plus du tout de la « découverte » de la possibilité ultime face à l'impossibilité de « s'accrocher » à quelque chose de réel (comme Heidegger l'avait fait à la p. 262 du § 53). S'il en est effectivement ainsi, comme cela en a l'air, le projet d'une ontologie fondamentale dans *Sein und Zeit* s'avère reposer – à un endroit déterminant de l'ouvrage – sur un sophisme parce que dans un seul et même argument, Heidegger mobilise deux acceptions différentes de la possibilité [1] !

CONCLUSION

Que pouvons-nous alors conclure sur le problème initial du rapport entre l'être « en général » et l'être *de l'être-là* ? Nous remarquons d'abord que déjà la détermination de l'être de l'être-là est ambiguë : d'une part, Heidegger dit clairement que l'être de l'être-là est le *souci*. Or, dans la mesure où l'être *dont* « *il y va* » *pour l'être-là* est l'existence, on pourrait penser que Heidegger distingue entre l'être *de l'être-là* (le souci) et l'être *dont* « *il y va* » *pour l'être-là* (l'existence). Les choses se compliquent cependant lorsque Heidegger dit que l'existence

---

1. Nous reviendrons sur cet aspect dans notre cinquième chapitre.

– qui n'est autre que le pouvoir-être *de l'être-là* – est l'essence
de l'être-là[1]. L'être de l'être-là et l'être en général seraient-ils
alors une seule et même chose? Et pourrait-on alors aller
jusqu'à dire que si *Sein und Zeit* est resté inachevé, c'est précisément parce que Heidegger s'est aperçu de la réduction de
l'être à l'être de l'être-là et que, du coup, il n'y avait plus
moyen de rédiger un chapitre sur l'être (ainsi que la temporalité spécifique de cet être)? Il nous semble que c'est effectivement la conclusion qu'il faut tirer des développements
précédents. Dès lors, il faut affirmer que l'inachèvement de
Sein und Zeit n'est pas l'expression d'un *échec*, mais tient aux
conséquences mêmes du projet de son auteur. Nous étayerons
cette thèse en nous focalisant maintenant sur la deuxième
partie de *Sein und Zeit* qui livre l'interprétation *temporelle* de
l'analytique existentiale de l'être-là.

1. *SuZ*, § 45, p. 231

Chapitre III

LE TEMPS

Remarques introductives

Le but du présent chapitre consiste à livrer une interprétation de l'analyse du temps dans *Sein und Zeit*. Il s'agira en particulier de dévoiler les différents niveaux de la temporalité[1] que l'on trouve dans l'« interprétation temporelle » de l'être de l'être-là dans le chef-d'œuvre de Heidegger, une interprétation *qui ne correspond pas tout à fait aux résumés que Heidegger en livre dans les* Problèmes fondamentaux de la phénoménologie *et dans les* Fondements métaphysiques de la logique *de 1928.*

La thèse fondamentale de *Sein und Zeit* affirme que l'être-là *est* le temps. Dans la première partie de cet ouvrage, Heidegger distingue, nous l'avons vu, entre (au moins) trois sortes d'étants – les étants maniables, les étants présents et l'être-là – qui sont liés entre eux : l'étant maniable, caractérisé par le « ce-pour-quoi (*Wozu*) » renvoie en dernière instance au « ce-en-vue-de-quoi (*Worum-willen*) », c'est-à-dire à l'être-là

---

1. P. Ricœur dit de la problématique des niveaux de temporalisation qu'elle « est le cœur vivant » de la seconde section de *Sein und Zeit* (voir *Temps et récit. 3. Le temps raconté*, « Points Essais », Paris, Seuil, 1985, p. 146).

lui-même – et l'étant présent, lui, n'est rien d'autre qu'un étant maniable « coupé » de son « origine » et de sa « finalité », c'est-à-dire, là encore, de son rapport à l'être-là. Dans la deuxième partie de *Sein und Zeit*, cette distinction, qui – en raison du clivage entre les étants maniables et présents, d'un côté, et l'être-là, de l'autre – contient implicitement l'idée que l'être-là aurait une double constitution ontologique (introduite auparavant en termes d'« existence » et de « facticité » qui se recoupent en un sens avec le couple « authenticité »/« inauthenticité ») est corrigée parce qu'elle s'avère insuffisante. Une analyse plus approfondie – que Heidegger appelle une analyse « *temporelle* » – montrera en effet que l'être-là ne possède pas une *double* mais une *triple* constitution : la thèse selon laquelle l'être-là « *est* » le temps sera ainsi démontrée à travers la mise en évidence de trois « modes » temporels fondamentaux – à savoir la temporalité originaire (en laquelle consiste l'être-là *authentique*), la temporalité « préoccupée » (qui est à l'origine de la « maniabilité ») et la temporalité « vulgaire » (qui nivelle l'être-là comme simple étant présent, au double sens du terme), ces deux derniers modes fondant le caractère *inauthentique* de l'être-là [1].

Exposons d'abord très rapidement la lecture classique qui peut s'appuyer sur tous les exposés que Heidegger a livrés de sa conception de la temporalité originaire *après* la parution de *Sein und Zeit* et dont on trouve une reconstitution fidèle par exemple dans le volume 3 de *Temps et récit* de P. Ricœur.

---

1. Dans le paragraphe introductif à la deuxième partie de *Sein und Zeit* (intitulée « Être-là et temporalité »), Heidegger distingue en effet premièrement entre le temps « vulgaire », deuxièmement le temps du « souci » (qui, en tant que temps préoccupé est le temps auquel nous nous rapportons d'abord dans la quotidienneté) *dont* « *provient* (erwächst) » *le temps vulgaire* et, troisièmement – ce qui montre qu'il y a bel et bien *trois* niveaux temporels – une « temporalisation *encore plus originaire* de la temporalité » qui est celle du *temps originaire*, *SuZ*, § 45, p. 235.

Selon cette lecture[1], Heidegger distingue fondamentalement entre *deux* niveaux temporels : la temporalité « vulgaire » et la temporalité « originaire » constitutive de celle-là. Et la structuration entre ces différents niveaux temporels s'effectue selon deux principes de division : d'une part, selon la manière dont on privilégie une des trois extases du temps (futur, présent, passé) et, d'autre part, selon la division « authenticité/ inauthenticité ». On peut résumer cette interprétation sous forme d'un tableau qui visualise la thèse de Ricœur de la co-originarité de l'extaticité, l'intra-temporalité et l'historialité :

	Authenticité	Inauthenticité
Futur	Temporalité originaire (*extaticité*)	O
Présent	Intra-temporalité	Temporalité « vulgaire »
Passé	Historialité (*Geschichtlichkeit*)	Histoire (*Geschichte*)

« O » indique que, du côté de l'« inauthenticité », il n'y a pas de correspondant, au futur, pour la temporalité originaire.

Or, nous voudrions montrer que la conception heideggerienne n'est compréhensible que si l'on tire *toutes les conséquences* de la thèse que l'être-là est le temps. On pourrait alors montrer que, en réalité, conformément à l'idée que le temps est l'être-là en tant qu'il « *s*'exprime » ou « *s*'explicite (*sich auslegt*) »[2], les trois modes heideggeriens du temps s'orientent par rapport à trois statuts différents du « soi (*Selbst*) » de cet être-là :

– la « stance étirée (*erstreckte Ständigkeit*) » caractérisant l'exister de l'être-là en son *authenticité* ;

---

1. Nous remercions L. Tengelyi, un des meilleurs connaisseurs en la matière de nos jours, d'avoir attiré notre attention sur ce que nous exposerons dans les développements suivants.

2. *SuZ*, § 79, p. 408. *Cf.* aussi *PF*, p. 366 ; trad. fr. p. 311.

– l'explicitation de soi ou le «s'expliciter» (*Sich-Auslegung*) – dont le mode d'être est celui de l'être-là en tant qu'il se préoccupe de l'étant *maniable*[1] ;

– le nivellement de cette compréhension originaire du soi en un étant *présent* (au double sens de l'étant présent (*Vorhandenes*), d'un côté, et de ce qui forme la série des «maintenant», de l'autre) (dont le mode d'être est bien sûr celui de la *présenteté*).

Nous verrons que ces différents niveaux[2] ne sont pas exposés de façon explicite dans *Sein und Zeit*, mais n'apparaissent qu'à la lumière d'une analyse qui nécessite une interprétation originale de l'architectonique de l'ouvrage de Heidegger.

L'ANALYSE TEMPORELLE DU SOUCI

Comment Heidegger réalise-t-il d'abord l'analyse temporelle du souci en tant qu'il constitue (*ausmacht*) l'être de l'être-là ? Pour y répondre, il faut auparavant dire un mot sur le statut de l'analyse heideggerienne du temps en général.

L'analyse heideggerienne de la temporalité (tout comme celle d'Augustin, d'ailleurs) s'interroge sur les *modes d'être*

1. C'est précisément *sur ce point* que nous nous écarterons de la lecture de Ricœur.

2. Peut-on dire que ces trois niveaux se recouvrent avec la temporalité pré-immanente, la temporalité immanente et la temporalité objective telles qu'on les trouve dans les *Leçons pour une phénoménologie de la conscience intime du temps* (1928) et dans les *Manuscrits de Bernau* (1917-1918) de Husserl ? La réponse est clairement négative, parce que le «principe de division» est autre chez Husserl. Les analyses husserliennes se rapportent en effet à une certaine compréhension de la *transcendance* et de l'*immanence* : la temporalité objective est celle des objets *transcendants*, la temporalité immanente est celle des composants de la sphère «réelle (*reell*)» (donc *immanente* à la conscience) et la temporalité pré-immanente est celle des phénomènes ultimement constitutifs de *tous* les composants immanents – que ceux-ci soient noématiques («objectifs») ou noétiques («subjectifs»).

du temps étant donné que le passé n'est plus, que le futur n'est pas encore et que le présent tend par essence à passer, c'est-à-dire à n'être plus. Chez Heidegger, le passé et le futur sont certes considérablement enrichis du point de vue ontologique – le passé et le futur sont réinterprétés en termes de facticité et d'existence – mais ils ne *sont* pas, tout comme le présent qui, en tant que déchu (*verfallen*), n'est jamais considéré que selon son mode inauthentique. Pour répondre à la question de savoir *ce qu'est* le temps, il s'agit donc de s'enquérir d'une « attestation phénoménale d'un pouvoir-être-entier *authentique* de l'être-là »[1]. C'est là la véritable raison de la recherche d'une attestation phénoménale du pouvoir-être-entier de l'être-là : elle permet de contribuer à la mise en évidence de la temporalité en tant qu'elle se manifeste de façon authentique. Une telle attestation, nous la trouvons dans le « rapport » entre le devancement (*Vorlaufen*) et la résolution (*Entschlossenheit*)[2].

Pour Heidegger, c'est précisément à travers la « résolution devançante (*vorlaufende Entschlossenheit*) » – c'est-à-dire l'être-entier authentique de l'être-là – que la temporalité se laisse expérimenter d'une façon originaire[3]. La temporalité de la résolution devançante est un mode insigne de la temporalité de l'être-là.

Dans le § 65, Heidegger s'interroge alors sur ce qui rend possible ce pouvoir-être authentique de l'être-là eu égard à l'unité de sa structure entière. C'est ici qu'apparaît dans toute sa pertinence l'analyse de la notion de « possibilité » que nous avons reconstituée dans le chapitre précédent : c'est elle qui va d'abord être au fondement du mode temporel de l'*avenir* (*Zukunft*).

---

1. *SuZ*, § 62, p. 309.
2. *Cf.* plus loin.
3. *SuZ*, § 61, p. 304.

1) Dans le § 61, l'existence a donc été caractérisée comme « résolution devançante ». Cette expression inclut l'à-être (*Zusein*) et le pouvoir-être : elle est « *être au* [il ne faut pas confondre ici le *Zu-Sein* avec l'*In-Sein* qu'on traduit également par être-à !] pouvoir-être insigne le plus propre »[1]. Qu'est-ce qui la *rend possible* ? C'est que l'être-là *peut* aller au-devant *de lui-même* dans sa possibilité la plus propre. L'ontologie fondamentale parvient ici une fois de plus au cœur du transcendantalisme, tel que Heidegger entend le fonder : le pouvoir-être *se redouble* en un pouvoir (*Können*) lequel constitue le noyau de l'exister de l'être-là. L'être-là, en allant au-devant de soi vers la possibilité ultime, la « laisse venir » : et exister, cela signifie « supporter », « soutenir » (*aushalten* – littéralement : se tenir au dehors) la possibilité *en tant que possibilité* dans ce laisser-venir-vers-soi. L'être-là, face à sa propre mort, ne doit pas « déchoir » dans quelque chose de réel auquel il pourrait s'accrocher, mais il doit se résoudre à cette possibilité comme pouvoir-être. (Et l'on peut donc remarquer, en effet, qu'il apparaît ici clairement que la *résolution*, loin d'exprimer un « héroïsme » naïf, fonde – et c'est en cela que consiste son sens essentiel – le projet heideggerien d'une ontologie fondamentale en tant que philosophie transcendantale[2]). Cet « aller-au-devant-de-soi (*sich-vorlaufen*) » – qui est donc un « *laisser-venir (auf sich zukommen-lassen)* » – est le phénomène originaire de l'avenir.

Être avenant (*zukünftig sein*) signifie dès lors, pour l'être-là, non pas simplement être capable de se déployer dans un futur, être ouvert à lui, mais, plus fondamentalement, « être en mesure de soutenir la possibilité (ultime) en tant que possibilité » – et cette possibilité ultime n'est pas simplement onti-

---

1. *SuZ*, § 65, p. 325 : « Sein zum eigensten ausgezeichneten Seinkönnen ».
2. Et c'est ainsi, et seulement ainsi, qu'il faut lire les l. 17-22 du § 60 de *Sein und Zeit*.

quement la capacité à « affronter la mort » (et ce qu'il y a d'effrayant en elle, etc.), mais, *ontologiquement*, le fait de *se tenir dans un pouvoir-être, dans le possible*, sans « tomber » dans une « réalité » « rassurante ».

2) Comment les choses se présentent-elles pour le *passé* ? Selon son acception « vulgaire », on dirait que le passé est ce qui a été présent « auparavant » ; donc, si je suis « maintenant », c'est grâce au fait que le passé m'a précédé et m'a fait (être) tel que je suis à présent. Je suis constitué par le passé. Heidegger va ici renverser la perspective. Je ne peux être « été » (*gewesen-sein*)[1], c'est-à-dire je ne peux « avoir » un passé, que parce que je *suis*. Ce qui est premier, ce n'est pas la série « objective » des instants se succédant les uns aux autres, mais le passé ne peut « être » que grâce à son « incarnation » ou à son « actualisation » *maintenant* qui, par rapport au passé révolu, est au *futur*[2]. Mais il ne faut pas se tromper : il ne faut pas dire que l'affirmation selon laquelle le présent est, par rapport au passé, au futur (tout comme le futur est futur par rapport au présent) serait un sophisme – même si l'on a facilement tendance à le faire… (Le sophisme serait alors le suivant : Heidegger lirait le passé à partir du présent, et il prêterait au passé un caractère qui incombe en réalité au présent). Tel n'est *pas* le propos de Heidegger. Il dit simplement qu'une « présentification » du passé (lequel *n'est plus*) – présentification qui reste à faire, qui est « devant » nous – requiert le *retour* (*Zurückkommen*) à ce passé, et que ce retour est fondé dans l'avenir : « Ce n'est que dans la mesure où l'être-là *est* en

---

1. En allemand, l'auxiliaire du verbe être au passé composé est « *sein* (être) » et non pas, comme en français, « *haben* (avoir) ».

2. La nature de l'être-été (*Gewesenheit*) rend alors compréhensible pourquoi l'être-là n'est pas un étant présent constitué d'un agrégat de parties dont un certain nombre serait déjà passé (comme c'est le cas d'une mélodie par exemple) – et il n'est pas difficile de voir en cette précision une critique de la phénoménologie husserlienne du temps qui reste confinée, pour Heidegger, dans seule la sphère des étants présents.

général en tant que je suis-été, qu'il peut, en avenant, aller de telle manière au-devant de lui-même qu'il *re*-vient »[1]. Si cette tenue dans le possible qui caractérise l'être-là avenant n'est certes pas vide – l'être-là « *a* » un être, il n'est pas rien, il doit *assurer l'être-jeté* – cet être(-été) est à son tour fondé dans l'avenir : « L'être-été provient d'une certaine manière de l'avenir »[2].

L'*être*-été authentique est appelé par Heidegger dans le § 68 a) « répétition (*Wieder-holung*) » parce que c'est dans le devancement que l'être-là se fait ressortir (*sich wieder (her)vorholen*) en son pouvoir-être le plus propre. Nous reviendrons plus bas sur cette notion de « répétition ».

3) Pour le *présent*, Heidegger précise (toujours dans ce § 68 a)) que la préoccupation des étants maniables est fondée dans l'extase de l'« instant (*Augenblick*) »[3] qui exprime l'être-résolu dans la situation[4]. L'instant, en tant que présent authentique, rend d'abord possible la rencontre de ce qui, en tant qu'étant présent ou maniable, peut être « dans » le temps.

Ainsi, l'unité originaire de la structure du souci réside effectivement dans la *temporalité* : l'« au-devant-de-soi » est fondé dans l'avenir ; l'« être-déjà-dans » est fondé dans l'« être-été » et l'« être-auprès-de » est rendu possible par le présenter (*Gegenwärtigen*)[5] authentique donné dans l'instant.

---

1. *SuZ*, § 65, p. 326 : « Nur sofern Dasein überhaupt *ist* als ich *bin*-gewesen, kann es zukünftig auf sich selbst so zukommen, dass es *zurück*-kommt. »

2. *Ibid.* : « Die Gewesenheit entspringt in gewisser Weise der Zukunft. »

3. Heidegger donne une bonne explication de l'instant dans les *Problèmes fondamentaux de la phénoménologie*, § 20 c, p. 407 ; trad. fr. p. 345.

4. Rappelons que la *situation* – en tant que corrélat « spatial » de l'instant – est le « là » ouvert dans la résolution, lequel là fait le là de l'être-là existant (*SuZ*, § 60, p. 299).

5. Heidegger n'est pas tout à fait conséquent dans l'usage du terme « *Gegenwärtigen* ». Alors que dans le § 65, Heidegger l'utilise pour désigner le mode temporel qui fonde l'être-auprès-de (cf. *SuZ*, p. 327), le § 68 a) établira que le présenter est le mode *inauthentique* du présent. Pour éviter toute

Les moments de cette structure ne sont pas *dans* le temps, Heidegger dit : ils ne sont pas intra-temporels comme le sont les étants présents. Le sens ontologique primaire de l'existentialité est l'avenir, celui de la facticité l'être-été. La déchéance est fondée dans le présenter qui est « enfermé (*eingeschlossen*) » dans l'avenir et l'être-été [1].

LE TEMPS ORIGINAIRE

Premier aspect du temps originaire : l'extaticité

Grâce à ces derniers développements, l'analyse temporelle du souci nous a dévoilé la première caractéristique de la temporalité originaire : l'*extaticité*. En effet, à partir des analyses précédentes, la nature des « modes d'être » de la temporalité se clarifie. La temporalité n'est pas un *étant* qui serait le composé ou l'agrégat d'une partie présente et des parties passées et futures. La temporalité n'*est* pas, elle *se temporalise*, elle temporalise des modes possibles d'elle-même. Et c'est le temps compris ainsi originairement comme *temporalisation* qui rend possible la constitution de la structure du souci [2]. Comment faut-il concevoir ces modes de temporalisation ?

Le mode d'« être » spécifique de la temporalité – qu'il faut tenir éloigné, nous insistons, de toute sorte de présence (stable) – est identifié par Heidegger comme « *extase* ». L'avenir, l'être-été et le présent sont les *extases* de la temporalité. Cela ne signifie pas que la temporalité sorte d'une certaine manière d'elle-même (car cela supposerait toujours déjà au préalable

ambiguïté nous préciserons dans ce qui suit, à chaque fois que cela s'impose, s'il s'agit du présenter authentique ou du présenter inauthentique.

1. *SuZ*, § 65, p. 328.

2. Et il faut souligner que toutes les structures fondamentales de l'être-là sont temporelles et qu'elles doivent être comprises comme modes de temporalisation de la temporalité.

un étant présent), mais que l'essence de la temporalité est la temporalisation dans l'unité des extases.

Même si la temporalité se temporalise dans la co-originarité de toutes ces extases, c'est pourtant l'avenir qui est le phénomène primordial et originaire de la temporalité authentique – et, comme nous le verrons, cette priorité rayonnera également sur la temporalité « dérivée », la temporalité vulgaire, qui nivellera le caractère extatique de la temporalité originaire.

Remarquons, enfin, dans cette première caractérisation de la temporalité originaire, que cette temporalité est *finie* – elle rend possible la finitude, c'est-à-dire la « néantité (*Nichtigkeit*) » de l'être-là. Pour comprendre pour quelle raison on considère cependant, « vulgairement », que le temps est « continu », il faut clarifier le lien entre la temporalité originaire et la temporalité dérivée.

Sur le plan *architectonique*, cette clarification requiert une analyse temporelle des structures ontologiques fondamentales de l'être-là quotidien. Mais cela ne veut pas dire pour autant qu'il faille assigner à la quotidienneté un statut insigne dans la compréhension des différents niveaux de la temporalité. L'intention de Heidegger est plutôt de montrer que l'interprétation temporelle de la *quotidienneté* ainsi que de l'*historialité* (comme sens temporel de l'« auto-stance (*Selbständigkeit*) » de l'être-là authentique) livrera les conditions de possibilité de l'expérience quotidienne du temps, c'est-à-dire (selon la terminologie heideggerienne) de l'« *intra-temporalité* »[1].

L'analyse temporelle de la quotidienneté s'ouvre avec la détermination de la temporalité de l'être-au-monde. Pour ce faire, Heidegger interprète les structures ontologiques de

_____

1. D'où le plan des trois derniers chapitres de *Sein und Zeit* traitant respectivement de « temporalité et quotidienneté », « temporalité et historialité » et « temporalité et intra-temporalité en tant qu'origine du concept vulgaire du temps ».

l'ouverture (*Erschlossenheit*) – le comprendre, la disposition affective, la déchéance et le discours – eu égard à leur statut temporel. Cela lui permet d'identifier les modes inauthentiques du temps.

a) La temporalité du comprendre dévoile le mode inauthentique du *futur* – l'« attente (*Gewärtigen*) »[1] – du *présent* – le « présenter (*Gegenwärtigen*) » – et du passé – l'« oubli » (et, rendu possible par l'oubli, le « conserver (*Behalten*) »). L'attente (*Gewärtigen*) fonde l'expectative (*Erwarten*) et l'oubli le souvenir (*Erinnerung*). Le comprendre inauthentique se temporalise ainsi dans l'unité extatique de l'« attente oubliante-présentante (*vergessend-gegenwärtigendes Gewärtigen*) » qui est la condition existentiale de la possibilité de l'« irrésolution (*Unentschlossenheit*) ». Retenons que la compréhension, en tant qu'exister dans le pouvoir-être pro-jeté, est, de façon primordiale, *avenant* (*zukünftig*).

On peut alors dresser un tableau qui représente les différents modes temporels authentiques et inauthentiques :

Mode temporel	*Temporalité authentique*	*Temporalité inauthentique*
Futur	Devancement (*Vorlaufen*)	Attente (*Gewärtigen*)
Présent	Instant (*Augenblick*)	Présenter (*Gegenwärtigen*)
Passé	Répétition (*Wieder-holung*)	Oubli (*Vergessen*) / Conservation (*Behalten*)

b) Dans le § 68 b), Heidegger se propose de mettre en évidence la constitution temporelle de la disposition affective et l'unité temporelle du rapport entre cette dernière et la compréhension. Alors que la compréhension est fondée de

---

1. On voit dès lors que le *devancement* (*Vorlaufen*) de la mort est un être-pour-la-mort plus authentique que l'*attente* de la mort.

façon primordiale dans l'avenir, la disposition affective se montre prioritairement dans l'être-été. On ne peut être devant le *quod* (*Dass*) de son être-jeté que si l'être-là a (ou plutôt : est) été (*gewesen IST*) en permanence. C'est l'extase de l'être-été qui rend possible, pour Heidegger, le fait de « se trouver », à la fois au sens du « *sich finden* » (trouver son « être », sa « personnalité ») et du « *sich BEfinden* » (se trouver dans un lieu). Dans l'analyse existentiale, la disposition affective rend à chaque fois manifeste un mode de l'être-été. Or, c'est pour démontrer que l'humeur n'est possible que sur le fondement de la temporalité que Heidegger livre l'interprétation temporelle des phénomènes de la crainte (*Furcht*) et de l'angoisse (*Angst*).

Temporalité de la crainte : Le sens existentialo-temporel de la crainte est constitué dans l'oubli (= mode temporel *inauthentique* du passé), plutôt : dans l'oubli *de soi*, à savoir dans le fait que l'être-là « perd les moyens » de son pouvoir-être factuel, perte de moyens qui est essentiellement caractérisée par un « être-troublé (*Verwirrt-sein*) ». La temporalité de la crainte est un oublier attendant-présentant.

Temporalité de l'angoisse : L'insignifiance du monde qui s'ouvre dans l'angoisse dévoile l'impossibilité du se-projeter dans le pouvoir-être de l'existence. Or, cette impossibilité est le revers de la médaille de la possibilité d'un pouvoir-être *authentique*. Quel en est le sens temporel ? Tout comme dans la crainte, l'angoisse est mise devant le pur « *quod* » (*Dass*) de son être-jeté individuel – mais ni dans le mode de l'oubli, ni dans le mode du souvenir, ni même dans le mode d'une résolution. En revanche, l'angoisse ramène l'être-là à l'être-jeté en tant que *susceptible d'être répété* : le mode extatique spécifique de l'être-été (= mode temporel *authentique* du passé), constitutif de la disposition affective de l'angoisse, c'est la « répétabilité (*Wiederholbarkeit*) ». Cette « répétabilité » ouvre une possibilité qui arrache l'être-là à un rapport inauthentique à lui-même : en effet, dans la mesure où l'être-là est privé de toute possibilité « mondaine », et dans la mesure où il doit « revenir (*zurückkommen*) » au là jeté, la possibilité lui est offerte (dans la répétition en tant qu'avenante) d'un pouvoir-être authentique.

Ainsi, la crainte et l'angoisse sont effectivement fondées dans les modes temporels du passé – dans le mode temporel inauthentique pour la crainte et dans le mode temporel authentique pour l'angoisse. L'origine de l'authenticité étant le devancement et de l'inauthenticité le présenter, l'angoisse provient en fin de compte de l'avenir de la résolution et la crainte du présent perdu dans lequel elle est déchue. Mais cette dernière précision concerne simplement leur origine eu égard à leur temporalisation *spécifique* au sein de l'*entièreté* du souci, de sorte qu'elle ne porte pas atteinte à l'idée fonda-mentale que, en tant que dispositions affectives, elles sont fondées dans des modes de l'être-été (*Gewesenheit*).

c) Le troisième moment constitutif du souci – la déché-ance – a son sens existential dans le *présent* (*Gegenwart*). Heidegger le montre à partir de l'analyse temporelle de la curiosité (*Neugier*) – qui, à côté du bavardage (*Gerede*) et de l'ambiguïté (*Zweideutigkeit*) faisait un des moments structu-rels de la déchéance[1]. La curiosité présente (« *gegenwärtigt* ») en vue du présent (« *um der Gegenwart willen* »); elle ne séjourne pas dans ce qu'elle « voit », mais elle a essentielle-ment la tendance de sauter d'une « chose (*Sache*) » à une autre, « nouvelle » – elle est « avide de nouveauté (*neu-gierig*) ». Selon son sens temporel, la curiosité est un « présenter surgis-sant (*entspringendes Gegenwärtigen*) » qui cherche à se temporaliser à partir de lui-même – tout en étant aliénée d'elle-même.

---

1. Cf. *SuZ*, § 35-37.

Ce qui fonde la curiosité, c'est le mode déchéant de la temporalité que Heidegger caractérise donc comme « présent surgissant » et qui est essentiellement *fini*. L'origine du surgissement du présent, c'est-à-dire de la déchéance dans la perte, c'est la temporalité originaire et authentique elle-même qui rend possible l'être(-jeté)-pour-la-mort.

d) Le quatrième et dernier moment structurel du souci est le discours (*Rede*). Le discours est en lui-même temporel dans la mesure où tout discours sur… est fondé dans l'unité exta-tique de la temporalité. Ce n'est qu'à partir de la temporalité du discours que la *signification* (*Bedeutung*) peut être clarifiée quant à son sens et à son statut ontologiques. Le discours ne se temporalise pas de façon primordiale dans une extase déterminée ; c'est toutefois le *présenter* qui a une fonction constitutive privilégiée.

Bien qu'il y ait à chaque fois un mode temporel primordial pour les quatre existentiaux précédents, Heidegger souligne que la temporalité se temporalise *entièrement* dans chacun d'eux : l'unité de la structure du souci est fondée dans l'unité extatique de la temporalisation de la temporalité en tant qu'elle met en œuvre *toutes* les extases. La temporalisation n'est pas un *agrégat* qui accumulerait linéairement les extases. Et cela n'a pas de sens de parler d'une « antériorité » ou d'une « postériorité » des extases les unes par rapport aux autres. La temporalité se temporalise comme « avenir étant-été-présentant (*gewesende-gegenwärtigende Zukunft*) ».

Deuxième aspect du temps originaire : l'horizontalité

Le deuxième aspect du temps originaire – l'horizontalité – est mis en évidence à travers l'analyse de la temporalité de l'être-au-monde qui permet en même temps à Heidegger de « résoudre » le problème de la transcendance du monde. Cette analyse est menée en trois étapes : a) la temporalité de la préoccupation; b) le sens temporel de la modification de la préoccupation en connaissance théorique des étants présents intra-mondains; c) le problème temporel de la transcendance du monde.

a) L'unité extatique de la temporalité est la condition de possibilité de l'être-là en tant qu'il est un étant qui existe comme son « là ». Ce qui *ouvre* l'être-là, première caractéristique de l'existence, et ce qui l'«éclaircit » (c'est-à-dire qui lui donne une *compréhension* – deuxième caractéristique de l'existence) c'est le *souci*. Or, Heidegger précise que cet enracinement rend possible l'être-au-monde. Du coup, il est nécessaire de préciser la temporalité du souci, ce qui implique de traiter maintenant, dans une première approximation, de la temporalité de la préoccupation.

Le monde avait été caractérisé dans son «laisser-retourner » (*Bewendenlassen*). La condition existentiale de ce dernier doit alors être cherchée dans le mode de temporalisation de la temporalité : l'«avec-quoi » de la «tournure » (*Wobei der Bewandtnis*) a la structure temporelle de l'attente, le « de-quoi » (*Womit*) celle du «conserver (*Behalten*) ». Et Heidegger peut alors écrire : « L'attente de l'«avec-quoi » (*Wobei*) et le conserver du «de-quoi » (*Womit*) [de la tournure], en leur *unité* extatique, rendent possible le présenter spécifiquement "maniant" de l'ustensile »[1]. Cette structure fonde la «familiarité » du monde «dans » lequel l'être-là existe toujours déjà.

b) L'attitude théorique ne se laisse pas expliquer par une simple mise entre parenthèses de l'attitude *pratique* telle qu'elle caractérise le comportement préoccupé. Ni non plus par la modification de la compréhension de l'être de l'étant considéré (par exemple celle d'un marteau *maniable* en *objet* doué de *propriétés*, etc.). Ce qui est à l'origine de l'attitude

---

1. *SuZ*, § 69 A, p. 353.

théorique, c'est le pro-jet de tout étant dans le monde environnant dé-limité (*entschränkt*) au sein duquel se circonscrivent
des régions d'étants présents (exemple : le pro-jet mathé-
matique de la nature). Ce pro-jet a un sens *négatif*, corrélat de
la *déchéance* de l'être-là : il n'est jamais possible que sur la
base d'une *limitation* – qui a un sens *privatif* – du monde environnant. Tout étant en tant qu'il est accessible à une attitude
théorique n'est jamais « découvert » que dans le pro-jet (« *a
priori* ») de sa constitution d'être (*Seinsverfassung*) elle-
même. Quel en est le sens temporel ?

L'être de l'étant « thématisé », « objectivé », dans
l'attitude théorique a le caractère d'une « présentation insigne
(*ausgezeichnete Gegenwärtigung*) »[1]. Il se distingue donc
logiquement de l'être de l'être-là *authentique* qui est fondé
dans l'*avenir*. Or, ce qui rend possible cette thématisation et
donc, en fin de compte, l'attitude théorique elle-même, c'est
l'« acte » de *transcendance* par lequel l'être-là transcende
l'étant thématisé. Cette transcendance est ce qui rend possible
toute objectivation. D'où la nécessité maintenant de traiter du
problème temporel de la transcendance du monde.

c) Avec la question du fondement temporel de la
transcendance du monde, nous entrons de nouveau au cœur de
ce que nous avons déjà mis en évidence comme étant une des
thèses fondamentales de *Sein und Zeit*. L'être-là est être-au-
monde non pas simplement au sens où le « soi » de l'être-là
n'est jamais *isolé*, « *privé de monde* », mais justement jeté *au
monde* ; ce qui fait la teneur essentielle de cette affirmation,
c'est avant tout l'idée de l'unité – *ontologique* – de l'être-là et
du monde[2]. C'est (en) existant que l'être-là *est* son monde.
L'être-là est le monde, tout comme le monde est l'être-là – et
c'est la temporalité originaire qui permet d'en saisir le sens. En

1. *SuZ*, § 69 B, p. 363.
2. *SuZ*, § 69 C, p. 364.

effet, dans le § 69 c), Heidegger unifie les deux aspects que nous venons de rappeler : c'est dans l'ouverture (*Erschlossenheit*) du là que le monde est « co-ouvert (*miterschlossen*) » – et c'est donc dans la mesure où la temporalité fonde cette ouverture du là que la constitution ontologique du monde est à son tour fondée dans cette même temporalité. Or, cette co-originarité, cette co-ouverture, implique un lien extatique entre la temporalité et son « étirement » (son « vers-où (*Wohin*) ») dans le monde. Pour rendre compte de cet état de choses, Heidegger introduit la notion d'« horizon » : « *La condition existentialo-temporelle de la possibilité du monde réside dans le fait que la temporalité, en tant qu'unité extatique, a quelque chose comme un horizon* » [1]. Il précise : « Le "vers-où (*Wohin*)" de l'extase, nous l'appelons le "schème horizontal" » [2].

L'introduction de cette notion de « schème » permet de rendre compte de deux choses : 1) de l'idée que le monde et l'être-là sont dans un rapport de co-appartenance intrinsèque ; 2) du statut *ontologique* du monde.

1) Depuis le début de *Sein und Zeit*, Heidegger n'a cessé de souligner la nécessité de penser ensemble le monde et l'être-là. L'unité horizontale des schèmes permet désormais de comprendre le rapport *originaire* des deux pôles constitutifs de l'être-au-monde. Développons la teneur de chacun de ces schèmes.

Le schème dans lequel l'être-là va au-devant de lui-même est l'« en-vue-de-lui-même (*Umwillen seiner*) ». C'est le schème de l'avenir. Le schème de l'être-été est celui dans lequel l'être-là est ouvert à soi en tant que toujours déjà jeté : c'est le « ce-devant-quoi (*Wovor*) » de l'être-jeté ou le « ce-à-quoi (*Woran*) » de l'« être-abandonné (*Überlassenheit*) ».

---

1. *SuZ*, § 69 C, p. 365.
2. *Ibid.*

Dans la mesure où l'être-là existe en vue de lui-même et dans la mesure où il est « en même temps » abandonné à lui-même en tant qu'être-jeté, l'être-là en tant qu'être-auprès-de est en même temps présentant. Le schème horizontal du présent est déterminé par le « pour… (*Um-zu*) ».

Les schèmes sont dans une *unité horizontale* – une unité qui rend possible le rapport entre, d'une part, les relations que les étants entretiennent entre eux *pour* l'être-là et, d'autre part, le ce-en-vue-de-quoi de ce même être-là. L'unité extatique de la temporalité tisse le lien essentiel entre le pro-jet de l'être-là et les rapports qu'il a avec les étants mondains. On voit ainsi que, sur le fondement de la constitution horizontale de l'unité extatique de la temporalité, le *monde* ouvert (*erschlossene Welt*) appartient à l'être-là.

2) Quel est le statut ontologique du monde ? Le monde n'est pas un étant maniable ou présent, mais il se temporalise dans la temporalité : c'est dans la mesure où l'être-là se temporalise que le monde « *est* ». Le monde « est là » en tant que les extases se transcendent [1]. Il est là pour autant que l'être-là existe. Et c'est dans la mesure où l'être-là (dont l'être est caractérisé comme temporalité) se temporalise, qu'il est, selon sa constitution extatico-temporelle, « au » monde. Mais, encore une fois, l'être-là ne « produit » aucunement le monde. L'être-au-monde signifie la *co-originarité* de ces deux pôles. Et il ne saurait en être autrement étant donné que la préoccupation vis-à-vis de l'étant maniable et la thématisation de l'étant présent présupposent le monde et ne sont possibles qu'en tant que modes de l'être-au-monde. « En tant qu'exta-tique, la temporalité se tient déjà dans les horizons de ses extases et revient, se temporalisant, à l'étant qu'on rencontre

---

1. Heidegger écrit (*SuZ*, § 69 C, p. 366) : « En tant qu'il est fondé dans l'unité horizontale de la temporalité extatique, le monde est transcendant ».

dans le là. Avec l'existence factuelle de l'être-là, l'étant intra-mondain est aussi déjà rencontré » [1].

Ce rôle décisif de la temporalité extatique pour l'être-au-monde, en général, et pour la co-éclosion de l'être-là et du monde, en particulier, éclaircit en même temps le statut des renvois de significativité (*Bedeutsamkeitsbezüge*) caractéristiques de la mondanéité du monde. Ces renvois ne sont pas des toiles dont l'être-là couvrirait le monde, ce ne sont pas des formes qu'il projetterait au dehors. Heidegger résume cette idée dans un passage important :

> L'être-là factuel, en tant qu'il se comprend extatiquement soi-même et son monde dans l'unité du là, revient plutôt, à partir de ces horizons, à l'étant qui est rencontré au sein de ces derniers. Le retour comprenant vers… (*das verstehende Zurückkommen auf…*) est le sens existential du laisser-se-rencontrer présentant (*gegenwärtigendes Begegnenlassen*) de l'étant qui, de ce fait, est appelé « intra-mondain » [2].

Cela signifie que, dans la mesure même où le monde n'est pas un étant, le monde ne peut être dit « au dehors » comme le sont les « objets ». Le monde est *transcendant*, c'est-à-dire « davantage dehors » que tout objet [3]. La mise en évidence de la transcendance extatique, horizontale et originairement temporelle du monde permet à Heidegger de renverser la question traditionnelle de toute philosophie de la connaissance – une question « mal posée » selon Heidegger : il ne s'agit pas d'« expliquer », de « démontrer » ou de « déduire » comment

1. *SuZ*, § 69 C, p. 366.
2. *Ibid.*
3. L'idée que le monde est « plus objectif » que tout objet est exprimée par Heidegger en ces termes : « Si le "sujet" est compris ontologiquement comme être-là existant dont l'être est fondé dans la temporalité, alors il faut dire : le monde est "subjectif". Mais à ce moment-là, ce monde "subjectif", en tant que temporel et transcendant, est "plus objectif" que tout "objet" possible », *SuZ*, § 69 C, p. 366.

un sujet peut connaître un objet, comment il peut être en adéquation avec lui ou tout simplement comment il peut s'y rapporter (avec une compréhension du monde comme « totalité » des objets), mais la question de l'« idéalisme transcendantal » de Heidegger est la suivante : qu'est-ce qui, d'un point de vue ontologique, rend possible la rencontre d'un étant « dans » le monde, de façon intra-mondaine ? Qu'est-ce qui en rend possible la thématisation et l'objectivation[1] ? C'est donc le retour au fait que la transcendance du monde soit fondée dans la temporalité extatico-horizontale qui répond à cette question.

Troisième aspect du temps originaire : l'historialité

Même si, avec l'interprétation temporelle du souci, l'analytique existentiale a sans aucun doute été menée jusqu'à sa *racine*, il n'en demeure pas moins que l'être-là n'a pas été considéré eu égard à son *être*-entier (*GanzSEIN*). La question de l'« entièreté » de l'être-là s'était focalisée auparavant sur l'être-pour-la-mort, c'est-à-dire sur l'être-pour-sa-*fin*, de sorte qu'elle avait livré le « cadre » dans lequel l'être-là s'inscrit en sa *finitude*, mais elle n'a pas analysé un autre aspect – qui servira d'ailleurs probablement de *pont* pour relier la temporalité authentique et la temporalité *vulgaire* : celui de l'*étirement* (*Erstreckung*) de l'être-là *entre* sa naissance et sa mort. Le chapitre 5 de la seconde section de *Sein und Zeit* a pour but de corriger ces lacunes et de pallier les insuffisances et le caractère unilatéral des analyses précédentes.

Nous avons vu, jusqu'à présent, que les modes temporels « authentiques » de l'être-là sont l'avenir et l'être-été, tandis que le présent se manifeste d'abord comme *déchéance*. Comme nous l'avons remarqué plus haut, l'intention de

1. *Ibid.*

Heidegger c'est de rendre compte de la spécificité de *toutes* les extases temporelles et ce, en accomplissant l'analyse augustinienne du temps. Voici l'apport décisif de l'analyse de l'être-là en termes d'«étirement» : rendre compte de l'authenticité du mode temporel *présent* de l'être-là [1].

Cette analyse va permettre d'éviter le paradoxe qui semble planer sur toute caractérisation de la vie comme succession d'*événements* entre la naissance et la mort. En effet, cette succession a ceci de remarquable que ce n'est jamais que l'événement qui a lieu dans le *maintenant* qui semble être *réel* – les événements passés et futurs ne sont plus ou ne sont pas encore réels. Selon la conception vulgaire de l'extension temporelle de l'être vivant, cette extension est constituée d'une série de points que l'être vivant «traverse» – ce qui suppose la «présenteté (*Vorhandenheit*)» d'une telle série ainsi que celle d'un étant «dans» le temps. Le paradoxe connu réside alors dans le fait que l'*extension réelle* de l'être vivant serait constituée d'une partie réelle et d'un certain nombre de parties non réelles, sachant que, de plus, la partie réelle «change» à tout instant.

Or, c'est justement le fait de faire du temps une série de «maintenant» *présents*, et de l'être-là un étant *présent dans* ce temps, qui fait obstacle à une analyse ontologique *appropriée* de l'étirement temporel de l'être-là. L'être-là n'existe pas comme la somme d'instants réels qui «s'allumeraient» ou «s'éteindraient» tour à tour. Cette succession ne peut en

---

1. Nous nous opposons ainsi à toute lecture, comme par exemple celle de Ricœur qui interprète l'historialité (*Geschichtlichkeit*) comme mode temporel *authentique* du *passé*, dont le mode *inauthentique* correspondant serait l'histoire (*Geschichte*). Il ne peut y avoir d'histoire qu'en vertu de la *médiation* entre l'être-été *et* l'avenir! En effet, le point qui importe ici à Heidegger, c'est de rendre compte du mode *authentique* du présent en tant qu'extension *entre* la naissance et la mort – une extension ou un «étirement» qui n'est pas une série de «maintenant» présents, mais celle-là même de l'être-là en tant qu'il «se fait» constamment «événement» (*geschieht*).

aucun cas être conçue comme un ensemble de moments qui
rempliraient un cadre (extérieur). La connexion (*Zusammenhang*) des vécus entre la naissance et la mort ne doit pas être
recherchée ailleurs que DANS *l'être-là lui-même*. Les phases de
la vie de l'être-là ne constituent pas un segment ou un parcours
doté d'une certaine *présenteté*, mais c'est dans la mesure où
son propre être est *a priori* constitué comme étirement que
l'être-là s'étend en général. L'«entre» qui caractérise la
connexion entre la naissance et la mort réside *dans l'être* de
l'être-là. Cela signifie que chaque moment de cet étirement *est*
– l'être-là n'est pas réel *en un instant seulement*, il n'est pas
«entouré» d'instants non réels. La naissance n'est pas quelque
chose de passé au sens où elle ne serait plus présente, de même
que la mort n'est pas quelque chose qui ne serait pas encore
présent. Mais quel est le mode d'être de ce qui est incontestablement d'une autre manière que le «présent actuel»? Les
deux «bouts» ainsi que l'«entre» *sont* tant que l'être-là existe
factuellement, et ils sont selon la seule manière possible,
étant donné que l'être-là est *souci*: la naissance et la mort
sont «connectées» dans l'unité de l'être-jeté et de l'être
(-devançant)-pour-la-mort. «En tant que souci, l'être-là *est*
l'"entre"»[1].

Comme le souci est fondé dans la temporalité, il faut
chercher le fondement de l'étirement de l'être-là dans cette
même temporalité. Heidegger appelle «*Geschehen*» – dont le
sens est «se produire», «avoir lieu» – la «modalité» spécifique du «s'étirer étiré (*erstrecktes Sicherstrecken*)» de l'être-
là, laquelle est au fondement de toute histoire et de toute
historicité. Grâce à l'analyse de la structure du *Geschehen*,
nous allons pouvoir répondre aux trois questions suivantes :

– Qu'est-ce qui fonde la «permanence» propre de l'être-
là? Comment rendre compte de la permanence du soi, de

1. *SuZ*, § 72, p. 374.

l'auto-stance, de l'être-là ? Ou encore : « qui » est en dernière instance l'être-là ?

– Comment comprendre ontologiquement l'historialité (*Geschichtlichkeit*) (en tant que celle-ci est fondée dans la structure du *Geschehen* laquelle, à son tour, est fondée dans la temporalisation de la temporalité de l'être-là) ?

– Quel est le mode authentique du présent, et comment s'achève alors l'analyse temporelle de l'être-là ?

Heidegger répondra directement à la deuxième question, nous essayerons de livrer les réponses aux deux autres à partir de la réponse à la question du statut ontologique de l'historialité. Analysons donc d'abord de quelle manière l'historialité est fondée dans la temporalité de l'être-là.

La thématisation de l'historialité poursuit une double finalité : il s'agit de mettre en évidence le caractère historial de l'être-là et, en même temps, il s'agit de fonder méthodologiquement l'histoire et l'historicité dans l'historialité[1]. Le deuxième but consiste à montrer que l'histoire a toujours été considérée comme un *objet* – que ce soit d'un point de vue gnoséologique (Simmel) ou logique (Rickert) – mais non selon son corrélat « subjectif » (résidant dans le sens d'être de l'être-là). Ce qui est tout à fait remarquable, c'est que, compte tenu du fait que le présent relève d'abord d'un mode d'être inauthentique de l'être-là (à savoir de la *déchéance*), son mode d'être *authentique* (qui est donc le « *devenir historial* ») n'est pas accessible moyennant une simple description (phénoménologique), mais requiert une *construction phénoménologique*[2] – dans un autre sens, certes, que chez Fink et dans un autre sens aussi que celui que nous trouvons dans les analyses husserliennes relatives à la constitution de la conscience du

1. *SuZ*, § 72, p. 376.
2. *SuZ*, § 72, p. 375 *sq.* et § 63, p. 310 *sq.*

temps[1]. Cela ne signifie pas pour autant que, conformément aux principes méthodologiques de *Sein und Zeit*, l'analyse heideggerienne ne s'oriente pas par rapport à la compréhension « vulgaire » de l'histoire. Voyons donc comment Heidegger « déduit » d'une manière *constructive* l'historialité à partir de la temporalité originaire de l'être-là.

Heidegger remarque d'abord que la notion d'« histoire (*Geschichte*) » et l'adjectif dérivé « historique (*geschichtlich*) » peuvent avoir quatre significations différentes :

– un étant historique est un étant *passé* qui se définit par rapport au *présent* – soit de façon *privative* (lorsqu'il n'agit plus sur le présent), soit de façon *positive* (lorsque l'histoire a encore un effet sur le présent) ;

– en outre, l'histoire peut désigner ce qui est *originaire* du passé, mais qui traverse passé, présent *et* futur ;

– l'histoire signifie également la totalité de l'étant « culturel », par opposition à l'étant « naturel », qui se transforme et se meut « dans le temps » ;

– enfin, est historique ce qui a été légué par la tradition, qu'on en ait une connaissance historique ou non.

Quel est le lien entre ces quatre acceptions ? C'est qu'elles se rapportent toutes à l'être humain en tant que « sujet » de ces événements. La thèse de Heidegger est que ce qui se produit ou a lieu (*geschieht*) de façon « historiale » n'est possible que parce que l'être-là est, en son être, historial, à tel point que

---

1. Il y a en effet un changement d'acception de cette notion d'une « construction phénoménologique » entre *Sein und Zeit* et le *Cours* de 1929 intitulé *Der deutsche Idealismus (Fichte, Schelling, Hegel) und die philosophische Problemlage der Gegenwart*, Gesamtausgabe vol. 28, Klostermann, Francfort s/Main, 1997 qui est beaucoup plus proche de la « construction » au sens de la *Doctrine de la Science* de 1794-1795 de Fichte. Concernant la notion de « construction phénoménologique » en phénoménologie, nous nous permettons de renvoyer à nos deux ouvrages *Temps et phénomène*, « Europea Memoria », Hildesheim, Olms, 2004 et *La genèse de l'apparaître, op. cit.*, en particulier le chapitre I de la première partie, « Phénomène et construction ».

l'être-là, loin d'être un étant présent à qui il appartiendrait occasionnellement d'être le figurant d'une histoire, est constitué historialement. Heidegger remarque d'abord, en s'orientant par rapport aux ustensiles quotidiens, que ce qui fait le caractère « historique » – c'est-à-dire d'abord *passé* – d'un étant maniable, c'est que le *monde* « dans » lequel cet étant a été « utilisé » par l'être-là est passé, qu'il n'est plus. Or, le monde n'est que selon le mode d'être de l'être-là – en tant qu'être-*au-monde* – existant. Autrement dit, le caractère passé du monde n'est rien d'autre que l'être-passé de l'être-là.

Est-ce à dire que seul l'être-là passé serait historial (*geschichtlich*)? Non. Il est bien évident que les analyses précédentes ne s'appuyaient que sur des étants qui ne sont plus (présents ou maniables), de sorte que le caractère passé de l'être-là ne doit pas être saisi comme celui d'un étant qui n'est plus (présent) mais comme d'un étant « ayant-été-là (*da-gewesen*) ». D'où le « caractère historique (*Geschichts-charakter*) » des étants passés : il renvoie à l'appartenance à un monde qui a été (*gewesene Welt*) d'un être-là qui a-été-là. Et c'est donc l'être-là qui est, de façon primordiale, *geschicht-lich*, c'est-à-dire non pas historique mais *historial*. Mais alors la question se repose : l'être-là ne devient-il historial qu'en n'étant plus là? Quelles sont les conditions ontologiques de l'historialité comme constitution essentielle de la « subjectivité » de l'être-là?

Heidegger trouve la réponse dans une élaboration plus concrète de la temporalité de l'être-là qui permet de montrer que l'existence est effectivement déterminée comme historiale. Nous avons vu que l'analyse de la « résolution devançante » laissait ouverte la question de savoir *d'où* l'être-là puise les possibilités vers lesquelles l'être-là se projette factuellement. L'analyse de l'historialité nous permet-elle à présent de résoudre ce problème ?

Le pro-jet devançant vers la mort témoigne de l'entièreté ainsi que de la résolution de l'être-là, mais il ne nous livre pas les possibilités *factuellement ouvertes* de l'existence. Heidegger parvient-il à éviter les deux écueils menaçant la mise en évidence d'un mode temporel présent authentique : le fait de faire puiser les possibilités de l'être-là dans un passé qui lui « préexiste », et qui le réduit en fin de compte à un étant *présent* (*Vorhandenes*) [1], d'un côté, et celui de faire résider ses possibilités dans l'inéluctabilité de la mort (qui pourtant ne lui apprend rien quant à ses possibilités *factuelles concrètes*), de l'autre ? Nous voilà donc à nouveau devant cette question décisive : d'où l'être-là tire-t-il ses « possibilités d'existence (*Existenzmöglichkeiten*) » authentiques ?

Nous avons vu que l'être de l'être-là consiste dans un « à-être (*Zu-Sein*) » qui signifie que celui-ci a à réaliser son être. Cet « avoir-à-être » ne réside pas en un ensemble de préceptes, de règles, etc. dont l'être-là pourrait prendre connaissance à travers un acte réflexif, par exemple, et qu'il mettrait en œuvre par la suite ; au contraire, l'être-là n'a aucun rapport *intellectualiste* à son être. Dès lors, cela ne nous étonnera pas que l'être-là ne puisse « connaître » ses possibilités d'aucune manière – il ne peut que les « accomplir (*vollziehen*) » dans son *exister*. Quelle en est la condition ontologique ?

Dans le § 74 de *Sein und Zeit*, Heidegger nous conduit au point culminant de la tension entre le fait d'avoir à assumer le passé et le devancement résolu. Pour sortir du dilemme, il ne choisira aucun de ces deux pôles extatiques ni ne recourra à un troisième terme, mais il les *pensera ensemble* – et c'est en cela que réside le sens de l'introduction du terme d'« être *destinal* (*Schicksalhaftigkeit*) ». Penser l'être-là comme *destinal* signifie en effet de le comprendre comme légué à lui-même dans

---

1. Mais Heidegger n'avait-il pas affirmé dans le § 58 que l'être-là ne saurait jamais « maîtriser (*mächtig werden*) » son être-jeté ?

une possibilité dont il *hérite* et que, en même temps, il a *choisie* dans sa résolution devançante. «C'est *à partir de l'héritage* que la résolution – en tant qu'elle est jetée – assume (*übernimmt*) que celle-ci (en laquelle l'être-là revient à lui-même) ouvre les possibilités, à chaque fois factuelles, de l'exister authentique»[1]. Mais le destin n'est pas le seul moment constitutif du «*Geschehen*» authentique. L'autre moment, c'est l'«envoi (*Geschick*)» qui désigne le «*Geschehen*» non pas simplement d'un seul individu, mais d'un groupe – de la société, des membres d'une même génération, du peuple[2], etc. Tout comme l'existential de l'«être-avec»[3] n'est pas un simple agrégat d'êtres individuels, l'«envoi» en tant que destin collectif n'est pas une accumulation de destins singuliers. «L'envoi destinal de l'être-là dans l'unité avec sa "génération" constitue (*macht aus*) le *Geschehen* plein et authentique de l'être-là»[4].

La condition ontologique du caractère destinal de l'être-là est la temporalité finie.

> Seul l'étant qui, en son être, est essentiellement *avenant*, de sorte que, libre pour sa mort et s'écrasant en elle, il peut se laisser rejeter vers son là factuel, c'est-à-dire seul l'étant qui en tant qu'avenant «est» originairement «été», peut, en léguant à lui-même la possibilité héritée, assumer son propre être-jeté et être *de façon instantanée* (*augenblicklich*) pour «son temps». Seule la temporalité authentique qui est en même temps finie

---

1. *SuZ*, § 74, p. 383.
2. Cette mention du «peuple (*Volk*)» a fait couler beaucoup d'encre. D'aucuns y voient un rapport avec la manière dont la propagande national-socialiste a utilisé l'adjectif «*völkisch*». En réalité, il est impossible de constituer un tel lien avec les textes et les cours de Heidegger que nous étudions ici. De toute manière, dans le cadre d'une philosophie transcendantalo-existentiale qui est celle de Heidegger des années 1920, une telle mise en rapport est impossible pour des raisons inhérentes à la définition même d'une telle philosophie.
3. Cf. *SuZ*, § 26.
4. *SuZ*, § 74, p. 384 *sq.*

rend possible quelque chose comme le destin, c'est-à-dire l'historialité authentique [1].

Nous voyons ainsi que Heidegger pointe à nouveau ici le même rapport que celui qui avait déjà présidé à la mise en évidence des possibilités de l'exister factuel à partir de l'être-en-vue-de-la-mort : on ne peut revenir à soi que si l'on est avenant et *vice versa*. L'historialité, en tant que mode d'être de l'être-là, est à ce point enracinée dans l'avenir que la mort, en tant que possibilité ultime de l'être-là, « rejette l'existence devançante dans son être-jeté *factuel* et confère d'abord (…) à *l'être-jeté* son caractère primordial dans ce qui relève de l'historial » [2]. Et Heidegger d'ajouter cette phrase absolument capitale : « *L'être-en-vue-de-la-mort authentique, c'est-à-dire la finitude de la temporalité, est le fondement occulté de l'historialité de l'être-là* » [3]. Ce rapport exprime une co-originarité de l'avenir et de l'être-été authentiques – et c'est donc bien la temporalité originaire qui est en effet ultimement constitutive de ces modes existentiaux.

Heidegger appelle « répétition (*Wiederholung*) » le mode de la résolution (qui se lègue à elle-même) en vertu duquel l'être-là existe *expressément* comme destin – c'est-à-dire qui réalise cet accomplissement de l'exister destinal dont il a été question plus haut. Celle-là ne consiste pas simplement dans le fait de « revivre » un être-là héroïsé ou idéalisé, ni le retour nostalgique à un passé révolu, mais elle *répond* (*erwidert* [4]) à la possibilité de l'existence qui a-été-là. C'est dans la *répétition* que l'envoi destinal est ouvert de façon expresse, c'est elle qui ouvre l'être-là à son historialité propre – et ce, encore une fois,

1. *SuZ*, § 74, p. 385.
2. *SuZ*, § 74, p. 386.
3. *Ibid.*
4. Heidegger joue ici avec la proximité – sur le plan du signifiant en allemand – entre la *WIEDERholung* (répétition) et l'*ErWIDERung* (réponse).

non pas dans une saisie intellectuelle, mais dans le *Ver-stehen* comme accomplissement « compréhensif » de son exister.

À partir de la mise en évidence de l'historialité *authentique* de l'être-là, Heidegger peut répondre à la première question posée plus haut : celle du « qui » de l'être-là et de son « auto-stance ». Il le fait en montrant que le problème de l'« enchaî-nement (*Zusammenhang*) » de l'être-là depuis sa naissance jusqu'à sa mort est en réalité un *faux problème* induit par l'appréhension inauthentique de l'historialité. Développons ce point.

Une des questions fondamentales de *Sein und Zeit* – nous l'avons déjà souligné – est celle de ce qui fonde le rapport (*intentionnel*) entre le sujet et l'objet, et nous disions que ce rapport est rendu possible par la temporalité originaire de l'être-là. Dans le § 75, Heidegger montre que c'est en effet l'historialité de l'être-là – en tant que mode insigne de cette temporalité – qui répond à cette question. L'historialité de l'être-là est, en vertu de l'« unité essentielle et existante » du monde et de l'être-là[1], celle de l'être-au-monde. Dès lors, le « *Geschehen* » de l'histoire ne doit être cherché ni dans les mouvements ou changements des objets, ni dans les « flux conscientiels » des sujets en tant qu'ils seraient isolés du monde, mais *dans l'enchaînement (Verkettung)* entre le sujet et l'objet. C'est cet enchaînement qui « *geschieht* » à propre-ment parler ! Mais la compréhension vulgaire de l'être (*vulgäres Seinsverständnis*) ne saisit pas cette « historialité mondaine (*Welt-Geschichte*) » – qui signifie chez Heidegger l'historialité de l'être-là *et* du monde *dans leur enchaînement* – dans son authenticité, mais, conformément à sa compréhen-sion de l'être en tant que *présenteté (Vorhandenheit)*, comme l'histoire d'étants présents qui surviennent et disparais-sent. Voici donc la perspective selon laquelle se pose la

1. *SuZ*, § 75, p. 389.

question de l'enchaînement (*Zusammenhang*) de l'être-là : l'être-là inauthentique est dispersé, éparpillé, dans sa préoccupation quotidienne, de sorte qu'il doit *se rassembler* dans une unité qui l'arrache à cette dispersion affairée – si toutefois il veut « venir à soi ». « La possibilité de la domination de cet horizon de questions est fondée dans l'irrésolution qui constitue (*ausmacht*) l'essence de la "non-stance" du soi » [1]. Autrement dit, la question de l'enchaînement (*Zusammenhang*) de l'être-là a sa source dans l'historialité *in*authentique. Là encore, Heidegger va procéder à une inversion de la perspective : la question n'est plus de savoir ce qui est au fondement de l'enchaînement de l'être-là, question qui revient à celle, par exemple de Hume, de l'identité personnelle [2], mais celle, fidèle à sa perspective transcendantalo-existentiale, de savoir dans quel mode d'être l'être-là doit d'abord se trouver pour pouvoir se perdre, ou « déchoir », dans une dispersion à laquelle il aurait à s'arracher pour retrouver alors une unité ou une identité. Pour répondre à cette question, Heidegger donne, toujours dans ce § 75, d'autres éléments précieux pour saisir ce qu'il entend par « temporalité *originaire* ».

Avec la notion de « temporalité originaire », Heidegger prend au sérieux la thèse que l'être-là authentique n'est pas *dans* le temps et que sa temporalité ne correspond pas à un alignement de « maintenant » ponctuels. Ce qui caractérise cette temporalité originaire, c'est la « stance étirée (*erstreckte Ständigkeit*) » [3], c'est-à-dire la stabilité, la permanence, en tant qu'elle s'oppose à la muabilité de l'étant maniable et présent dispersé. Cette « stance étirée » est celle de la *résolution du soi*. Cette résolution n'est pas « dans » le temps, elle n'est pas une addition d'actes qui formeraient une série de « maintenant » ou

---

1. *SuZ*, § 75, p. 390.
2. D. Hume, *Traité de la nature humaine* (1739), Livre I, Quatrième partie, section VI.
3. *SuZ*, § 75, p. 390.

qui s'y inscriraient, mais son « extension » est constituée par la « répétition destinale de possibilités "étant-été" (*schicksalhafte Wiederholung gewesener Möglichkeiten*) »[1]. C'est donc encore la notion de « répétition » qui est ici décisive. Les possibilités – susceptibles d'être répétées – de l'existence ne forment pas une continuité comme le font les phases du flux temporel husserlien. Elles sont extra-temporelles ou, du moins, elles ne se temporalisent que dans l'*instant* (*Augenblick*). La « stance » existentielle de la résolution est antérieure à tout instant. « La stance ne se forme pas seulement à travers et à partir de l'adjonction d'"instants (*Augenblicke*)", mais ces derniers surgissent de la temporalité *déjà étirée* de la répétition avenante et étant-été »[2].

C'est donc dans l'historialité que réside l'étirement originaire de l'existence depuis « sa » naissance jusqu'à « sa » mort. Si on s'appuie sur cette historialité, une « compréhension » de l'histoire devient possible : elle appréhende l'histoire comme « retour »[3] du possible et sait qu'un tel retour ne peut s'effectuer que si l'existence est ouverte à la possibilité dans la répétition résolue[4].

LE TEMPS PRÉOCCUPÉ

Après avoir traité de la temporalité originaire, nous pouvons maintenant aborder le deuxième mode temporel fondamental : le temps « préoccupé » (*besorgte Zeit*) dans

1. *SuZ*, § 75, p. 391.
2. *Ibid.*
3. L'allusion à la conception nietzschéenne de l'« éternel retour » est ici évidente.
4. À partir de là, Heidegger propose dans le § 76 de *Sein und Zeit* sa théorie – tout à fait capitale – de la fondation de l'histoire (*Historie*) dans l'historialité de l'être-là, en développant l'idée que l'histoire (*Historie*) ne thématise pas les *faits*, mais la possibilité qui a été « factuellement existante » ou encore la « possibilité de l'existence "ayant-été-là" » (§ 76, p. 395).

lequel s'explicite la temporalité originaire ou le « temps s'explicitant (*sich auslegende Zeit*) » [1]. Les analyses de ce paragraphe (ainsi que des deux suivants) permettront à Heidegger de dresser le pont entre la temporalité *authentique* et la temporalité *inauthentique* – tâche essentielle dont il faudra s'acquitter pour que les analyses antérieures ne restent pas sans attestation phénoménologique. Grâce à ces analyses, on pourra décider [2] si la temporalité originaire est « subjective », « objective », ou s'il faut lui attribuer un autre statut. Le temps préoccupé contient quatre aspects : 1) la databilité ; 2) l'é-tendue ; 3) la publicité ; 4) la mondanéité.

L'analyse de la temporalité préoccupée suit de façon assez rigoureuse l'architectonique de la première partie de *Sein und Zeit*. Celle-ci consistait dans l'analyse existentiale de l'être-au-monde et traitait respectivement des trois « composantes » de ce dernier : le monde (à travers l'idée de la « mondanéité du monde en général », chapitres 3 et 4 de *Sein und Zeit*), l'être-à (*In-Sein*, chapitre 5) et l'être-là (dont l'être est le souci, chapitre 6). Dans la mesure où la temporalité préoccupée est déchue dans le *monde*, il faut que les caractéristiques ontologiques lui correspondent. C'est effectivement le cas : Heidegger analyse la databilité et la publicité à la lumière de l'être-soi (*Selbstsein*) et de l'être-avec (*Mit-Sein*) (*cf.* le chapitre 4) et l'é-tendue et la mondanéité à la lumière de l'étirement (*Erstrecktheit*), comme détermination ontologique « spatiale » de l'être-là authentique, et de la significativité (*Bedeutsamkeit*) (*cf.* le chapitre 3). Passons alors au premier point.

1) Nous avons vu que la temporalité originaire a été caractérisée comme « stance étirée (*gestreckte Ständigkeit*) ». Dans le § 79, Heidegger montre comment le caractère de la « stance », caractérisant le « soi » authentique de l'être-là du

---

1. *Cf.* en particulier le § 79 de *Sein und Zeit*.
2. Cf. *SuZ*, § 80, p. 419 *sq.*

point de vue de sa temporalité originaire, et de la permanence opèrent également, d'une façon modifiée, *dans la déchéance* de l'être-là dans sa quotidienneté préoccupée. C'est l'analyse de la databilité, à laquelle Heidegger procède dans un premier temps, qui permet de mettre en évidence la transposition de la stance sur le plan de la temporalité préoccupée.

Dans le chapitre précédent, il nous était apparu que le rapport de l'être-là (comme être-au-monde) à son objet est toujours médiatisé, au niveau du pôle «objectif», par un renvoi de sens que Heidegger appelle la «significativité» du monde. Cette médiation a lieu également (mais différemment) sur le plan «subjectif» concernant l'être-là lui-même. L'être-là – qui avait été défini comme projet jeté et déchéant, c'est-à-dire comme attente oubliante (ou «conservante») et présentante –, ne se rapporte jamais, dans ses préoccupations, à l'objet que *via* une «datation»: ce que je fais maintenant (*jetzt*) vise un pro-jet censé se réaliser plus tard (*dann*) et mettant en œuvre des moyens hérités de ce qui a eu lieu jadis (*damals*). Heidegger appelle en effet «datation» – qui s'accomplit «avant» tout rapport aux «dates» du calendrier et qui est plutôt censé *fonder* un tel rapport – le fait que le «maintenant», le «plus tard» et le «jadis» renvoient toujours à quelque chose s'exprimant comme «maintenant, que…», «plus tard, quand…» et «jadis, lorsque…». C'est dans ces renvois que réside le caractère extatique des modes du temps que sont le présent, le futur et le passé. Et ces rapports au temps sont autant de manières de l'être-là de *s'exprimer*[1]: c'est justement dans le «plus tard» que l'être-là *s'*exprime existentialement comme un «attendre (*Gewärtigen*)», dans le «jadis» comme un «conserver (*Behalten*)» et dans le

---

1. La thèse de Ricœur dans *Temps et récit*, selon laquelle la temporalité est dans un rapport fondamental avec le *récit*, trouve ainsi sa première expression dans le § 79 de *Sein und Zeit*.

« maintenant » comme un « présenter (*Gegenwärtigen*) ». Nous voyons donc qu'à travers ce qui livre ici la justification temporelle de la structure du souci, le rapport à l'objet suppose toujours – conformément à notre thèse de départ – une expression *de soi* de l'être-là. Heidegger le montre dans un passage extrêmement important :

> Pourquoi l'être-là, dans l'advocation de ce dont il se préoccupe (*im Ansprechen von Besorgtem*), exprime-t-il en même temps, quoique le plus souvent tacitement, un « maintenant, que… », un « plus tard, quand… » et un « jadis, lorsque… » ? Puisque l'advocation explicitante de… *se* co-exprime, à savoir l'être-auprès-de-l'étant-maniable circonspectif (*umsichtig*) et compréhensif qui, en le dévoilant, permet la rencontre de cet étant maniable, et que cet advoquer (*Ansprechen*) et ce discuter (*Besprechen*) qui *se* co-explicite est fondé dans un *présenter* et n'est possible qu'en tant que tel [1].

Or, cela signifie que si, d'un côté, la databilité appartient au temps dans la mesure, précisément, où celui-ci la fonde et si, d'un autre côté, ce rapport est fondé dans le fait que l'être-là s'exprime en « datant » ce dont il est préoccupé, il s'ensuit que c'est l'être-là lui-même qui est au fondement de la temporalité, que c'est lui qui *est* le temps. C'est cela la réponse au célèbre dilemme d'Augustin qui avait remarqué que si je *sais* spontanément ce qu'est le temps, je ne suis pas en mesure, quand on me demande de l'*expliquer*, d'en rendre compte de façon conceptuelle : le caractère intime et naturel de cette compréhension tient au fait que l'être-là est lui-même temporel et l'impossibilité d'en rendre compte se justifie par le fait que la temporalité n'est pas un étant et ne se laisse pas cerner comme tel.

À partir de là, on comprendra la stratégie heideggerienne : le temps ne se laisse pas décrire comme tel, une analyse existentiale ne saurait s'inscrire dans la temporalité pour appro-

---

cher à partir de là la structure ontologique de l'être-là, mais c'est l'inverse : le temps (plus précisément : la temporalité de l'être-là) ne se laisse définir qu'à partir de l'être-là, ou comme être-là. En datant, en *se* datant, l'être-là *s'*explicite, d'où la *définition du temps* : « Nous appelons "temps" le présenter s'explicitant (*sich auslegendes Gegenwärtigen*), c'est-à-dire l'explicité qui s'exprime dans le "maintenant" »[1].

Dans les termes « *sich auslegen* », « *das sich Auslegende* », etc., Heidegger rassemble en une seule expression deux idées : que la factualité de l'être-là implique toujours son inscription dans une durée ou extension temporelle et que cette explicitation est articulée dans une compréhension discursive ou dans un discours compréhensif (« *verstehend-redend* »). La thèse de Heidegger, ou plutôt le résultat de sa construction phénoménologique, c'est que c'est la *temporalité* qui constitue de façon extatique et horizontale l'être-éclairci (*Gelichtetheit*) du là, de manière à ce que cette temporalité soit toujours déjà susceptible d'être explicitée dans ou à même le là[2] et qu'elle puisse dès lors y être décelée. En effet, si dans le temps préoccupé c'est certes l'être-là qui *s'*explicite, le temps originaire ne s'explicite lui-même *que* dans ce temps préoccupé. C'est cela que Heidegger veut dire lorsqu'il affirme que le temps préoccupé, en tant qu'il s'exprime dans le « maintenant », le « plus tard » et le « jadis », est l'indication la plus originaire du temps (*ursprünglichste Zeitangabe*). Celle-ci est le premier maillon, indispensable, permettant de comprendre comment la temporalité « vulgaire » « dérive » de la temporalité originaire[3].

2) Nous avons vu que le souci, comme structure ontologique fondamentale de l'être-là, est caractérisé, du point

1. *SuZ*, § 79, p. 408.
2. *Ibid.*
3. Dans son analyse de la databilité, Heidegger insiste particulièrement sur le lien entre la temporalité (originaire) et le fait que les « maintenant », « plus tard » et « jadis » soient eux-mêmes temporels (*SuZ*, § 79, p. 408).

de vue temporel, comme attente oubliante (ou « conservante ») et présentante. L'être-là se comprend toujours à partir d'un maintenant qui n'est pas encore un plus tard et qui n'est plus un jadis – ou à partir d'un plus tard qui n'est pas encore un maintenant, ni *a fortiori* un jadis. Le caractère extatique et horizontal de l'être-là se traduit très précisément par le rapport de *médiation*[1] entre les différentes manières dont l'être-là *s*'exprime temporellement. Dès lors, si le « plus tard » (et le « jadis ») a un sens, l'attente présentante (et le conserver présentant) comprend, en l'articulant, l'*intervalle* constitué par les modes d'expression temporelle de l'être-là. La transposition de l'« étirement (*Erstrecktheit*) » sur le plan de la temporalité préoccupée s'atteste alors dans le fait que l'explicitation de soi de l'être-là articule toujours un « durer (*Währen*) », un « entre-temps (*Inzwischen*) », caractérisant le pro-jet attendant de tout « plus tard » (ainsi que le pro-jet conservant de tout « jadis »). Heidegger appelle ce mode du temps préoccupé l'« é-tendue (*Gespanntheit*) ». « Le présenter attendant-conservant n'« ex »-plicite un « durant » *tendu* que parce qu'il est ouvert (*erschlossen*) *à soi* en tant qu'*étirement* extatique de la temporalité historiale, même si celle-ci demeure inconnue en tant que telle »[2]. Cette é-tendue explique pourquoi toute indication du temps (« maintenant », « jadis », etc.) n'est pas ponctuelle mais étendue[3].

Nous avons vu que la temporalité originaire, en son *étirement* (*Erstrecktheit*), ne s'inscrit pas dans la série continue des « maintenant », mais présente une discontinuité « instantanée (*augenblicklich*) ». De toute évidence,

---

1. C'est le fait qu'il s'agisse ici d'une *médiation* qui justifie – une fois de plus – de distinguer la temporalité préoccupée de la temporalité « vulgaire », d'une part, et de la temporalité originaire, d'autre part.

2. *SuZ*, § 79, p. 409.

3. *Cf.* E. Husserl, *Leçons pour une phénoménologie de la conscience intime du temps*, § 7.

Heidegger s'oppose ici à Husserl, pour qui le « processus originaire », le flux *pré*-immanent de la « conscience » ultimement constitutif de la temporalité immanente, n'est pas moins continu que la temporalité immanente elle-même, et aussi, par conséquent, pas moins continu que la temporalité objective. Or, ce caractère discret de la temporalité originaire donne lieu selon Heidegger au caractère « lacunaire » ou « troué » (*gelöchert*) du temps préoccupé – et ce, compte tenu de la déchéance (de l'être-là) dans les étants préoccupés, selon le mode de l'occultation (*Verdecktheit*). Celle-ci s'atteste dans le fait que, souvent, en raison du fait qu'il *s'*oublie – et de ce fait également sa temporalité, étant donné que l'être-là *est* le temps – l'être-là préoccupé ne parvient pas à reconstituer la « chaîne » temporelle de ses préoccupations [1].

On voit par là que Heidegger n'oppose pas purement et simplement une temporalité discrète au dogme d'une temporalité continue – ce qui reviendrait à mettre les deux membres de cette alternative sur un même plan et ce qui signifierait qu'en dernière instance, la temporalité discrète se ferait surplomber par la première et s'inscrirait en elle, simplement sans le savoir. En effet, l'opposition entre une temporalité continue et une temporalité discrète n'a de sens que si ces deux temporalités se situent sur deux plans qualitativement *différents*. C'est précisément le cas chez Heidegger qui caractérise donc la temporalité préoccupée comme appartenant à l'être-là irrésolu (inauthentique) et la temporalité originaire comme propre à l'être-là résolu et authentique.

Voici comment il faut alors comprendre le lien entre la temporalité originaire et le caractère « troué » du temps préoccupé. Ce lien s'éclaircit à partir de la compréhension de la manière dont l'être-là « *a* » « son » temps, c'est-à-dire à partir de la manière dont la temporalisation de la temporalité fonde

---

1. Cf. *SuZ*, § 79, p. 409-410.

l'être-là. Nous avons vu que l'être-là authentique est « étiré (*erstreckt*) » non pas selon le mode d'une série continue de « maintenant », mais dans le sens de la « stance (*Ständigkeit*) » du soi. Cet « étirement (*Erstrecktheit*) » a le caractère de l'instant, qui exprime le fait que l'être-là soit tenu dans l'avenir ayant-été (*gewesende Zukunft*) : elle n'est pas déchue dans une préoccupation (qui n'a jamais le temps), mais elle a constamment (*ständig*) le temps. Alors que l'être-là quotidien *se* perd dans l'étant présent – de telle sorte qu'il perd son temps et n'a donc pas le temps – l'être-là authentique, en tant qu'il est instantané, a le temps pour cela même que la « situation » – en tant que le là, ouvert dans la résolution, de l'être-là existant[1] – exige de lui. *Se perdant*, l'être-là inauthentique perd « son » temps (qu'il est), et n'a pas le temps, alors que l'être-là authentique, en tant qu'il est en permanence le soi résolu, a le temps qui lui est dévolu. On voit donc que, autant pour ce qui concerne l'exister résolu et authentique que pour ce qui concerne l'être-là préoccupé, la temporalité n'est pas celle d'une série continue de « maintenant » mais une temporalité discrète dont la raison et le fondement doivent être recherchés – comme nous avons essayé de le faire – dans l'être même de l'être-là.

3) Considérons alors à présent la troisième caractéristique de la temporalité préoccupée. L'être-là comme mode d'être-au-monde est un « être-avec (*Mit-Sein*) »[2], de telle sorte que le temps explicité dans l'expression « *de soi* » de l'être-là n'est ni un temps « privé », ni un temps « intérieur » ou « intime », mais un temps toujours déjà co-explicité ou *rendu public*. Heidegger appelle cet aspect de la temporalité préoccupée sa « *publicité (Öffentlichkeit)* »[3]. En effet, dans la mesure où

---

1. Cf. *SuZ*, § 60, p. 299 *sq.*
2. Cf. *SuZ*, § 26, p. 118 *sq.*
3. Pour cette notion de « publicité », *cf.* déjà *SuZ*, § 27, p. 127.

l'être-là préoccupant se comprend à partir du monde préoccupé, ce temps qu'« il y a » et avec lequel *on* calcule [1] est à son
tour tiré de la compréhensibilité (*Verständlichkeit*) publique et
« moyenne » du monde quotidien.

Cette publication n'est pas *d'abord* quantifiante, mais elle
le sera ensuite au sens « propre » [2] (« *eigentlich* » – terme que
Heidegger met ici entre guillemets pour le distinguer du caractère authentique de l'être-là). Cela signifie que le temps public
est proprement le temps *mesuré* – c'est-à-dire le temps du
calcul astronomique, des calendriers, etc. –, mais qu'il n'en est
pas moins fondé dans la temporalité de l'être-là préoccupant
en tant que c'est lui qui calcule avec le temps. Ce qui caractérise la nature du temps public et ce qui permet de clarifier le
statut de la *mesure* du temps « *dans* » lequel nous rencontrons
l'étant maniable et présent – un temps qui, de ce fait, peut
également être appelé « intra-temporalité (*Innerzeitigkeit*) » –
c'est que la temporalité préoccupée n'est pas mesurée grâce à
une « échelle » qui lui serait appliquée de l'extérieur, mais que
l'étant maniable dont l'être-là se préoccupe possède déjà *en
lui-même* une dimension de mesure, c'est-à-dire un caractère
d'« horloge (*Uhr*) » [3]. Notons toutefois que même si l'être-

---

1. Notons en effet que ce qui caractérise le rapport que l'être-là, dans
son être-factuel, entretient avec le temps, c'est qu'il « calcule » le temps, il
« compte » avec, il fait le décompte pour savoir s'il « a » le temps ou non, de
combien de temps il « dispose », combien de temps il lui « reste ». Ce rapport
fondamental au temps précède tout usage d'horloges et le rend possible.
Heidegger achève ainsi l'analyse de la temporalité de l'être-là, en rendant
compte de ce « calcul » avec le temps qui suppose un rapport au *monde* (au sens
existential du terme). Et sur le plan architectonique, concernant la structure de
Sein und Zeit), on peut enfin remarquer que cette considération doit précéder
tout questionnement sur le caractère « intra-temporel » du temps.

2. *SuZ*, § 80, p. 411.

3. L'exemple privilégié illustrant cette idée est donnée avec le soleil qui,
tout en suivant un rythme régulier qui scande une mesure, livre par ailleurs
la clarté dans laquelle l'étant maniable peut être *vu* – condition de toute
préoccupation.

auprès-de-l'étant-maniable jeté est certes fondé dans la
temporalité[1] (originaire), il ne s'agit pas là d'un rapport de
fondation *unilatéral* : conformément à l'idée de *co-originarité*
de l'être-là et du monde, le présenter attendant-conservant, qui
s'explicite, « *rend possible et exige EN MÊME TEMPS* »[2] la
datation à partir de l'étant maniable public.

4) Si la temporalité préoccupée est caractérisée par la
databilité, celle-ci ne constitue pas simplement un renvoi « à
vide », mais exprime un caractère approprié (*geeignet*) ou
inapproprié (*ungeeignet*). Approprié à quoi ? Propre à qui ? Le
temps est toujours compris en rapport à un pour… (*Wozu*) qui
dit la *significativité* (*Bedeutsamkeit*) en tant que structure du
monde préoccupé (*cf.* le § 18 de *Sein und Zeit*). Nous retrouvons ici les rapports de renvoi qui caractérisaient déjà la
« tournure (*Bewandtnis*) » (*cf.* le chapitre précédent) et dont la
« finalité » ultime est le « ce-en-vue-de-quoi (*Worum-willen*) »
de l'être-là lui-même. Dans la mesure où le temps a ce
caractère de significativité définissant la *mondanéité*, il est
« mondain (*weltlich*) » – et Heidegger peut donc appeler ce
temps « *Weltzeit* (*temps mondain*) ». Celui-ci appartient au
monde au sens existential et ontologique du terme. Il apparaît
ainsi que la mondanéité est la quatrième caractéristique
fondamentale de la temporalité préoccupée.

LE TEMPS « VULGAIRE »

L'analyse du dernier chapitre de *Sein und Zeit* qui se
propose de dévoiler l'origine du concept « vulgaire » du temps
va permettre de montrer quelles sont les conditions ontologiques – et cela signifie toujours dans l'analytique existentiale :

---

1. *SuZ*, § 80, p. 413.
2. *Ibid.*

quelle est la *temporalité* – de la *facticité* de l'être-là[1]. La facticité est un mode temporel du passé, ce qui explique pourquoi Heidegger mettra ensuite en perspective, dans le § 82, ses analyses avec la conception hégélienne du temps qui est centrée également sur le passé (*cf.* plus loin).

Essayons d'abord de voir dans quelle temporalisation de l'être-là est fondée la « publication » explicite du temps préoccupé. Cela exige de revenir à la question de savoir quelle temporalisation de la temporalité de l'être-là fonde la *mesure du temps*. Cette analyse permettra de voir que l'être-là « est » tout aussi fondamentalement temps « vulgaire » – ou, du moins, en est la condition de possibilité – que temps originaire et temps préoccupé.

Ce qui rend possible la mesure, c'est un mode de comportement spécifique de l'être-là à l'égard de la dimension de *mesure* dont il a déjà été question plus haut : ce n'est qu'en présentant (*gegenwärtigen*) l'échelle (*Maßstab*) *dans* l'étant présent qu'une mesure pourra être effectuée. Le phénomène qui est ici décisif, c'est la *corrélation originaire* de ce présenter et de l'échelle : l'échelle n'est pas simplement là, indépendamment du sujet qui « compte », mais elle n'est « comprise » qu'en vertu du présenter. Mais, à l'inverse, le présenter ne plaque pas l'échelle sur l'étant présent, mais le trouve comme étant contenu (*Enthaltensein*) dans un intervalle qu'il s'agit de mesurer. Heidegger anticipe ici sur sa lecture d'Aristote dans le § 81 : tout comme par exemple la vision de quelque chose n'est possible que comme actualisation d'un voir en puissance, il n'y a de temps que dans l'actualisation de la mesure d'une scansion dans un étant présent grâce à un étant insigne – la « *psychè* », l'être-là – capable de dénombrer.

1. Rappelons que la « facticité » est le mode de la « présenteté (*Vorhandenheit*) » qui caractérise spécifiquement l'être-là en tant qu'« être-jeté (*Geworfenes*) ». (Pour utiliser la terminologie traditionnelle : son *essentia* est l'existence et son *existentia* la facticité).

Ce présenter est directement à l'origine du temps vulgaire. La manifestation de celui-ci s'explique encore – en plus du *présenter* analysé à l'instant – par une autre caractéristique : le *nivellement*. Avant de procéder à son analyse, Heidegger précise rapidement le rapport entre la mesure du temps et la soi-disant « *spatialisation* » qu'elle implique.

Heidegger est très soucieux de ne pas simplement répéter l'analyse de Bergson. « (…) La temporalité est la condition de possibilité du fait que la datation puisse se lier (*sich binden*) au spatial-local (*das Räumlich-Örtliche*), de manière à ce que cette mesure devienne obligeante (*verbindlich*) pour tout un chacun »[1]. Cela ne signifie pas que le temps mesuré se réduirait à une temporalité *spatialisée*. Ce qui rend possible la mesure, nous l'avons vu, c'est le mode spécifique de la présentation, caractérisant l'être-là, selon lequel l'échelle de la mesure est dans une corrélation originaire avec ce mode de comportement de l'être-là. Heidegger veut dire par là qu'il n'y a *pas*, *stricto sensu*, de spatialisation du temps, mais seulement un « présenter de l'étant présent – dans chaque maintenant, pour tout un chacun – en sa présence (*Anwesenheit*) »[2].

La publication du temps qui s'accomplit dans la mesure du temps manifeste une « multiplicité présente de "maintenant" (*vorhandene Jetztmannigfaltigkeit*) ». La mesure du temps, en tant qu'elle « exprime » nécessairement les « maintenant » « oublie » en quelque sorte ce qui est mesuré de manière à ce qu'on n'y « trouve » que l'intervalle « continu » et le nombre. Le « temps » ainsi mesuré est « ce qui est dénombré (*das Gezählte*) » par exemple dans le mouvement de l'aiguille d'une montre ou de n'importe quelle autre horloge. Ce dénombrement n'est possible qu'en vertu d'un *présenter* (*Gegenwärtigen*) qui se temporalise dans l'unité extatique avec la conser-

---

1. *SuZ*, § 80, p. 417.
2. *SuZ*, § 80, p. 418.

vation et l'attente ouvertes horizontalement selon l'avant et l'après[1]. Heidegger reprend ici la célèbre définition du temps d'Aristote, dans *Physique*, livre IV, 219 b 1 *sq.*, explicitée de façon « existentialo-ontologique ». *Ce qui* est dénombré dans ce présenter insigne, c'est certes le temps, mais un temps qui se donne comme suite de « maintenant » présents (*vorhandene*). Le temps mondain (*Weltzeit*) ainsi dévoilé est le temps-maintenant (*Jetzt-Zeit*) en tant que « flux » de « maintenant »[2]. Dans celui-ci la databilité et la significativité (*cf.* l'analyse du temps préoccupé) font défaut, ces deux structures sont occultées, *nivelées*.

La série des « maintenant », nous l'avons déjà dit, est *continue*. Cela veut dire que l'é-tendue – qui est comprise à partir de l'*étirement* horizontal de l'unité extatique de la temporalité – est elle aussi nivelée, nivellement qui occulte le fait que tout maintenant, loin d'être simplement la « suite » d'un maintenant antérieur, tient son être de l'« a priori » dont « provient (*entstammt*) » en réalité tout maintenant, à savoir de l'étirement extatique de la temporalité qui n'est pas une continuité présente, mais la condition de possibilité de l'accès à cette dernière[3]. La dernière caractéristique du temps-maintenant est son *infinitude* qui est l'expression par excellence du nivellement du temps mondain puisqu'elle constitue l'extrapolation la plus radicale de la série des « maintenant » « flottant librement » en tant que ceux-ci sont coupés de tout rapport à l'être de l'être-là qui, rappelons-le, est un étant essentiellement *fini*.

---

1. Cf. *SuZ*, § 81, p. 421.
2. Il n'est pas difficile de voir là encore, notamment à travers l'usage du terme de « *Zeitfluss* » (flux temporel), une critique des analyses husserliennes du temps : pour Heidegger, les analyses husserliennes restent prisonnières du paradigme du flux de « maintenant » en tant que flux d'instants temporels *présents*.
3. *SuZ*, § 81, p. 423-424.

Or, ce nivellement s'explique par la nature de l'explicitation *quotidienne* du temps qui ne « voit » que ce qui se donne à la *Verständigkeit*, c'est-à-dire à la compréhension inauthentique caractéristique de la préoccupation [1]. S'expriment par là l'être-jeté et la déchéance de l'être-là de même que la temporalité caractéristique de ce mode d'être de l'être-là. L'être-là fuit ainsi son existence authentique, à savoir la résolution devançante : l'être-là ne « veut » pas voir sa fin – même s'il en a une « expérience » enfouie dans le phénomène du « *passage* » du temps, reflet du caractère *avenant* et *fini* de la temporalité de l'être-là, et, surtout, dans le phénomène de l'*irréversibilité* du temps en tant que celui-ci, primordialement avenant, « va » à sa fin.

La critique heideggerienne de l'analyse du temps dans la philosophie hégélienne de la nature

L'analyse du temps dans *Sein und Zeit* s'achève sur une mise en perspective des élaborations heideggeriennes relatives à la manière dont *Hegel* conçoit le rapport entre le temps et l'« esprit ». Comment Heidegger interprète-t-il les analyses hégéliennes ?

Rappelons d'abord que Kant avait défini le temps comme « forme pure de la sensibilité ». Son « idéalité transcendantale » signifie pour Kant qu'en dehors d'un rapport à un contenu sensible, qui lui assure quand même sa « réalité empirique », le temps n'est rien en soi, ni selon le mode de la substance, ni selon le mode d'une relation ou d'une « inhérence ». Hegel étend cette conception à deux égards : 1) il ne considère pas le temps simplement, *subjectivement*, comme la forme d'une faculté du sujet, mais comme la négation de l'indifférence dépourvue de médiation de l'être-hors-de-soi de la

---

1. Cf. *SuZ*, § 31, p. 147.

nature, c'est-à-dire comme la négation de la première détermination de l'extériorisation du logique en général ; 2) cette définition met le temps dans un rapport de médiation avec l'*espace* qui est précisément défini comme cette indifférence dépourvue de médiation de l'être-hors-de-soi de la nature. Approfondissons, en suivant la lecture qu'en propose Heidegger, ce rapport entre le temps et l'espace : il nous dévoilera la fonction prééminente de la négativité (plus précisément de la négation et de la *négation* de la négation) dans cette détermination.

La définition hégélienne de l'espace que nous venons de rappeler exprime l'idée que l'espace consiste d'abord dans la multiplicité abstraite des points qui sont tous extérieurs les uns aux autres et qui, malgré leur caractère « ponctuel », forment la continuité de l'espace. Or, le point, quoique spatial, n'est pas étendu – l'étendue étant pourtant la caractéristique intrinsèque de la spatialité : c'est en ce sens que le point est *négation* de l'espace. Pour pouvoir penser ensemble ces déterminations apparemment contradictoires, on peut utiliser un langage kantien[1] : le point est une limitation (*Einschränkung*) de l'espace. Pour exprimer que l'espace est l'être-hors-de-soi de la multiplicité des points, Hegel dira que l'espace est « ponctualité » (voir l'addition au § 254 de l'*Encyclopédie*). Citons le passage dans l'*Encyclopédie* qui identifie ce passage dialectique de l'espace au temps :

> (…) la négativité, qui en tant que point se rapporte à l'espace et déploie en lui ses déterminations comme ligne et surface, est dans la sphère de l'être-hors-de-soi autant *pour soi* qu'elle pose ses déterminations pourtant (…), dans cet être-pour-soi, en même temps comme [étant] dans la sphère de l'être-*hors*-de-soi – en apparaissant cependant, ce faisant, comme étant indifférente à ce calme [être-]l'un-à-côté-de-l'autre

---

1. M. Heidegger, *Logik. Die Frage nach der Wahrheit*, GA 21, p. 253.

(*Nebeneinander*). En étant ainsi posée pour soi, [cette négativité] est le *temps* [1].

Comment Heidegger interprète-t-il cette citation importante qui insiste à la fois sur l'être-*pour*-soi et sur l'être-*hors*-de-soi du point ?

Le point – tout comme la ligne et la surface qui sont constituées à partir de lui – sont des déterminations de l'espace qui peuvent le limiter et former ainsi un espace *déterminé*. Ces déterminations (ou limitations) sont elles-mêmes spatiales. Deux conséquences en découlent. D'une part, ces déterminations, dans la mesure où elles relèvent elles-mêmes de l'espace, ont une simple subsistance, elles subsistent indifféremment les unes à l'égard des autres. Mais, d'autre part, comme elles s'opposent à l'espace, comme elles s'en distinguent, elles portent aussi en elles le caractère de la négation. Ces deux conséquences définissent donc l'espace : ce qui le caractérise, répétons-le, c'est cette indifférence de la subsistance en tant que négation.

Si l'espace apparaît certes en tant que tel, il n'est pas pour autant – lorsqu'on le considère ainsi – appréhendé *pour soi* en son être vrai. Pour saisir la première détermination de l'être-hors-de-soi de la nature, pour la *concevoir* (*begreifen*), il ne suffit pas que ce qui est ainsi saisi soit simplement *posé*, *abstraitement*, dans son *subsister indifférent*. En effet, concevoir, qui ne revient pas simplement à un acte subjectif mais est un « devenir-pour-soi » de ce qui a d'abord été posé en soi, signifie déterminer et déterminer signifie nier (« *omnis determinatio est negatio* »). Lorsqu'on *conçoit* le point, la ponctualité (spatialité), la négativité, on les *nie* – on ne les laisse pas subsister. Concevoir l'espace revient ainsi à nier (= c'est là l'essence même du déterminer) la négation (= qui est celle du

---

1. G. W. F. Hegel, *Encyclopédie*, § 257.

point en tant qu'il se différencie de l'espace), l'espace conçu est la négation d'une négation.

Quel est alors le rapport entre cette processualité dialectique inhérente à la conception de l'espace, d'un côté, et le temps, de l'autre ?

a) Lorsque la première négation est déterminée, niée, le simple subsister indifférent des points est supprimé – suppression (*Aufhebung*), et c'est un aspect qui est ici absolument décisif, qui n'est pas apportée de l'extérieur à ces rapports, mais qui, encore une fois, se produit *de l'intérieur même* de ce qui a d'abord été posé abstraitement. Lorsque le point ne subsiste plus ainsi dans l'indifférence, lorsqu'il est posé *pour soi*, il sort de lui-même. Et cette sortie hors de soi revient à la position d'un nouvel être-hors-de-soi. En tant que point posé, il s'avère être non plus ce point-ci, mais pas encore ce point-là. Heidegger écrit : « il détermine pour autant qu'il se vise (*meint*) soi-même – son être-hors-de-soi – l'un-après-l'autre dans lequel il est (*steht*) toujours déjà (pour le dire en langage aristotélicien : en tant que *meson* (centre ou milieu) [entre le point antérieur et le point postérieur]) » [1].

b) À côté de cette conception de la *succession*, en tant que vérité de la simple coexistence des points dans l'espace, l'être-pour-soi dévoile également un second aspect : la prééminence du présent. Dans l'être-pour-soi, le point se détermine comme *maintenant*, centre ou milieu qui exprime la négation de l'indifférence de ce qui coexiste simplement et tranquillement. C'est dans le maintenant que le point a sa déterminité, son être.

Ce qu'il faut donc retenir de cette analyse c'est que le temps est la négation permanente de la négation. Est-ce à dire que si l'être de l'espace se détermine comme temps, Hegel se meut dans la problématique de la temporalité – et qu'il

---

1. M. Heidegger, *Logik. Die Frage nach der Wahrheit*, GA 21, p. 255.

anticiperait ainsi la position heideggerienne selon laquelle l'être (de l'être-là) est déterminé *à partir* du temps ? La réponse est clairement négative : Hegel ne détermine pas l'espace *à partir* du temps mais *en tant que* temps, le temps dont il est question chez Hegel est un temps *spatialisé*.

RÉCAPITULATION ET PROBLÈMES

Concluons. Qu'est-ce que le temps pour Heidegger ? Même si les analyses précédentes ont apporté des éléments pour mieux pouvoir le délimiter, une réponse claire à cette question ne cesse de poser un certain nombre de problèmes à l'interprète – tant les derniers paragraphes de *Sein und Zeit* semblent être écrits dans la précipitation. Essayons de fixer ce qui semble acquis. Heidegger met en évidence trois niveaux du temps qui sont corrélatifs de trois modes d'être du « soi » s'explicitant :

1) La temporalité *originaire* – ultimement constitutive (dans l'étirement de la « stance » du soi) de la « temporalité s'explicitant (*sich auslegende Zeitlichkeit*) » – qui contient :
    – l'extaticité horizontale ;
    – l'historialité (*Geschichtlichkeit*) ;
    – la répétabilité (*Wiederholbarkeit*).

2) La temporalité *préoccupée* (*besorgte Zeitlichkeit*) comme « indication » (la plus originaire) de la temporalité s'explicitant. Cette temporalité préoccupée renferme :
    – la databilité (*Datierbarkeit*) ;
    – la publicité (*Öffentlichkeit*) ;
    – l'é-tendue (*Gespanntheit*) ;
    – la mondanéité (*Weltlichkeit*).

3) La temporalité « vulgaire » caractérisée essentiellement par un comportement *présentant* insigne, d'un côté, et par un

nivellement de la temporalité préoccupée, de l'autre. À partir des tout derniers paragraphes qui posent en particulier le problème du rapport entre la temporalité et la mondanéité, on peut considérer également comme acquis que :

– le temps n'est pas quelque chose de « privé », mais qu'il n'y a de temps que « public » ;

– l'*intra*-temporalité est une condition nécessaire pour qu'on puisse attribuer le temps aux étants intra-mondains ;

– le temps mondain n'est ni objectif, ni subjectif, parce qu'il est « plus objectif » que tout objet et « plus subjectif » que tout sujet possible. Ce qui justifie cette affirmation, c'est que le temps est la condition de possibilité *et* de l'étant intra-mondain[1] *et* de l'être du soi factuellement existant (= le souci)[2].

Heidegger précise alors (toujours dans le § 80) : « "Le temps" n'est présent ni dans le "sujet", ni dans l'"objet", ni "à l'intérieur", ni "à l'extérieur", et il "est" *"antérieur"* à toute subjectivité et à toute objectivité, parce qu'il présente (*darstellt*) la condition de possibilité même de cette "antériorité" »[3]. Que faut-il en déduire pour l'« être » du temps ? Le propos de Heidegger reste ici ambigu. De façon plus générale, on constate que trois difficultés fondamentales persistent à la fin de *Sein und Zeit*. Nous les formulons sous la forme de trois questions :

a) Quelle est la différence entre le temps *préoccupé* et le temps « *vulgaire* » ? D'un côté, la mesurabilité du temps semble caractériser la temporalité préoccupée puisqu'elle permet de caractériser la *publicité* du temps qui constitue, nous l'avons vu, un des quatre caractères du temps préoccupé. Mais, d'un autre côté, la mesurabilité du temps le fait apparaître

---

1. L'ouverture au monde (*Erschlossenheit von Welt*) « ob-jecte (*objiciert*) » le temps de façon extatique et horizontale, *SuZ*, § 80, p. 419.
2. *Ibid.*
3. *Ibid.*

comme « multiplicité de "maintenant" » – caractéristique évidente du temps vulgaire. La différence entre ces deux « modes » de la temporalité reste donc effectivement équivoque.

b) Heidegger n'établit pas de façon suffisamment claire *quel* temps est antérieur à toute subjectivité et à toute objectivité. Le contexte semble signifier qu'il s'agit du temps mondain – donc du temps préoccupé. Mais ne serait-il pas plus conséquent d'attribuer cette caractéristique à la *temporalité originaire* ? (En réalité, Heidegger résout ce problème dans les *Problèmes fondamentaux de la phénoménologie*, et dans d'autres exposés qu'il livre ensuite de la temporalité originaire, car il ne fera plus la différence entre le temps originaire et le temps préocuppé).

c) Quel est, enfin, le statut de cette temporalité originaire ? Si la publication (*Veröffentlichung*) du temps rend d'abord connu (*bekannt*) ce que nous appelons d'habitude le temps[1], en quoi la temporalité *originaire*, qui est « en deçà » d'une telle publication peut-elle encore à bon droit être appelée « temps » ? Mais l'attribut « originaire » ne désigne-t-il pas un caractère temporel *par excellence* ? Sur ce point-là encore, le propos de Heidegger demeure elliptique et obscur. Il se contente en effet d'un simple renversement verbal en affirmant que seul l'être-là est temporel et que, *stricto sensu*, l'étant maniable et présent intra-temporel ne saurait être appelé « temporel »[2].

---

1. *Ibid.*
2. *SuZ*, § 80, p. 420.

CHAPITRE IV

LA LIBERTÉ

LES QUATRE ÉTAPES DÉCISIVES DE LA « TRANSFORMATION
DE L'HOMME EN SON ÊTRE-LÀ » ENTRE *SEIN UND ZEIT*
ET LES *CONCEPTS FONDAMENTAUX DE LA MÉTAPHYSIQUE*

Ce n'est qu'en 1929, à l'époque où Heidegger expose son traité *Qu'est-ce que la métaphysique ?*, qu'il se rend compte de toutes les conséquences du cheminement parcouru depuis les élaborations que nous trouvons dans *Sein und Zeit*. Rappelons d'abord comment Heidegger avait caractérisé, dans un premier temps, le rapport – qui met en jeu les spécificités de la *méthode* de l'ontologie phénoménologique heideggerienne – entre la disposition affective fondamentale de l'être-là et l'ouverture au monde : *Sein und Zeit* avait établi que c'est la disposition fondamentale de l'angoisse qui, en mettant l'être-là devant son pouvoir-être le plus propre, devant la possibilité de « l'impossibilité de l'existence en général » qui n'est autre que le « néant » (*Nichts*), ouvre l'être-là à son être-au-monde, c'est-à-dire *au monde* en général. Or, à partir de 1928, Heidegger va procéder, dans les *Fondements métaphysiques de la logique*, à un tournant – le « tournant métontologique » [1] – que nous nous proposons d'exposer dans le présent chapitre. L'ouverture au monde ne sera plus alors imputée à l'être-là singularisé dans l'angoisse, mais à la *transcendance* [2] en tant que structure *essentielle* de l'homme thématisée par la « métaphysique de l'être-là ». Le petit traité de 1929 qui précède immédiatement le cours du semestre d'hiver 1929-1930 (intitulé les « Concepts fondamentaux de la métaphysique ») accomplit cette *transformation de l'homme en son être-là* avec laquelle s'achève ce tournant métontologique et qui ouvre, en rassemblant tous ces fils, sur une « métaphysique du monde » [3]. Nous verrons qu'il faut distinguer en définitive après *Sein und Zeit* les quatre étapes suivantes :

– l'ouverture du monde en vertu de la transcendance de l'être-là, *Fondements métaphysiques de la logique* (1928), *De l'essence du fondement* (1929);

– la donation du monde en son entièreté dans la disposition affective fondamentale de l'ennui, *Concepts fondamentaux de la métaphysique* (1929-1930);

– la « configuration du monde *(Weltbildung)* », *Concepts fondamentaux de la métaphysique* (1929-1930);

– le retrait du monde en son entièreté dans l'angoisse, *Qu'est-ce que la métaphysique ?* (1929).

Nous allons maintenant reconstituer la première étape de ce cheminement. Nous consacrerons ensuite l'essentiel du

---

1. Il ne faut pas confondre ce que Heidegger appelle lui-même la « *Kehre* » – c'est-à-dire le « *tournant* » relevant de *l'histoire de l'être* (*seinsgeschichtlich*) et accompli dans les *Contributions à la philosophie* (*Beiträge zur Philosophie*) du début des années 1930 – et le tournant *métontologique* qui la prépare et qui fut donc réalisé quelques années auparavant.

2. Ce concept a certes déjà été introduit dans les analyses de la temporalité originaire (*cf.* le chapitre précédent), mais il connaît en 1928 des modifications et des approfondissements importants.

3. Ce terme n'est pas de Heidegger : il n'en esquisse en 1929-1930 que les « concepts fondamentaux » (*cf.* le dernier chapitre de cet ouvrage).

dernier chapitre de notre ouvrage à la deuxième et à la troisième étape et nous traiterons rapidement de la dernière étape dans un petit paragraphe conclusif à la fin de ce dernier chapitre.

LE TOURNANT « MÉTONTOLOGIQUE »

On sait que Heidegger n'a pas publié en 1927 la troisième section de la première partie [1], ni la seconde partie de *Sein und Zeit*. Même s'il restait, nous l'avons vu, des difficultés *et* à l'issue de la première section *et* à l'issue de la deuxième section de la première partie (auxquelles Heidegger – nous le verrons notamment dans le dernier chapitre – a répondu, au moins partiellement, par la suite), il semble donc acquis que l'inachèvement de l'ouvrage doit être imputé à la résorption de l'être en général dans l'être de l'être-là. Que la question du sens de l'être *en tant qu'être* demeure néanmoins une question fondamentale à résoudre – tout comme celle de la *temporalité* de l'être –, c'est ce que montrent les élaborations de Heidegger qu'on trouve dans les cours professés immédiatement après la publication de *Sein und Zeit* [2]. L'objectif de nos deux derniers

---

1. Nous trouvons une partie de cette troisième section (réélaborée) dans les *Problèmes fondamentaux de la phénoménologie*.
2. Parmi ces cours, il faut évoquer, en particulier, les *Problèmes fondamentaux de la phénoménologie* (1927), le *Cours* de 1928 intitulé « Fondements métaphysiques de la logique en partant de Leibniz (*Metaphysische Anfangsgründe der Logik im Ausgang von Leibniz*) » et les *Concepts fondamentaux de la métaphysique* (1929-1930). Les *Problèmes fondamentaux* apportent une précision essentielle eu égard à la *transcendance*, sinon ils restent assez fidèles à *Sein und Zeit* dont ils constituent incontestablement le meilleur commentaire de la plume de Heidegger, en apportant par ailleurs de nombreuses précisions *historiques*, tout en en simplifiant, nous l'avons déjà évoqué, la conception du temps. Les *Fondements métaphysiques de la logique* ont fait l'objet d'un des cours les plus importants de Heidegger : ils esquissent le « tournant métontologique » et livrent une multitude d'analyses phénoménologiques très précieuses. Il est très regrettable que, jusqu'à ce jour, ils ne soient pas traduits en français. Pour tenter de minimiser cette lacune, nous essayerons dans le présent chapitre

chapitres est de voir à quelles solutions (qui n'en restent pas moins *provisoires*) il est finalement parvenu à cette période-là.

Que faut-il entendre par ce «tournant métontologique» auquel nous avons déjà fait allusion à plusieurs reprises ? Nous avons vu que la question de l'être était présentée, déjà dans *Sein und Zeit*, comme une radicalisation de la compréhension de l'être propre à l'existence de l'être-là. Or, ce n'est pas dans cet ouvrage, mais dans le supplément à la première section de la deuxième partie des *Fondements métaphysiques de la logique* – supplément intitulé «Caractérisation de l'idée et de la fonction d'une ontologie fondamentale »[1] – que Heidegger donne des éléments concrets pour une telle radicalisation. De l'intérieur de la compréhension de l'être, en tant que «chose même» de l'ontologie fondamentale, s'effectue, lorsqu'elle est *radicalisée*, un certain «revirement (*Umschlag*)» de l'ontologie (une «*métabolè*»), donnant lieu à une problématique que Heidegger désigne par le terme de «*métontologie*», terme qui renvoie autant au «*méta-*» de la «*métabolè*» qu'à celui de la «métaphysique»[2]. Cette métontologie n'est donc possible que sur le fondement d'une problématique ontologique radicalisée. Et cette *métabolè* procède précisément de la radicalisation de l'ontologie fondamentale. Quel est l'objet de cette métontologie ? Heidegger le cerne dans cette formulation programmatique : «Penser l'être comme l'être de l'étant et saisir le problème de l'être de façon *radicale* et *universelle*, cela signifie en même temps thématiser l'étant à la lumière de

de reconstituer le plus fidèlement possible le cheminement de Heidegger qui propose ici une refonte de l'ontologie fondamentale. Les *Concepts fondamentaux*, enfin, constituent eux aussi une étape d'une extrême importance dans l'évolution de la pensée heideggerienne : nous en proposerons une lecture dans notre dernier chapitre.

1. *FM*, p. 196-202.

2. Heidegger précise explicitement que c'est là le domaine de la *métaphysique de l'existence*, un domaine dans lequel peut d'abord être posé la question de l'*éthique* (*FM*, p. 199).

l'ontologie *en sa totalité (Totalität)* »[1]. On voit ainsi que la problématique de la métontologie renvoie à la *totalité* de l'étant. Cette totalité originaire (en tant que *synthesis*) est ce qui est au fondement de toute analytique (en tant qu'*analysis*) – et en particulier de l'analytique *existentiale*. Elle est toujours déjà accomplie en tant que l'être-là existe.

Heidegger traite de cette *totalité de l'étant* selon ce qu'on pourrait appeler un « volet subjectif » et un « volet objectif », au sein de l'essence de la structure de l'être-là – comprise d'une manière *radicalisée* – en tant qu'être-au-monde. Le volet subjectif constitue, nous l'avons déjà indiqué, la *métaphysique de l'être-là* et le volet objectif la *métaphysique du monde*.

La thématisation du versant *subjectif* de la totalité de l'étant est menée par Heidegger en termes d'*ontologie fondamentale* – apparemment en continuité avec *Sein und Zeit*. En réalité, Heidegger s'éloigne déjà de ce qui semblait pourtant être acquis dans l'ouvrage publié en 1927. Si la métaphysique de l'être-là cherche certes à dévoiler l'essence de l'*homme*, l'être-là n'est plus considéré ici comme une existence factuelle et concrète, mais selon une perspective qui, à la toute fin des années 1920, conduira – d'une manière quasi imperceptible[2] – à ce que nous appelons une « asubjectivation » : à l'analyse de l'être-là factuel et concret, Heidegger substitue en effet, *dès les Fondements métaphysiques de la logique*, une analyse d'une structure caractérisée par un lien fondamental entre la « transcendance » et le « fondement (*Grund*) » (nous y reviendrons en détail) qui met en œuvre un concept métaphysique de la *liberté*. Ce concept ne relève plus de l'analytique existentiale au sens strict, mais précisément de la méta-

---

1. *FM*, p. 200 [c'est nous qui soulignons].
2. C'est la raison pour laquelle les *Fondements métaphysiques de la logique* ont un statut quelque peu ambigu : certaines analyses originales sont mélangées avec des analyses qu'on trouve déjà telles quelles dans *Sein und Zeit*.

physique de l'être-là. L'ontologie fondamentale ouvre ainsi, bien que la terminologie semble encore le cacher, sur une perspective, renforcée dès 1929-1930, qui est déjà en rupture avec les élaborations de *Sein und Zeit*.

LE « PROBLÈME DE LÊ TRE »
ENTRE *SEIN UND ZEIT* (1927) ET LES *CONCEPTS FONDAMENTAUX DE LA MÉTAPHYSIQUE* (1929-1930)

Heidegger repose alors la question de l'être et ce, avec l'intention de procéder à une *refonte* de l'ontologie fondamentale. Celle-ci a toujours pour objectif la fondation (*Grundlegung*) de l'ontologie en général, ce qui signifie qu'elle cherche littéralement à poser le *fondement* (*Grund*) de l'ontologie – et ce qui explique, nous le verrons, pourquoi Heidegger s'interroge en 1928 sur l'essence du fondement[1]. Mais cette fondation ne passe plus par une analytique des structures existentiales *concrètes* de l'être-là, mais par une reconsidération du rapport entre l'être-là et le monde[2] (un rapport qui permet de déployer, dans une première approximation, la différence ontologique[3]) et ce, nous venons de l'évoquer, en termes – métaphysiques – de « transcendance » et de « liberté ».

Heidegger précise en effet que le phénomène originaire de l'existence humaine consiste dans la *différence ontologique*, c'est ainsi qu'il désigne à présent le fait que l'étant « homme »

---

1. Il est essentiel de noter que l'expression «*fundamentalontologisch*» – relatif, donc, à l'ontologie fondamentale – reste pour Heidegger un synonyme de l'expression « transcendantal » chez Kant. Heidegger le dit explicitement au début du § 11 b des *Fondements métaphysiques de la logique*, p. 218 *sq.*

2. *Cf.* plus bas.

3. La première mention de cette différence ontologique est faite dans le § 9 des *Problèmes fondamentaux de la phénoménologie*.

comprend l'être. Autrement dit, la compréhension de l'être revient – nous l'avons déjà vu dans notre premier chapitre – à l'accomplissement de la différence entre l'être et l'étant : il n'y a de l'être que si l'être-là comprend l'être. Ou, pour le dire encore autrement, il n'y a de l'être dans la compréhension que si l'être-là *est* selon le mode qui le caractérise en propre.

C'est donc au sein d'une réélaboration de l'ontologie fondamentale que Heidegger pose à nouveaux frais la question de l'être. L'ontologie fondamentale, selon cette nouvelle acception, propose 1) une nouvelle analytique existentiale, qui traite désormais de l'*essence métaphysique* de l'homme, et 2) une analytique de la Temporalité[1] de l'être. En radicalisant l'ontologie fondamentale, celle-ci « revire » en une *métontologie*. La métaphysique est l'unité de l'ontologie fondamentale et de la métontologie. En elle se concrétise la différence ontologique ou, autrement dit, s'accomplit concrètement la compréhension de l'être. « La philosophie est la concrétion totale et centrale de l'essence métaphysique de l'existence »[2].

Les « principes directeurs » de l'analytique existentiale

La question fondamentale (*Grundfrage*) de la philosophie est pour Heidegger celle de l'être. Heidegger la pose en élaborant une analytique existentiale de l'être-là, en un nouveau sens donc par rapport à *Sein und Zeit*, dont l'intention fondamentale est de dévoiler la possibilité intérieure de la compréhension de l'être, c'est-à-dire, et c'est en cela que consiste la nouveauté, de la *transcendance* en tant qu'*elle n'a*

---

1. Nous suivons F. Dastur dans le choix de traduire « *Zeitlichkeit* », qui est le temps relatif à l'être-là, par « temporalité » et « *Temporalität* », qui désigne la condition – relative au temps originaire – de possibilité de la compréhension de l'être, par « Temporalité ».

2. *FM*, p. 202.

plus rien d'ontique. Cette analytique se laisse exposer selon dix « principes directeurs (*Leitsätze*) » :

1) L'étant qui est le thème de l'analytique de l'existence de l'être-là est l'être-là lui-même en tant qu'il n'est pas indifférent à sa propre manière d'être.

2) L'être-là est *neutre*. Son analytique s'effectue « *avant* » toute concrétion factuelle. L'être-là neutre est « la positivité et la puissance originaires de l'essence » [1].

3) Cette neutralité n'est pas abstraite, mais la puissance de l'*origine* qui porte en elle la possibilité intérieure de toute humanité factuelle et concrète.

4) L'être-là neutre n'est pas l'existant, car l'existant est l'être-là en sa *concrétion factuelle*, mais la source originaire de la possibilité intérieure de tout exister. Son analytique a une visée à la fois *systématique* (Heidegger parle à ce propos du « système de l'être-là ») et *historiale*.

5) L'être-là neutre n'est pourtant pas une structure universelle, à l'instar du sujet transcendantal kantien, mais il est essentiellement « mienneté » ; Heidegger cerne désormais ce phénomène en termes d'« *isolement métaphysique* » de l'homme (qui n'a rien d'un égo(t)isme, ni d'un héroïsme).

6) L'être-là neutre contient en lui la possibilité intérieure de la « dispersion factuelle » en une corporéïté vivante (*Leiblichkeit*) et une sexualité. L'être-là factuel et individué est pour Heidegger l'expression d'une *diversification* (*Mannigfaltigung*) de l'être-là, qui n'a rien d'une division *ontique* d'un être originaire en une multiplicité d'individus. « (…) Appartient déjà à l'essence de l'être-là en général, selon son concept métaphysiquement neutre, une dissémination (*Streuung*) qui est, selon une perspective bien déterminée, une dispersion (*Zerstreuung*) » [2]. Cette diversification est à l'ori-

1. *FM*, p. 172.
2. *FM*, p. 173.

gine du fait que, d'une part, on puisse se rapporter à une multiplicité d'objets et, dans un seul et même objet, à la multiplicité de ses horizons, « adombrations », etc ; mais elle explique aussi, d'autre part, pourquoi l'être-là peut s'apparaître à lui-même de façon *historiale*, c'est-à-dire conformément à l'*étirement* (*Erstreckung*) qui le caractérise en propre (que l'on caractérise celui-ci temporellement ou spatialement) [1].

7) La dispersion transcendantale propre à l'être-là neutre est fondée dans le caractère originaire de l'être-là qu'est l'*être-jeté* (*Geworfenheit*).

8) La dispersion jetée est la condition du fait que l'être-là puisse être « porté » par de l'étant qu'il n'est pas, mais auquel il s'identifie précisément en vertu de cette dispersion (exemple : la nature).

9) La dispersion jetée de l'être-là neutre s'atteste à travers le fait que l'être-là est « être-avec » (d'autres) être-là. C'est là une autre expression pour désigner la *dispersion* de l'être-là (*cf.* le principe 6) ou plus exactement : il s'agit là d'une détermination métaphysique fondamentale. (Heidegger réinterprète ici, sur le plan de son ontologie fondamentale, l'idée aristotélicienne selon laquelle l'homme est un « animal politique »).

10) L'essence fondamentale de l'être-là métaphysiquement isolé est centrée dans le concept métaphysique de la *liberté* – et la dispersion est à son tour fondée dans cette liberté.

Voilà donc quels sont les dix thèses fondamentales de l'analytique de l'être-là telle que Heidegger l'expose dans les *Fondements métaphysiques de la logique*. S'ajoutent à cela encore deux autres thèses qui indiquent comment s'accomplit cette analytique :

---

1. Heidegger ajoute par ailleurs (*FM*, p. 211, n. 3) que le problème de l'idée d'un être transcendant (sacré, divin) ne peut lui aussi être posé que sur la base de cette dispersion.

11) L'analytique de l'être-là ne peut être obtenue que dans le libre projet de la constitution d'être (*Seinsverfassung*) elle-même. L'être-là n'existe jamais qu'en tant qu'il est lui-même dans sa mienneté. Dès lors, pour que l'on puisse se munir de la constitution fondamentale ontologique de l'être-là, il est nécessaire de la *construire* dans une *possibilité extrême* du pouvoir-être propre et intégral de l'être-là. Autrement dit, l'obtention de la neutralité et de l'isolement de l'être-là en général n'est possible que sur la base d'un enjeu (*Einsatz*) existentiel extrême de l'être-là projetant.

12) *Il faut cependant éviter d'absolutiser ces phénomènes concrets de l'être-là* (c'est-à-dire qu'il ne faut pas retomber dans la perspective d'une analytique qui étudie l'être-là *concret* et *factuel*) : en effet, *plus* l'enjeu existentiel est radical, *plus* le projet ontologico-métaphysique est concret. Heidegger essaie ainsi de penser l'unité du projet existentiel et du sens existential qui incombe à ce dernier.

Fondements de l'analytique de la Temporalité de l'être

Dans le cadre de l'élaboration de son ontologie, Heidegger esquisse après *Sein und Zeit* – dans les *Problèmes fondamentaux de la phénoménologie* ainsi que dans les *Fondements métaphysiques de la logique* – les rudiments d'une analytique de la Temporalité de l'être. Dans un premier temps, il met en évidence deux liens patents entre l'être et le temps.

a) L'être (en grec : l'*ousia*) signifie d'abord *soit* l'existence, *soit* l'essence[1]. Les deux termes ont un rapport au temps : n'existe véritablement que ce qui existe *toujours*. Et cela vaut davantage encore pour ce qui constitue l'essence de quelque chose – essence qui est de tout temps, voire en dehors du temps (mode temporel *dérivé*). Apparaît ici le mode

---

1. Et ce, conformément à la deuxième thèse sur l'être (*PF*, § 10-11) (*cf.* un peu plus bas).

temporel fondamental que la tradition philosophique a toujours attribué à l'être : la présence (*Anwesenheit*). L'étant est ce qui est (toujours) présent.

b) Le deuxième lien entre l'être et le temps est à la fois plus fondamental et plus difficile à cerner. Aristote disait que l'être (en tant qu'*idéa* et *genos*) est *antérieur* à l'étant : antériorité que les modernes traduisent en termes d'*aprioricité*. Toute question de l'être est un questionnement relatif à la détermination de l'*a priori*. Or, « antérieur à » est de toute évidence une détermination temporelle. Et ce qui est « antérieur à » toute antériorité possible, c'est bel et bien le temps ! Mais, s'il s'agit de cerner l'antériorité ici en jeu, le concept « vulgaire » du temps ne nous est ici d'aucun secours. Comment faut-il alors comprendre cette antériorité ?

Il ne s'agit pas d'une antériorité « *logique* » (ou gnoséologique) du *connaître* par rapport à l'être, au sens où l'on connaîtrait l'être « avant » l'étant, ni d'une antériorité « *ontique* » qui ferait de l'être quelque chose de *présent* « avant » l'étant. Il s'agit d'une antériorité relative à la *compréhension de l'être*. Tout rapport à l'étant n'est possible qu'en vertu d'une compréhension préalable de l'être, c'est-à-dire en vertu d'un « projet d'être (*Seinsentwurf*) » exprimant ce rapport à l'être qui dresse l'horizon au sein duquel l'étant peut se manifester à nous. Heidegger appelle cette antériorité qui n'est ni logique, ni ontique, une antériorité *ontologique*. Cette antériorité a été exprimée pour la première fois dans l'histoire de la philosophie par Platon dans sa conception de l'« *anamnèse* » (*cf.* par exemple le *Phèdre*) : celle-ci désigne non pas un souvenir « vulgaire » de quelque chose qui s'est produit sur un plan ontique, mais le « souvenir métaphysique » qui exprime un rapport originaire de l'être au temps : « (…) toujours déjà là et pourtant seulement saisi dans le retour (*Wiederzurück-kommen*) à lui. (…) C'est dans ce souvenir métaphysique que l'homme se comprend en son essence propre : comme l'étant qui comprend l'être et qui se comporte à l'égard de l'étant sur le fondement (*Grund*) de ce comprendre » [1].

Heidegger revendique alors une *radicalisation* et une *universalisation* du problème de l'être et de son rapport au temps.

1) La *radicalisation* du problème de l'être [2]. Celle-ci ne peut prendre son point de départ – et Heidegger ne fait que répéter ce qu'il avait déjà établi dans *Sein und Zeit* – que dans l'explication du fait que l'être-là, en son être, inclut ou renferme une *compréhension de l'être*. Par ailleurs, cette radicalisation exige l'élucidation du lien entre l'être-là et le temps que Heidegger mène en terme d'analytique *temporelle* de l'être-là. Il apparaîtra alors que la compréhension de l'être a sa racine dans la temporalité de l'être-là, que Heidegger identifie avec la « constitution d'être » de l'être-là, avec la « subjectivité du sujet ». « Dès lors, ce n'est finalement pas un préjugé idéaliste arbitraire, comme on aime bien le dire aujourd'hui, que le problème de l'*a priori* chez Platon et Aristote, tout comme chez Descartes, Leibniz, Kant et l'idéalisme allemand, est entrelacé de la façon la plus étroite avec le problème du sujet – même si jusqu'à aujourd'hui ce rapport s'est toujours trouvé dans l'obscurité la plus totale » [3].

2) L'*universalisation* du problème de l'être. Heidegger critique le caractère réducteur et simplificateur de toute attitude – par exemple celle des néo-kantiens – qui consiste à assigner l'ontologie à l'en-soi et la théorie de la connaissance au sujet. C'est en effet une erreur fatale que de cantonner l'ontologie à l'en-soi des choses indépendamment du sujet. Déjà Fichte soulignait avec force dans la première conférence

---

1. *FM*, p. 186 *sq.*
2. *Cf.* la fin du § 4 de *Sein und Zeit*.
3. *FM*, p. 189.

de la *Doctrine de la Science de 1804*[2] que Kant fut le premier à s'en être aperçu[1]. Et Heidegger le confirme dans la citation suivante qui dresse le pont entre le kantisme et l'héritage grec de la philosophie : « Il est (…) nécessaire de bien mettre en évidence l'idée que l'*Analytique* de la *Critique de la raison pure* est la première tentative depuis Platon et Aristote pour faire effectivement de l'ontologie un problème philosophique »[2]. Plutôt que d'opposer la *théorie de la connaissance* criticiste à une ontologie *réaliste*, il s'agit, selon Heidegger, de prendre la mesure du sens *ontologique* de l'*Analytique* kantienne – une ontologie qui se situe précisément, comme Fichte l'avait déjà reconnu, *à la charnière* entre l'objet et le sujet. En quoi consiste alors le « problème ontologique » ?

Négativement, il s'agit de renoncer à poser des pseudo-problèmes comme celui de la réalité du monde extérieur ou celui de l'indépendance (ou non) de ce qui est en soi par rapport au sujet connaissant – ces questions, si elles ont un sens, ne peuvent être posées que si on règle d'abord la question du statut ontologique de l'en-soi (ce qui suppose d'abord de bien poser la question du sens de l'être). Positivement, Heidegger cherche à montrer quelles questions fondamentales sont effectivement posées lorsqu'on s'attaque à la question de l'être[3].

---

1. J. G. Fichte, *Wissenschaftslehre 1804 – Zweiter Vortrag*, Hambourg, Meiner, 1986, p. 10 *sq.*

2. *FM*, p. 191.

3. Heidegger isole dans les *Problèmes fondamentaux de la phénoménologie* (tout comme dans les *Fondements métaphysiques de la logique*) quatre « problèmes fondamentaux » de l'ontologie :

1) la *différence ontologique* (Kant) – c'est la différence entre l'être et l'étant qui rend d'abord possible la compréhension de l'être ;

2) l'*articulation fondamentale* de l'être (la « scolastique » : Saint Thomas d'Aquin, Duns Scot, Suarez) – il s'agit là de l'articulation de l'être en *essentia* et *existentia* ;

3) le problème de *l'unité de l'idée de l'être* et de ses *modifications régionales* (Descartes, Kant) – cette question qui précède toute question relative à la

Résumons alors la teneur du problème de l'être tel qu'il est élaboré en 1928. Heidegger détermine la question de l'être comme une radicalisation de la compréhension de l'être, caractéristique essentielle de l'être de l'être-là ou, en d'autres termes, de l'existence humaine – une radicalisation qui a été annoncée dans *Sein und Zeit*, mais qui n'y a pas encore été réalisée jusqu'au bout. Cette compréhension de l'être qui est la condition ou le présupposé de tout rapport à l'étant met en jeu une nouvelle notion : celle de la *transcendance*. Plus exactement : toute transcendance ontique, dont le représentant par excellence est pour Heidegger la conscience *intentionnelle* husserlienne, est fondée dans une transcendance *originaire* qu'il faut comprendre dans son lien [1] avec la compréhension de l'être.

LA MÉTAPHYSIQUE DE LÊ TRE-LÀ

Nous voyons ainsi que la problématique de la compréhension de l'être – ou de la différence ontologique – ne peut être abordée qu'en clarifiant d'abord la notion de « trans-

---

réalité du monde extérieur cherche à clarifier le mode d'existence (au sens traditionnel du terme) de tous les étants et de leur constitution régionale face à l'unité de l'idée de l'être ;

4) le caractère « *véritatif* » de l'être (thèse de la « logique » : Aristote, Hobbes, Mill, Lotze) – selon cette thèse il y a un lien intrinsèque entre l'être et la vérité.

1. L'être n'« est » pas, « *il n'y a* (*es gibt* – littéralement : *il donne*) » que l'être. Et, plus particulièrement : il n'y a de l'être qu'en tant que l'étant est dans « le » là (*FM*, p. 199). Que signifie cette *donation* de l'être s'exprimant (en allemand, du moins) dans le « il y a » ? « L'être se donne de façon originaire et en soi, lorsqu'il rend son étant accessible » (« Sein gibt sich ursprünglich und an sich, wenn es sein Seiendes zugänglich macht », *FM*, p. 195). Et Heidegger d'ajouter : « Et concernant cet étant, on ne peut encore, de plus, poser en soi la question de son être en soi. Nous ne connaissons jamais *que* de l'étant, mais jamais un être étant. Cela ne devient clair qu'à partir de la transcendance et de la différence ontologique », *FM*, p. 195.

cendance » en tant que caractéristique essentielle de l'être-là, c'est-à-dire de l'étant qui est en rapport avec l'être. Or, c'est par le détour de la fondation de la logique comme *logique métaphysique* que Heidegger traite de l'être-là transcendant, définissant le nouveau sens de ce terme par rapport à son acception dans *Sein und Zeit*. Et c'est par ce même détour qu'il va esquisser sa *métaphysique de l'être-là* en tant que premier volet du tournant *métontologique*. Disons d'abord un mot sur le rôle et le statut que Heidegger confère à la logique au sein de cette métaphysique de l'être-là.

Pour Heidegger [1], le problème fondamental de la logique consiste dans l'éclaircissement du rapport entre la vérité et le fondement. Ce rapport est un rapport de *fondation* : d'une part, la question du fondement est ancrée par Heidegger dans celle de la *vérité*. Le problème de l'*essence de la vérité* et de la *possibilité intérieure* de celle-ci est la *dimension* au sein de laquelle se pose le problème du fondement. D'autre part – et on voit ainsi que ce rapport entre la vérité et le fondement est un rapport de médiation *réciproque* –, si le fondement appartient à l'essence de la vérité, tout jugement vrai ne l'est que parce qu'il est *fondé*, parce qu'il admet à son tour un *fondement*. Avant de clarifier l'essence de ce fondement, nous nous interrogerons dans un premier temps sur l'essence de la vérité [2], une interrogation qui débouchera alors, dans un second temps, sur celle de la notion de « transcendance ».

---

1. Les développements qui suivent ont déjà été présentés, dans une première élaboration, dans notre article « Principe (*Grundsatz*) et fondement (*Grund*) chez Heidegger », dans B. Mabille (éd.), *Le principe*, « théma », Paris, Vrin, à paraître.

2. Ce questionnement ne signifie pas, bien entendu, qu'on irait chercher le fondement de telle ou telle vérité *particulière*, mais qu'il s'agira de s'interroger sur le rapport entre *toute* vérité en tant que vérité et le fondement *en général*. Le but de Heidegger est ainsi de montrer en quoi *toute* vérité est susceptible d'être fondée. Cette tâche une fois accomplie, on aura répondu en même temps au problème de la *légitimité* du caractère fondé des propositions vraies.

La vérité

Traditionnellement, c'est le *jugement* que l'on considère comme étant le « lieu » de la vérité. Dans le jugement, un prédicat est attribué à un sujet, et la vérité exprime la *validité* (*Gültigkeit*) d'une telle connexion (*nexus*). Mais qu'est-ce qui *légitime* exactement cette connexion ? Et si l'on identifie, comme le fait Leibniz, la vérité à l'*identité*, que celle-ci soit intelligible par nous ou par Dieu seul, à laquelle doit nous ramener l'analyse [1], la question se pose de savoir ce qui rend cette identification possible.

Toujours selon la conception traditionnelle (remontant au moins jusqu'à Isaac d'Israëli, si ce n'est jusqu'à Aristote), la connexion entre le sujet et le prédicat d'un jugement est légitimée par son *adéquation* à la « chose ». La vérité est ainsi définie comme « adéquation entre la chose et l'esprit » (lequel esprit opère cette connexion). Si « le caractère de la vérité comme identité est [alors] reconduit à la vérité comme *adéquation* » [2], une nouvelle question surgit : d'où cette détermination traditionnelle de la vérité comme adéquation provient-elle ?

Pour pouvoir répondre à cette question, il faut expliquer ce qui rend possible le rapport entre ce qui relève d'une certaine « intériorité » (l'esprit, la conscience, le sujet) et ce qui lui vient « du dehors » (la chose, l'objet) : en effet, le problème de la vérité, compris dans le cadre de la tradition philosophique occidentale, surgit dans la question du rapport entre le « sujet » et l'« objet » – le premier étant justement en adéquation (ou non) avec le second. On voit ainsi que le problème de la vérité – et donc celui du fondement – ne peut être résolu qu'à condition de déterminer plus précisément ce rapport entre le sujet et l'objet.

1. *Cf.* par exemple G. W. Leibniz, *Monadologie*, § 33 et § 35.
2. *FM*, p. 155.

Heidegger livre cette clarification en soumettant la nature du jugement (ou de l'énoncé) à une analyse phénoménologique. En effet, *qu'est-ce qu'*un énoncé énonce? Peut-on dire qu'il y a l'énoncé, énonçant un rapport entre des représentations du sujet, d'un côté, et le fait ou l'état de choses réel, de l'autre? La phénoménologie husserlienne, mettant l'intentionnalité au centre de ses analyses, permet d'y répondre. Son apport fondamental réside précisément en ceci que la « conscience » intentionnelle a pour caractéristique essentielle d'être dirigée vers un objet. Le célèbre adage « tout conscience est conscience de quelque chose » signifie que le rapport sujet (intériorité)/objet (extériorité) est surmonté grâce à la notion d'intentionnalité qui exprime la prééminence du *rapport* (intentionnel) sur les pôles (conscience et objet) ici en jeu. Qu'est-ce qui s'ensuit pour la caractérisation de l'énoncé? L'énoncé n'exprime pas un état interne d'un sujet, ce qui poserait le problème du rapport entre cet état « interne » et l'état de choses « externe », mais « ce qui se donne d'abord dans (*an*) l'énoncé, c'est cela même *à propos de quoi* (*worüber*) il énonce quelque chose »[1].

Analysons de plus près ce qu'implique cette dernière citation. Prenons n'importe quel énoncé, par exemple : « Le tableau est noir. » En comprenant ce qui est ainsi énoncé à propos du tableau, nous ne visons pas – comme thème exprès de notre compréhension – les sons ou les mots de l'énoncé afin de nous rapporter à travers eux à l'objet, ni les « états d'âme » de celui qui le formule, mais nous nous *comportons* (*sich verhalten zu*), dit Heidegger, toujours déjà par rapport aux choses qui sont autour de nous. Cela veut dire que nous ne nous rapportons pas simplement conscientiellement aux choses, mais nous sommes « affectivement » inscrits, pour ainsi dire, dans ce à quoi nous nous rapportons. Ce n'est pas l'énoncé qui

1. *FM*, p. 157.

permet le rapport à ce qui est énoncé, mais c'est l'inverse : l'énoncé n'est possible que sur la base d'un comportement « latent » – que nous « avons » toujours déjà – à l'égard de l'étant. Du coup, la perspective de la définition traditionnelle de la vérité en termes d'« adéquation » se trouve complètement renversée : il ne faut plus dire qu'il y a vérité lorsqu'il y a adéquation entre la chose et l'énoncé, mais c'est l'énoncé qui suppose déjà un rapport – qui n'est certes ni conscientiel, ni objectivant – à la « chose ». Quel est ce rapport ? C'est un rapport – et c'est ici absolument essentiel – qui *caractérise intrinsèquement l'ÊTRE-LÀ en son existence*, un comportement pratique que Heidegger appelle un « être-déjà-auprès-de-l'étant (*Schon-sein-bei-Seiendem*) », un « commerce avec… (*Umgang mit…*) ».

À la regarder de plus près, la vérité se présente alors comme *double* : a) il y a une vérité (en tant qu'adéquation) qui exprime la « conformité » entre un état de choses exprimé dans l'énoncé, d'un côté, et l'état de choses « réel », de l'autre, et b) une vérité – *plus fondamentale* – enracinée dans l'« être-déjà-auprès-de…(*Schon-sein-bei*) » qui fait le « sens véritable (*echter Sinn*) » de la vérité [1]. La vérité-adéquation s'avère ainsi être *dérivée* par rapport à une vérité que Heidegger érige en *existential* de l'être-là et qu'il appelle l'« être-dévoilé (*Enthüllung*) » de l'étant (qui traduit l'« *a-letheia* » grecque [2]). Ainsi, l'énoncé détermine toujours quelque chose *en tant que* quelque chose – un « en tant que » que Heidegger appelle l'« en

---

1. Heidegger écrit : « L'être-déjà-auprès-de…, le commerce-avec *est en lui-même* dévoilant », *FM*, p. 159 [c'est nous qui soulignons]. Concernant ce double sens de la vérité chez Heidegger, *cf.* E. Tugendhat, *Der Wahrheitsbegriff bei Husserl und Heidegger*, Berlin, Walter de Gruyter & Co., 1970, § 16.

2. Heidegger met l'accent sur la *négativité* qui s'exprime ici dans les préfixes « *ent-* », en allemand, « *a-* », en grec (et « *dé-* » en français), une négativité qu'il se propose de thématiser de façon expresse. Cette négativité – qui s'exprime donc dans la vérité originaire – doit être mis en rapport avec le retrait de l'être dont nous avons déjà traité dans notre premier chapitre.

tant que *apophantique* »[1]. Cet « en tant que » qui dévoile la *détermination* des objets présents eu égard à leurs propriétés (*Eigenschaften*) est *dérivé* par rapport à un « en tant que » plus fondamental – l' « en tant que *herméneutique* »[2] qui met l'étant maniable (*avant* toute objectivation) dans un rapport de renvoi à des significations propres à d'autres étants maniables, auxquels il se rapporte toujours déjà dans son usage quotidien. En récapitulant, on peut dire que tout dévoilement ou toute « découverte » accomplis par l'énoncé ne sont possibles que sur la base d'un dévoilement plus fondamental qui réside donc dans ce « commerce » avec les ustensiles quotidiens que nous venons d'évoquer. Il s'ensuit alors de ce qui précède que si l'être-vrai du jugement (ou de l'énoncé) n'est pas originaire mais dérivé, alors le problème originaire du fondement ne saurait être résolu si l'on s'en tient à la seule vérité du jugement.

Or, nous venons de voir que la vérité, loin d'être fondée dans le jugement, comme c'était le cas dans les théories traditionnelles de la vérité, est plutôt fondée dans « l'être-déjà-auprès-de… (*Schon-sein-bei*) ». Il est donc nécessaire, à présent, de comprendre plus précisément le sens de cet existential.

La clarification du sens de l'être-déjà-auprès-de… permet, nous insistons, de reposer l'ancien problème du *rapport entre le sujet et l'objet* sur une nouvelle base. Pour Heidegger, l'expression « rapport sujet/objet (*Subjekt-Objekt-Beziehung*) » ne constitue aucunement une solution mais est tout d'abord la formulation d'un *problème. En quoi* ce rapport consiste-t-il ? Quel est son *mode d'être* ? Et *qu'* est-ce qui est ici en rapport ?

Heidegger souligne qu'il ne faut pas court-circuiter le problème en adoptant d'entrée de jeu un point de vue

1. *SuZ*, § 33, p. 158.
2. *Ibid.*

« réaliste » ou « idéaliste » – selon que l'on considère que le sens d'être de cela même qui est repose soit dans l'« objet », soit dans le « sujet ». Car il faut évidemment clarifier d'abord le sens d'être de ces termes. Or, traditionnellement, le sens d'être de l'objet et du sujet n'a pas été problématisé. Le projet heideggerien consiste à s'acquitter de cette tâche, préalable à toute fondation d'une (nouvelle) métaphysique, et à faire disparaître de la sorte le problème de ce rapport, en tant que, dans la perspective traditionnelle, il restait cantonné à une perspective exclusivement gnoséologique.

Or, on pourrait dire que Husserl a déjà ouvert une nouvelle voie qui va dans ce sens, en substituant, nous l'avons déjà évoqué plus haut, ses analyses intentionnelles au modèle représentationnel caractéristique de la manière dont la tradition entendait « résoudre » le problème du rapport du sujet et de l'objet – un modèle qui, d'une part, précarisait le statut du monde « extérieur » et, d'autre part, devait se servir d'une théorie de l'image peu convaincante. En montrant que la conscience ne se rapporte pas à l'objet de façon médiate (que ce soit *via* une représentation, une image, etc.), mais qu'elle le vise en tant qu'objet *intentionnel*, la phénoménologie husserlienne rend en effet fructueuse la « redécouverte » brentanienne de l'intentionnalité en tant que caractéristique (*intrinsèque*) de la conscience de se rapporter à l'objet. Elle a ainsi le mérite de sortir cette notion du cadre purement psychologiste qui était celui des analyses brentaniennes, et d'en faire l'essence de la « conscience en général », de la « raison en tant que telle » [1]. Mais le problème fondamental n'en demeure pas moins irrésolu, selon Heidegger : en effet, quel est le *sens d'être* de cet étant que Husserl appelle la « conscience » ? Il considère qu'au fond, Husserl s'arrête à mi-chemin. Celui-ci ne s'aperçoit pas du fait que « la saisie de cette structure en

1. *FM*, p. 167.

tant que structure d'essence de l'être-là doit révolutionner le concept entier de l'homme ; (…) ce n'est qu'à ce moment-là qu'apparaît en toute sa clarté sa [*scil.* de l'intentionnalité] signification philosophique centrale » [1].

Pour Heidegger, l'intentionnalité, en tant qu'elle se rapporte à l'étant, relève d'un comportement ou d'une attitude (*Verhaltung*) *ontique* ; or il s'agit de dévoiler ce qui constitue le rapport-à… d'un point de vue *ontologique*. Celui-ci est fondé dans l'être-auprès-de qui est à son tour fondé dans l'existence en tant qu'être de l'être-là. Le caractère ontique de l'intentionnalité réside dans le fait qu'elle établit le rapport à un être *présent* (*Vorhandenes*). En fondant cette dernière dans l'ontologie de l'être-là, Heidegger parvient ainsi à surmonter le caractère simplement ontique de l'étant présent [2]. Le concept central de cette ontologie de l'être-là est le concept de *transcendance*. Celui-ci se substitue à la notion d'intentionnalité ou plutôt : il fonde l'intentionnalité dans la transcendance [3].

Qu'est-ce que Heidegger entend par « transcendance » ? La transcendance signifie d'abord, tout simplement, le fait qu'un étant insigne – l'être-là – surmonte ou dépasse (*steigt über*) (quelque chose) pour atteindre un autre étant (que ce soit un être-là, un étant présent ou autre) et ce, de façon à ce que, dans cette transcendance (dans ce « transcender »), soit dévoilé, pour l'être-là, ce vers quoi l'être-là transcende. Pour

1. *FM*, p. 167. Nous voyons ainsi que la refondation de la métaphysique est pour Heidegger intrinsèquement liée à la « révolution » du concept d'*homme*.

2. Nous pouvons alors retenir les trois critiques suivantes du concept husserlien (et brentanien) de l'intentionnalité :

1) l'intentionnalité est une transcendance simplement *ontique* ;

2) elle concerne (d'une manière trop restrictive) un comportement (*Verhalten*) vis-à-vis du seul étant *présent* ;

3) elle relève d'une perspective purement *théorique*, ou encore exclusivement *gnoséologique*.

En ce qui concerne la critique heideggerienne de l'acception husserlienne de l'intentionnalité, *cf.* aussi *PF*, § 21 b, p. 446 ; trad. fr. p. 376 *sq.*

3. Cf. *FM*, p. 253.

Heidegger, c'est la transcendance qui *fonde* le rapport sujet/
objet[1]. En effet, l'intentionnalité est une transcendance *ontique*
et elle n'est possible que sur le fondement de la transcendance
originaire qu'est l'*être*-au-monde. C'est cette transcendance
originaire qui rend possible – en le fondant *ontologiquement* –
tout rapport intentionnel à l'étant. Comment faut-il concevoir
ce rapport de fondation? C'est dans la mesure où l'être-là
se comporte à l'égard de l'étant que l'étant est « là ». Et ce
« comportement » n'est justement possible qu'en vertu du fait
que tout rapport intentionnel est fondé dans une compréhension préalable (*vorgängig*) de l'être de l'étant (c'est-à-dire
qu'il est fondé dans la différence ontologique). C'est cette
compréhension de l'être qui est requise pour que l'étant puisse
se manifester en tant qu'étant. Le sens de la transcendance et
celui de la compréhension de l'être s'éclairent mutuellement,
Heidegger va même jusqu'à dire qu'elles sont toutes les deux
« une seule et même [chose] »[2]. Voyons maintenant comment
on peut déterminer ce concept décisif de la transcendance.

La transcendance

Le concept de « transcendance »[3]

Heidegger se propose d'abord d'extraire le concept de la
transcendance de toute réduction gnoséologique, d'un côté, et
de toute réduction théologique, de l'autre. En effet, la transcendance ne concerne pas le rapport entre une sphère « intérieure » et une sphère « extérieure » au sens où le sujet (relevant d'une « immanence ») serait séparé par une quelconque
borne de ce qui serait « transcendant » par rapport à lui. Le
sujet ne se « transcende » pas pour parvenir à un objet situé au-

1. Du coup, notre interrogation sur l'essence du fondement doit en effet
passer par une analyse de la notion de « transcendance ».
2. *FM*, p. 170.
3. Pour le concept de « transcendance », *cf.* aussi *PF*, § 20 e), p. 423 *sq.* ;
trad. fr. p. 358 *sq.*

delà de lui. Et, d'un autre côté, la transcendance ne signifie pas pour Heidegger un être inaccessible et sans commune mesure avec nos facultés de connaître, mais elle désigne un phéno-mène qui se laisse cerner selon quatre points fondamentaux : 1) la transcendance en tant que *constitution fondamentale* de l'être-là; 2) la transcendance en tant que *compréhension de l'être*; 3) le *monde* comme ce-vers-quoi la transcendance transcende l'étant; 4) l'*être-au-monde* comme le phénomène fondamental de la transcendance de l'être-là.

1) La transcendance est la constitution originaire de la *subjectivité* d'un sujet. (Être) sujet veut dire : (être) *trans-cendant*, (être) un étant transcendant (« *transzendierend* » et non pas « *transzendent* »). Ce qui importe ici c'est que le *trans-cender* n'est pas une qualité ou une propriété qui incomberait à l'être-là en tant qu'il serait considéré comme un étant *présup-posé*, et qui pourrait aussi faire défaut à cet étant, mais l'être-là existant est *originairement* transcendant. L'être-là lui-même est la transcendance, cela veut dire : la transcendance est la *constitution fondamentale* de l'être-là, tout rapport à l'étant n'est possible que sur la base de la transcendance. La trans-cendance n'est pas un « comportement » de l'être-là parmi d'autres, mais elle en est le comportement fondamental.

2) La transcendance est le caractère fondamental de l'être-là qui permet de comprendre le sens de la *compréhension de l'être* (*Seinsverständnis*). La transcendance ne désigne pas le dépassement d'une borne délimitant la sphère d'immanence ou d'intériorité du sujet, ni non plus celui d'un abîme qui séparerait le sujet des objets. La transcendance est la trans-cendance de tout étant : de celui par rapport auquel l'être-là se comporte tout comme de l'être-là lui-même. C'est en trans-cendant l'étant que l'être-là déploie l'horizon au sein duquel quelque chose peut lui être donné ou lui apparaître. Ce qui est transcendé, c'est donc l'étant qui, lui, ne peut se présenter

comme objet (et comme sujet) qu'*après coup*. Ce transcender caractérise métaphysiquement la *liberté* de l'être-là.

3) Quel est le but vers lequel le sujet transcende l'étant ? Ce qui est transcendé, c'est certes l'étant, mais *ce vers quoi* il le transcende n'est ni un objet, ni lui-même un étant, mais le *monde*.

4) Le phénomène fondamental de la transcendance de l'être-là est l'*être-au-monde*. Dès que l'être-là existe, c'est-à-dire dès qu'existe son être-au-monde, l'étant (par exemple la *nature*) est déjà transcendé, voire même l'être-là a *sauté par dessus* cet étant (Heidegger appelle cela l'« *Übersprungenheit* » de l'étant) – une condition, toutefois, pour que l'étant se manifeste tel qu'il est en lui-même. Le fait que l'être-là ait ainsi sauté par dessus l'étant livre le fondement (relevant de l'ontologie fondamentale) de l'interprétation *non originaire* de l'être-là, c'est-à-dire c'est la raison profonde qui justifie la prééminence de toute forme de réalisme en philosophie.

L'« objet » d'une *métaphysique de l'être-là* est donc la transcendance au sens de l'être-au-monde : et celle-là se doit alors de clarifier cette constitution fondamentale métaphysique de l'être-là. Essayons de voir comment Heidegger procède à cette clarification dans les *Fondements métaphysiques de la logique*.

Tout d'abord, il faut écarter un certain nombre de malentendus possibles. L'être-là est être-au-monde, cela ne veut pas dire – du moins pas nécessairement – que l'être-là existe *factuellement* dans le monde. L'être-là n'est pas un être-au-monde parce qu'il existe factuellement, mais il ne peut exister factuellement que parce qu'il est, en son essence, être-au-monde. Il faut alors distinguer entre deux choses : d'une part, on peut faire un énoncé sur *l'existence factuelle* (d'un être-là déterminé), à savoir que tel ou tel être-là existe. Mais, d'autre part, on peut aussi faire un énoncé sur *l'essence méta-*

physique (de l'être-là), à savoir qu'à l'essence de l'être-là
– qu'il existe ou non – appartient l'être-au-monde comme sa
constitution ontologique fondamentale, ou, pour le dire autrement, que l'être-là ne peut exister comme un tel être-là factuel
qu'en tant que l'être-là en général « a » le monde. Dire que
l'existence enveloppe la transcendance n'est pas un énoncé
existentiel (ontique), mais un énoncé existential (ontologique). La compréhension de cet énoncé exige la clarification
du concept de « monde ».

Le concept de « monde »

À travers une brève considération[1] du concept de monde
chez certains présocratiques, Heidegger fixe provisoirement
deux significations fondamentales du concept de monde : 1) le
« monde » a un caractère « *universel* » : il est une *totalité* face à
une certaine *dispersion* de l'étant ; 2) il a en même temps un
caractère *relatif* à l'être-là humain. Cette dualité est redoublée
par une deuxième (que Heidegger reprend à Saint Paul,
Augustin et Saint Thomas d'Aquin) : le monde signifie à la fois
a) un étant (par exemple le monde *créé*) et b) la manière « dont »
l'étant est, l'étant dans son « comment » (ce sens est clairement
retenu par Kant également). En croisant ces deux dualités,
nous obtenons les quatre sens possibles du « monde » :

1a) un premier concept ontique du monde (le concept
« ontico-naturel » du monde) : l'agrégat des étants présents (la
« nature ») ;

1b) un premier concept ontologique du monde (le concept
« ontologico-naturel » du monde) : le monde comme *totalité*
(*Totalität*) de ce qui appartient à la nature ;

---

1. *FM*, § 11 b), p. 218 *sq.* Pour le concept de « monde » en général, *cf.* aussi
tout le troisième chapitre de la première section de *Sein und Zeit*, en particulier
le § 14.

2a) un second concept ontique du monde (le concept « ontico-existentiel » ou « humain » du monde) : les hommes existants en tant qu'existants ;

2b) un second concept ontologique du monde (le concept « ontologico-existential » du monde) : l'essence métaphysique de l'être-là en général eu égard à sa constitution métaphysique fondamentale – la transcendance.

Heidegger précise que non seulement les concepts *ontologiques* du monde, mais déjà les concepts ontiques (ou « préphilosophiques ») de ce terme visent en quelque sorte la manière dont l'être-là existe – à savoir le se-comporter, *en sa totalité* (*Totalität*), vis-à-vis de l'étant et vis-à-vis de l'être-là lui-même. « Le mode (*Weise*) de l'exister humain consiste dans le fait de se déterminer dans le tout et à partir du tout. L'être-au-monde de l'être-là veut dire : être dans le tout et ce, eu égard au comment »[1].

Cette mise au point concernant le concept de monde une fois faite, nous pouvons revenir à notre problème de la transcendance. Le monde est *constitutif* de la transcendance de l'être-là. L'être-là transcende l'étant, il « saute par dessus de lui » vers le *monde* (doué d'une certaine « totalité »). Or, l'être-là ne transcende pas seulement les autres étants, mais il se transcende également soi-même. Aucune positivité ne peut être accordée à l'être-là. Tout comme Husserl – qui, dans les *Méditations cartésiennes*, opposera au « réalisme transcendantal » de Descartes le radicalisme du phénoménologue qui tient jusqu'au bout l'*épochè* et qui ne s'arrête donc pas à la substance pensante[2] –, Heidegger étend la notion de transcendance à l'être-là lui-même : c'est la transcendance de l'être-là qui rend possible le fait que l'être-là puisse être là. « Ce n'est

1. *FM*, p. 233.
2. E. Husserl, *Méditations cartésiennes*, § 10.

que dans le saut par dessus de lui-même que s'ouvre l'abîme que l'être-là est à chaque fois pour lui-même (…) » [1].

Liberté et monde

Qu'est-ce que ce « monde » vers lequel l'être-là transcende ? Heidegger y répond en mettant en évidence le lien profond qui existe entre le *monde*, en tant que *constituant* de l'être-là, et la *liberté* de l'être-là.

Pour Heidegger, l'histoire de la métaphysique est marquée, dès la *République* de Platon, par une *ontification* du concept de monde, une ontification qui est corrélative d'un primat de l'*intuition*. Au lieu de traquer le sens originaire de la transcendance dans l'être propre de l'être-là, celle-ci a toujours été prise au sens du « *théorein* », c'est-à-dire au sens d'un *nœin* (d'un intelliger) conçu comme « voir » (du monde) des *idées*. Mais Heidegger nous met tout de suite en garde : la mise en rapport du problème du monde avec le problème de la transcendance – mise en rapport qui se fait au nom de la *critique* du primat du *théorein* – ne signifie pas que la liberté serait cantonnée au seul domaine de la *praxis* qui met en jeu un sens *restreint* de la notion de liberté. Le problème qui se pose à Heidegger c'est plutôt de trouver la *racine commune* de l'intuitionner (*théorein*) et de l'agir (*prattein*), entreprise qui ne peut être accomplie que par cette mise en rapport recherchée entre le monde et la liberté.

Pour peu qu'on ait conscience de ces limites, on peut trouver des indices de cette racine commune dans la théorie platonicienne des idées, plus particulièrement dans l'idée du Bien, ainsi que dans la conception aristotélicienne du *hou heneka*, c'est-à-dire du concept de l'« en-vue-de… (*Umwillen*) » dont nous avons déjà traité précédemment. L'idée du Bien – en tant que finalité de tout agir – qui est non

1. *FM*, p. 234.

seulement au-delà de tout être sensible, mais même de l'être-en-soi, c'est-à-dire de l'être intelligible, est une détermination qui transcende l'ensemble des idées et *les organise en leur totalité*. L'idée du Bien correspond ainsi à ce que Aristote appelle le « *hou heneka* » – ce en vue de quoi quelque chose est ou non, ce en vue de quoi quelque chose est ainsi ou autrement. Le *hou heneka* détermine les idées et leur donne la forme de la totalité. Nous voyons ainsi quel est le lien entre la doctrine des idées et le concept du monde : le monde est organisé « en-vue-de » sa totalité. Dans les termes de Heidegger : « le monde comme ce vers quoi l'être-là transcende est déterminé de façon primaire par l'"en-vue-de…" » [1].

Or, la traduction française de l'« *Umwillen* » cache le lien que Heidegger va pouvoir établir entre cette caractéristique fondamentale du monde et la liberté. Il écrit : « Un "en-vue-de… (*UmWILLEN*)" n'est possible, de façon essentielle, que là où il y a une volonté (*Wille*) » [2]. Le monde comme organisation totale de l'étant, conformément au *hou heneka* évoqué, correspond à la liberté en tant caractéristique fondamentale du seul étant doué de volonté – à savoir l'être-là. En effet, Heidegger caractérise la liberté comme « détermination fondamentale de l'existence de l'être-là ». Par ailleurs, nous savons que la constitution fondamentale de l'être-là est la transcendance comme être-au-monde. Il s'ensuit qu'il y a un lien originaire entre la liberté et le monde : « Ce n'est que là où il y a la liberté qu'il y a l'"en-vue-de…", et ce n'est que là qu'il y a le monde. Bref, la transcendance de l'être-là et la liberté sont identiques ! » [3]. Et le lien avec la conception kantienne de la liberté est encore davantage souligné avec l'idée que c'est la liberté qui se donne à elle-même (*cf.* le concept de la volonté

1. *FM*, p. 238.
2. *Ibid.*
3. *Ibid.*

comme autonomie libre) la possibilité intérieure : « un étant en tant que libre est en lui-même nécessairement transcendant (*transzendierendes*) »[1].

Approfondissons ce lien entre la liberté de l'être-là, l'être-au-monde et l'« en-vue-de… » en tant que caractère structurant du monde. Revenons d'abord sur ce dernier terme[2].

Le sens fondamental de l'analyse heideggerienne de l'« en-vue-de…(*Umwillen*) » consiste à *penser ensemble* les phénomènes suivants : 1) la *subjectivité* de l'être-là, « avant » toute conscience et toute activité ; 2) la *finalité* de l'être-là ; 3) l'*ipséité* de l'être-là, « au fondement » de toute distinction entre un « Je » et un « Tu » ; 4) le fait que tout être-là soit « *rapport à…* », au sens de l'ouverture compréhensive, « avant » tout rapport intentionnel ontique ; 5) la *liberté* de l'être-là. Le développement du contenu de chacun de ces points permettra de voir en quoi Heidegger prend ses distances – d'une manière sans cesse croissante – par rapport à l'analytique existentiale de *Sein und Zeit*.

1) On connaît le célèbre mot de Fichte : « Ce que l'on choisit comme philosophie dépend de l'homme que l'on est »[3], et on sait qu'il fait dépendre la préférence soit pour le dogmatisme soit pour l'idéalisme de l'« âme » animant l'homme qui, de ce fait, n'a pas à choisir son système philo-sophique mais l'a d'une certaine manière *toujours déjà* choisi. Il est inutile de revenir sur les contresens qu'on a pu faire à propos de cette affirmation, il suffit de faire remarquer que Heidegger et Fichte partagent ici un même point de vue : comme cela apparaît à travers les considérations méthodo-logiques livrées dans le § 43 a) de *Sein und Zeit* (dont nous

1. *FM*, p. 238.
2. *Cf.* aussi *PF*, § 15 c) β), p. 242 *sq.* ; trad. fr. p. 210 *sq.*
3. Voir la fin du cinquième paragraphe de la *Première introduction à la Doctrine de la Science* (1797).

avons déjà traité dans notre deuxième chapitre), Heidegger défend – à l'instar de Fichte – un « idéalisme transcendantal » qui n'a rien d'un idéalisme de production, d'une part, ni non plus d'une position, simplement *ontique*, consistant à privilégier un « sujet » conscientiel – au sens par exemple de la *res cogitans* cartésienne ou, dans un tout autre sens, d'une conscience empirique du psychologisme, d'autre part. La « subjectivité » heideggerienne n'est pas moins « anti-subjectiviste » que ne l'est l'« âme » dont parle Fichte dans son propre idéalisme transcendantal. Comme nous l'avons déjà vu, il s'agit pour Heidegger de proposer une ontologie fondamentale s'ancrant à l'endroit situé *en deçà* de la scission sujet/objet. Mais il n'empêche que Heidegger est très loin d'adopter une position réaliste. Quel est le statut de cette subjectivité « asubjective » chez Heidegger ? Et pourquoi l'ontologie de l'être-là s'apparente-t-elle en effet à une certaine forme d'« *idéalisme* », terme qu'il faut évidemment utiliser – nous avons déjà insisté là-dessus dans notre introduction – avec beaucoup de prudence ?

2) Parce qu'elle est la seule à être en mesure de rendre compte de la « *finalité* » caractérisant proprement l'être-là, une détermination par laquelle Heidegger réhabilite en quelque sorte l'ontologie d'Aristote aux dépens de l'ontologie galiléo-cartésienne – même si cette acception de la finalité ne se réduit pas du tout à sa détermination aristotélicienne. L'existence de l'être-là est déterminée par le fait qu'« il y va » pour cet être, en son être, d'une manière spécifique *de* ce même être. « Il y va *de…* » son être. Cette expression – qui, nous l'avons vu, n'a rien d'ontique et donc rien d'un égoïsme ni d'un égotisme individualistes – ne désigne pas une caractéristique parmi d'autres, qui lui serait attribuée du dehors, mais l'« idéalisme » heideggerien ne devient compréhensible que si l'on est sensible à la caractéristique fondamentale de

l'être-là de se rapporter à son être, une caractéristique qui ne dévoile pas une fin *déterminée*, mais cette manière de *se rapporter à*… sa fin, de sorte qu'on ne peut pas indiquer *quelle est* cette fin, bien que l'être-là soit en vue de… lui-même. L'être-là n'est pas une chose inerte, *déjà là*, mais un rapport à son propre être. Ce rapport ne lui est pas *imposé*, comme s'il s'agissait d'un devoir ou d'une fatalité, mais en son être, l'être-là *a* à être cet être. Cette détermination de la finalité – constitutive, nous le verrons, de l'«ipséité» de l'être-là (*cf.* (3)) – permet de comprendre ce que Heidegger entend par le «comportement originaire par rapport à l'être (*ursprüngliches Verhalten zum Sein*)» caractéristique de l'exister de l'être-là : l'être en vue de soi-même de l'être-là signifie «être essentiellement et fondamentalement à l'égard de soi-même dans l'être (*im Sein grundwesentlich zu sich selbst sein*)»[1]. Ce rapport est double : l'être-là ne peut être en rapport avec l'étant (fût-il l'être-là lui-même) que s'il est originairement en rapport avec l'être. Et, par rapport à soi-même, l'être-là n'est en rapport avec l'être que s'il est intimement «à-l'égard-de-soi-même (*zu-sich-selbst*)», condition de toute conscience de soi, de toute aperception, et de tout rapport, nous l'avons déjà dit, avec l'étant.

3) Cette «subjectivité», ce «moi», cet «*ego*», comme Heidegger l'appelle en 1928, n'est pas, nous insistons, une «conscience» ontique. L'*ego* est en deçà de toute conscience, de toute activité consciente – c'est en ce sens-là que nous l'appelons «asubjectif» –, et il partage ainsi, au moins dans les textes de la fin des années 1920, le statut de la subjectivité transcendantale husserlienne qui, elle aussi, «opère» ou «fonctionne» (*fungiert*) de manière «anonyme»[2]. Heidegger

---

1. *FM*, p. 244.
2. La «subjectivité transcendantale» de Husserl est elle aussi, en effet, un «sujet» dans un tout autre sens que celui de la tradition idéaliste, et n'a donc rien d'un «subjectivisme».

répète à de nombreuses reprises que cet *ego* est au fondement de tout « Je » et de tout « Tu » et qu'il permet d'éviter d'appréhender le « Tu » factuellement comme un *alter ego*[1]. Pour démarquer l'*ego* par rapport à ces déterminations factuelles, il l'appelle donc le «*soi (Selbst)*» qui, lui, est doué d'une neutralité métaphysique. Et l'«en-vue-de... » est la condition de possibilité du fait que l'ipséité appartienne à l'être de l'être-là, précisément parce que le fait d'être en vue *de soi-même* est la détermination essentielle de cet être de l'être-là.

4) Le *rapport* qui s'exprime dans l'«*en-vue-de...*» (*cf.* le (2)) n'est pas seulement un rapport à soi, ou *au* soi, mais c'est un rapport à *tout* étant – quel qu'en soit le type – et en particulier à un *autre* être-là. C'est ainsi qu'il faut comprendre cet ancrage de tout rapport intentionnel ontique dans le rapport ontologique plus originaire caractérisant la transcendance. « Il y va » pour l'être-là, en son être, *de* cet être – c'est un principe ontologique qui expose la condition métaphysique de la possibilité de ce qu'un être-là puisse *être avec* un autre être-là. Ce n'est que parce que l'être-là est déterminé de façon primordiale par l'égoïté, ou par l'ipséité, qu'il peut exister factuellement comme un « Tu » pour un autre être-là, et avec lui.

5) L'ipséité de l'*ego* est sa liberté, celle-ci est identique avec son égoïté. Nous avons vu (*cf.* le (2) et le (3)) que l'être-là est déterminé, en son essence, par l'ipséité. Cela veut dire, entre autres, que l'être-là ne peut se saisir ontiquement, dans une « conscience de soi » ou encore dans sa factualité que sur le fondement d'un être, intime, «à-l'égard-de-soi-même»

---

1. Heidegger demande : « Mais pourquoi un "Tu" n'est-il pas simplement un second "Je"? Parce que l'être-Je – par opposition à l'être-Tu – ne touche pas à l'essence de l'être-là, c'est-à-dire qu'un "Tu" ne l'est que comme lui-*même* (*selbst*), et de même le Je. C'est la raison pour laquelle j'emploie le plus souvent l'expression "ipséité" (*Selbstheit*) pour la "moïté" (*Ichheit*) métaphysique, pour l'égoïté. Car on peut dire d'une façon identique le "même" du "Je" et du "Tu" : "moi-même", "toi-même", mais non pas "toi-moi" », *FM*, p. 242 *sq.*

(*Zu-sich-selbst-Sein*). Il *peut* se saisir – ou non. Ce point est décisif : dans l'ipséité de l'être-là, réside la possibilité, pour lui-même, de se «choisir» soi-même ou non. Et c'est dans cette même ipséité que réside l'origine de la «possibilité» en général. Qu'est-ce qui permet d'affirmer un tel lien constitutif ?

Pour y répondre, il faut d'abord clarifier le rapport entre la liberté et la transcendance : « Ce n'est que *par liberté*, ce n'est qu'un être *libre* qui, en tant que transcendant (*transzendierend*), peut comprendre l'être – et il faut qu'il en soit ainsi pour qu'il existe en tant que tel, c'est-à-dire pour qu'il soit "parmi" et "avec" l'étant » [1]. Que signifie cette idée que l'être-là peut – on non – se *choisir soi-même* ? « Le phénomène du "se-choisir-soi-même" authentique, saisi dans le cadre d'une ontologie fondamentale, fait apparaître de la manière la plus radicale l'ipséité métaphysique de l'être-là, et cela veut dire : [il fait apparaître] la transcendance en tant que transcender de l'être propre, de l'étant en tant qu'être-avec d'autres [étants] et de l'étant au sens de la nature et des ustensiles » [2]. L'*ipséité* existentiale et ontologique de l'être-là, constituée par l'«en-vue-de…» soi-même – c'est-à-dire le fait que celui-ci se choisisse soi-même – et la *transcendance* de ce même être-là s'éclairent mutuellement. Le rôle de l'«en-vue-de (*Umwillen*)» est une fois de plus essentiel ici. Quand Heidegger écrit qu'il est «*ce vers quoi* (*woraufzu*) l'être-là en tant que transcendant (*transzendierendes*) transcende » [3], le terme «*woraufzu*» a une double signification ou plutôt il exprime un double mouvement : un mouvement *vers le monde* (*worauf-*) et, dans la mesure précisément où le monde est constitutif de l'être-là en tant qu'être-au-monde, un mouve-

1. *FM*, p. 244.
2. *FM*, p. 245.
3. *FM*, p. 246.

ment de *retour* (*-zu[rück]*), exprimant l'idée que l'être-là va
ici *au devant* (*auf… zu*) de lui-même. Heidegger reprend ce
double mouvement à son analyse de la temporalité originaire
dont il a déjà été question dans le chapitre précédent (et nous y
reviendrons un peu plus loin).

Précisons davantage la nature de la liberté selon
Heidegger. L'«en-vue-de (*Umwillen*)» doit être compris
comme *structure métaphysique* de l'être-là. L'être-là n'est en
vue de lui-même que dans mesure où il est être-au-monde ou,
autrement dit, l'«en-vue-de» est la constitution métaphysique
et la structure fondamentale du monde. Or, «l'"en-vue-de
(*Um*willen)" est ce qu'il est dans et pour une volonté
(*Wille*)»[1]. Ici encore, le lien entre la liberté en tant que possibilité interne de la volonté (*Wille*) et l'«en-vue-de (*Umwillen*)»
n'apparaît que dans le texte allemand. Comment la liberté et
l'«en-vue-de» s'articulent-ils l'un par rapport à l'autre?
Aucun des deux termes ne présuppose l'autre. L'être-là en tant
que libre «tient devant soi» l'«en-vue-de», ils sont co-originaires. L'être-là *libre* est *au* monde, c'est-à-dire qu'il tient
devant soi l'«en-vue-de» caractérisant de façon primordiale
le monde. Dans quelle mesure? Dans la mesure où, et c'est
capital, *ce dernier est l'entièreté* (Ganzheit) *originaire de ce
que l'être-là libre peut comprendre.* «La liberté se donne à
comprendre, elle est la compréhension originaire, c'est-à-dire
le projet originaire *de ce qu'elle rend elle-même possible*»[2].
Voilà donc l'explication de ce lien constitutif entre la liberté,
caractérisant métaphysiquement l'ipséité de l'être-là, et la
possibilité. Mais Heidegger va encore plus loin. Il ne caractérise pas simplement la liberté comme fondement de toute
possibilité, mais – et c'est là l'expression suprême de la *finitude* de l'être de l'être-là – il établit que c'est *dans le projet de*

---

1. *FM*, p. 246.
2. *FM*, p. 247 [c'est nous qui soulignons].

l'« *en-vue-de* » que l'être-là *se lie* originairement – littéralement : qu'il « se donne le lien originaire (*das Dasein gibt sich die ursprüngliche Bindung*) » [1]. Ainsi, la liberté est comprise comme autonome, en quelque sorte, mais en un sens qui l'inscrit d'une manière plus radicale encore que ne l'avait fait Kant dans la finitude humaine. Alors que, pour Kant, la liberté en tant qu'autonomie est l'expression de la *raison* qui se soumet elle-même à sa propre législation (et à elle seule) – raison *universelle* qui exprime précisément à travers cette universalité une certaine *transcendance* – Heidegger considère la liberté (qu'il ne caractérise pas explicitement comme autonomie et qu'*a fortiori* il ne réduit pas à la simple *spontanéité*) comme liant l'être-là au *monde* [2] qui, nous le savons, n'est autre que la constitution ontologique fondamentale de l'être-là *lui-même*. Heidegger récuse ainsi toute détermination transcendante de la liberté et l'inscrit dans la finitude de l'être-là. Celui-ci ne rencontre pas la nécessité *en dehors* de lui (en Dieu, dans la nature, etc.) mais toute nécessité qui, rappelons-le, « suppose toujours une condition transcendantale » [3], est rendue possible par le projet libre de l'« en-vue-de ». « L'ipséité est l'obligation (*VerBINDlichkeit*) libre pour soi-même et à soi-même » [4].

Comment Heidegger conçoit-il plus précisément le lien entre l'être-là comme *libre* projet du monde (*Weltentwurf*) et la manière dont celui-ci le *lie* ? Dans le libre projet du monde, l'être-là se tient « dans » le monde de façon à ce que cette « tenue libre » (qui le lie) offre à l'être-là un choix de possibilités, qui sont les *siennes*, et qu'il a à saisir ou non. Si cela a un sens de rapprocher Heidegger de Spinoza, c'est précisé-

1. *FM*, p. 247.
2. « La totalité du lien qui réside dans l'"en-vue-de" est le monde », *ibid.*
3. C'est du moins ce qu'affirme Kant dans la *Déduction des catégories* de la première édition de la *Critique de la raison pure* (A 106).
4. *FM*, p. 247.

ment *ici* – avec la réserve décisive, toutefois, que Heidegger inscrit l'identité de la liberté et de la nécessité (en l'occurrence : du lien, de l'obligation) non pas dans la *substance*, mais dans la structure ontologique *de l'être-là*. Cette identité s'exprime chez Heidegger à travers l'idée que « l'être-au-monde (…) n'est rien d'autre que la liberté » [1].

Cette structure identique revient à celle que nous avons déjà rencontrée dans le deuxième chapitre : à savoir à l'identité de l'être-là, comme pôle « subjectif », et du monde, comme pôle « objectif ». Encore une fois, cette distinction entre deux « pôles » n'est possible que de façon abstraite. La véritable dualité n'est pas celle d'un « objet » face à un « sujet », mais celle qu'il y a entre l'existential et l'existentiel, ou ici : entre le transcendant (qui transcende l'étant factuel) et l'étant factuel lui-même. Dans les *Fondements métaphysiques de la logique*, Heidegger introduit un nouveau concept pour caractériser cette opposition : celui de l'« excès (*Überschuss*) », ou de la *liberté* qui *excède* tout étant. Le monde en tant que *totalité* des possibilités essentielles de l'être-là transcendant *excède* (*übertrifft*) tout étant factuel ou effectif qui est une réalisation (*Verwirklichung*) d'une de ces possibilités – et il faut qu'il en soit ainsi pour que l'étant puisse se donner à l'être-là. Pourquoi ? Parce que la rencontre de l'étant suppose une « compréhension de l'être (*Seinsverständnis*) » et que celle-ci exprime de la façon la plus originaire le *pouvoir-être*, qui à la fois caractérise l'*exister* de l'être-là et est la condition de *toute* possibilité. Dans la mesure où cet excès réside dans la liberté et dans la transcendance (et partant dans le *monde*), le monde est à son tour excédant. Heidegger peut alors dire que le monde est ce qui se tient librement et d'une manière excédante face à l'« en-vue-de » – formulation qui contredit radicalement tout idéalisme dit « de production » parce que le monde est juste-

1. *FM*, p. 248.

ment *excédant*. Heidegger précise ainsi dans les *Fondements
métaphysiques de la logique* le statut des possibilités caractérisant l'être de l'être-là. Le problème qui se posait dans *Sein
und Zeit* était de savoir *d'où* l'être-là puisait ses propres
possibilités : les engendre-t-il *ex nihilo* ou les trouve-t-il dans
son propre être, au risque d'une pétition de principe puisque
son être est justement caractérisé comme *pouvoir*-être ? La
rencontre de l'étant n'est possible qu'à *deux* conditions, de
sorte que l'être-là ne saurait en aucun cas engendrer ses possibilités *ex nihilo*[1] : premièrement, l'être-là doit être *transcendant* et, deuxièmement, *ce qu*'il doit transcender, c'est le
monde qu'il tient devant soi. Autrement dit, l'être-là doit être
ouvert à soi comme *liberté*. Dans la mesure où la liberté caractérisant la transcendance de l'être-là rend possible tout rapport
ontique à l'étant (et notamment le rapport *intentionnel*), la
démonstration livrée par Fichte de l'idée kantienne selon
laquelle la raison pratique est au fondement de la raison
théorique trouve donc ici sa confirmation dans le cadre de
l'ontologie fondamentale heideggerienne.

Heidegger précise alors que ce transcender libre est la
condition de possibilité de l'« entrée-dans-le-monde (*Weltein-
gang*) » de l'étant factuel. En vertu de cette dernière, l'étant
peut être rencontré *dans* le monde, il peut être « intra-mondain
(*innerweltlich*) », et se manifester comme étant *en soi*. Cette
entrée-dans-le-monde « se fait événement (*geschieht*) » dans
ou avec l'étant, elle n'est possible que s'il y a *Geschehen*,
Geschichte (caractérisant, nous l'avons vu, l'historialité de
l'être-là). Autrement dit, *la liberté transcendante est à son
tour fondée : dans la temporalité (Zeitlichkeit) originaire*.

Pour pouvoir développer ce point, il faut revenir encore
une fois au caractère *intra-mondain* de l'étant entré dans le

---

1. Heidegger répond par là à un point qui était resté ambigu dans *Sein und
Zeit* (*cf.* le chapitre précédent).

monde. Il suppose l'existence de l'être-là historial en tant qu'être-au-monde. Il n'est pas une *propriété* de l'étant présent, mais l'intra-mondanéité appartient au *monde*. Or, « il n'y a le monde que pour autant que l'être-là existe »[1]. Donc, le monde a en un sens un caractère « subjectif » – mais il n'est en aucun cas le *produit* d'un sujet. Comment concevoir ce statut « subjectif » du monde ?

L'exister de l'être-là, son transcender, permet la rencontre de l'étant, mais sans que ce dernier soit « touché », modifié par lui. Au contraire, c'est l'entrée-dans-le-monde de l'étant – grâce à la transcendance de l'être-là – qui permet à l'étant de se manifester (et de l'affecter). Or, si l'événement de l'entrée-dans-le-monde ne modifie en rien l'étant, le monde lui-même n'est – rien. Le monde n'est rien, il n'est pas un étant. Pourtant il *est* bien quelque chose : il n'est pas un étant, mais l'être ! Heidegger en vient ainsi à caractériser le monde comme être ou comme un *nihil* non pas *negativum*, mais *originarium*. Le sens de ce dernier, dont découlera enfin le statut « subjectif » du monde, ne peut donc être explicité qu'en exposant maintenant l'analyse *temporelle* de la transcendance qui éclairera du même coup le sens de cette « tenue-devant-soi » du monde dans son caractère liant.

Transcendance et temporalité

Heidegger reprend à la fin des *Fondements métaphysiques de la logique* (plus particulièrement dans le § 12) l'analyse de la temporalité originaire déjà livrée dans la première partie de *Sein und Zeit* et dans la deuxième partie des *Problèmes fondamentaux de la phénoménologie*. Cette fois-ci, il ne part pas de la temporalité vulgaire, mais s'installe directement dans la temporalité originaire, en l'analysant quant à son extaticité et à son horizontalité. Il insiste de nouveau sur le fait que le temps

1. *FM*, p. 251.

originaire consiste dans l'attente, le présenter et le conserver[1]
– dans une unité que Husserl appelle « encore »[2] le *Zeitbe-
wusstsein*, à la fois conscience *du* temps et conscience *de*
temps[3]. Ceux-ci renvoient aux déterminations temporelles
« datables » que sont le « puis (*dann*) », le « maintenant (*jetzt*) »
et le « jadis (*damals*) ». « Où » peut-on trouver ces déterminations ? Ni dans les objets, ni dans les sujets (au sens traditionnel
du terme), mais dans le « *passage* » du sujet à l'objet – un
passage qui exprime précisément le sens *temporel* de la transcendance en tant que « lieu » des déterminations temporelles.
Essayons de clarifier le lien entre cette fonction de renvoi qui
s'exprime ici, d'un côté, et la temporalité originaire elle-
même, de l'autre.

Le temps n'est pas quelque chose d'objectif, nous l'avons
dit, mais relève d'une détermination ontologique de l'être-là.
Celui-ci *s'étire* (*erstreckt sich*), étirement qui *s'exprime* à
travers la databilité et – surtout – à travers le caractère « subjectif » (dans un sens *non* traditionnel) de la temporalité originaire
(dans lequel cette databilité est à son tour fondée). Le temps
n'« est » pas ceci ou cela, mais il *se temporalise* dans l'unité
extatique des modes d'étirement de l'être-là. Cette temporalisation extatique est la condition de possibilité de toute attente
concrète, ainsi que de toute présentation et de toute conser-
vation. « La temporalité est (…) l'unité extatique qui s'unifie
(*sich einigende*) dans la temporalisation extatique »[4].

Cette analyse de la temporalité apporte-t-elle quelque
chose de nouveau par rapport à celle qui est livrée dans *Sein
und Zeit* ? Heidegger développe ici d'une manière plus précise
le lien entre la temporalité originaire et l'« à-soi-même (*Zu-
sich-selbst*) » caractéristique de l'ipséité de l'être-là, en tant

---

1. *FM*, p. 263.
2. *FM*, p. 264.
3. *Cf.* notre ouvrage *Temps et phénomène*, *op. cit.*, p. 5.
4. *FM*, p. 266.

que détermination *métaphysique* de ce dernier. L'attente (*Gewärtigen*) est l'extase qui *prime* sur les autres[1]. Pourquoi ? Pour deux raisons qui sont intrinsèquement liées. D'abord, parce qu'elle fonde la structure ontologique du *souci* comme comportement par rapport à tout étant, et ensuite parce que le monde se temporalise de façon primordiale à partir de l'« en-vue-de (*Umwillen*) ». Celui-ci est toujours un « en-vue-de » la *volonté*, de la liberté, qu'est l'en-vue-du soi transcendant. Et tout comme le rapport intentionnel est fondé dans l'« à-soi » caractérisant l'ipséité de l'être-là, ce même « à-soi » est fondé dans l'attente, plutôt : dans l' « *au-devant-de-soi (Sich-selbst-vorweg)* » de l'être-là par rapport à lui-même. Dans l'attente s'exprime la compréhension de soi à partir de son pouvoir-être le plus propre. Et c'est précisément dans l'horizon ouvert par le soi *au-devant de lui-même* que s'immisce l'« être-avec » d'autres être-là et l'« être-auprès-d' »autres étants.

Comme déjà mentionné, l'au-devant-de-soi est en même temps un *retour* à soi. C'est dans la tension entre le soi au devant duquel l'être-là est toujours déjà et le soi auquel il revient que se joue la problématique de la fondation de la conscience *de soi*. Cette problématique ne saurait être traitée d'une manière qui isole le soi de tout le reste de son horizon temporel. En effet, le double mouvement d'un arrachement à soi et d'un retour sur soi ne concerne pas seulement l'être-là *présent* mais également l'être-là *passé* dans son « être-été (*Gewesensein*) ». Celui-ci ne se temporalise qu'à partir du futur : il n'est pas un boulet que l'être-là traînerait derrière lui, il ne peut *passer*, ne peut être (ou plutôt : *devenir*) *passé*, qu'en vertu de la temporalisation du futur. Et la présentation se temporalise dans l'unité extatique du futur et de l'être-été.

Par ailleurs, il convient de préciser un point déjà évoqué antérieurement : cette extaticité de la temporalité originaire,

1. *Cf.* aussi *FM*, p. 273.

bien qu'elle fonde l'exister de l'être-là et qu'elle ne soit pas objective, n'a rien d'une subjectivité *substantielle*. Il n'y a pas de substrat qui porterait les extases. L'unité des extases est elle-même extatique. «La temporalisation est la libre oscillation (*Schwingung*)[1] de la temporalité originaire et entière (…)»[2], «l'essence du temps réside dans l'oscillation unitaire et extatique»[3].

Mais *qu'est-ce que* la temporalité originaire temporalise ainsi de façon extatique ? C'est *l'horizon de toute possibilité en général*. Elle ne produit pas n'importe quel possible, mais l'*horizon de la possibilité* au sein duquel un possible *déterminé* peut se présenter. Heidegger appelle «*ekstéma*» – terme qui ne figure pas dans *Sein und Zeit* – l'horizon en tant qu'il se montre dans l'extase. Les «*ekstémata*» connaissent la même unité originaire que les extases en leur temporalité. Or, «cette unité extématique de l'horizon de la temporalité n'est rien d'autre que la condition temporelle de la possibilité du *monde* et de son appartenance essentielle à la *transcendance*»[4]. Ainsi, nous en venons encore une fois – au terme de ce parcours – au *monde* et à ce qui en constitue les conditions (*temporelles*) de possibilité. Ce sera l'objet des *Concepts fondamentaux de la métaphysique* que de préciser le statut ontologique du monde[5]. Dans les *Fondements métaphysiques de la logique*, Heidegger se contente d'indiquer que «le monde est le néant (*Nichts*) qui se temporalise originairement, [il est] ce qui naît (*das Entspringende*) d'une manière absolue dans et avec la temporalisation»[6]. Le «produit», qu'est donc

1. M. Richir a rendu fructueuse cette notion de «*Schwingung*» à travers ses analyses du «clignotement» phénoménologique – quoiqu'en un sens qui, de toute évidence, s'écarte finalement de Heidegger.

2. *FM*, p. 268.

3. *FM*, p. 269.

4. *FM*, p. 269 *sq*.

5. *Cf*. le dernier chapitre du présent ouvrage.

6. *FM*, p. 272.

le monde, de la temporalité originaire est un néant (*originaire*) – et ce, en vertu de l'origine de la transcendance qu'est la temporalité originaire elle-même.

Récapitulons. Le monde se temporalise dans l'« en-vue-de ». Celui-ci est l'en-vue-de la volonté, de la liberté, c'est-à-dire de l'être-à-soi-même transcendant. Or, ce dernier ne peut aller au-devant de soi-même (en se liant au monde) qu'en vertu du futur qui est constitutif du fait que l'être-là puisse revenir à soi-même. L'être-au-monde – ou le fait que l'être-là se transcende *vers* le monde – se temporalise en tant que temporalité et n'est possible qu'en tant que telle. Cette transcendance vers le monde signifie que c'est précisément *le monde* – en tant qu'horizon temporalisé à partir de l'en-vue-de – qui constitue l'unité extatique de la temporalité.

Le fondement

Au terme de cette analyse, il faut maintenant établir le lien explicite qu'il y a entre cette investigation sur la *transcendance*, l'*être* et la *compréhension* que l'être-là en a – ce qui nous donnera la quintessence de la nouvelle ontologie fondamentale de Heidegger en tant qu'elle thématise la différence ontologique. La mise en évidence de ce lien exige de considérer enfin la notion du *fondement* (*Grund*) et de l'être-fondé de la vérité.

L'existence de l'être-là, c'est-à-dire la temporalisation de la transcendance, explique pourquoi il est dans la « nature métaphysique » de l'être-là que de s'enquérir du *fondement* et de s'interroger sur le *pourquoi* de son exister. L'« en-vue-de », en tant que caractère ontologique fondamental du monde, c'est-à-dire de la transcendance qui exprime l'en-vue-de-soi-même extatique, est *le phénomène originaire du fondement en général*. Heidegger écrit : « C'est parce que nous sommes dans le mode de l'exister transcendant, dans le mode de l'être-au-monde, et que cette temporalisation *est*, que nous posons la question du *pourquoi* »[1]. Qu'est-ce qui lui permet de faire une telle affirmation qui semble relier deux choses qui ne sont apparemment sans aucun rapport, à savoir le problème du fondement (comme question «logique»), d'un côté, et le problème du sens et du pourquoi de l'existence humaine (comme question «existentielle»), de l'autre?

Nous avons vu que dans l'analytique existentiale de *Sein und Zeit*, Heidegger avait réhabilité l'ontologie aristotélicienne (contre l'ontologie galiléo-cartésienne) en redonnant à la *finalité* le sens fort qu'elle avait eue au sein de cette ontologie et en critiquant par là la réduction de l'étant à l'étant *présent*, «coupé» justement de son origine et de sa finalité. Heidegger poursuit cette même stratégie dans son analyse temporelle de la transcendance de l'existence humaine. Cela apparaît très clairement lorsqu'on met en évidence – ce que nous n'avons pas encore fait jusqu'à présent – un (nouvel) aspect qui est lié au double mouvement (déjà évoqué à plusieurs reprises) de l'être-là *vers* le monde, d'une part, et *de retour* sur lui-même, d'autre part. En effet, l'analyse de ce double mouvement rayonne sur le statut du fondement (*Grund*) chez Heidegger en 1928: tout comme auparavant il avait pris ensemble les deux mouvements d'aller et de retour de l'être-là par rapport au monde, il prend ici ensemble l'idée de cause et de fin. C'est précisément parce que l'être-là est en vue de lui-même (de sa propre fin) qu'il est à la recherche du fondement (de la cause). Et on comprend dès lors le sens de l'affirmation heideggerienne que c'est dans l'essence même de l'existence de l'être-là – c'est-à-dire dans l'être-en-vue-de lui-même – que réside l'origine du fondement[2].

1. *FM*, p. 276.
2. *Ibid.*.

Or, il est apparu que l'« en-vue-de » a comme condition de possibilité la *liberté*. Par conséquent, c'est la liberté – en tant qu'elle est un se-projeter extatique vers son propre pouvoir-être et qu'elle se comprend à partir de ce pouvoir-être et le tient devant elle comme ce qui la lie – qui est à l'origine du fondement et, par là, de la vérité. Conformément à l'identification mise en évidence à l'instant, Heidegger peut alors identifier le fait de se comprendre à partir de l'« en-vue-de » et le fait de se comprendre à partir du fondement.

Le fait que l'essence du fondement *se différencie*, c'est-à-dire que l'être-là puisse rechercher des fondements différents pour les différentes sortes d'étants, s'explique par la *dispersion*, mentionnée plus haut, qui caractérise l'être-là. C'est parce que l'être-là transcendant est à la source de différentes manières dont l'étant peut se manifester comme étant « au » monde, qu'il y a différentes « sortes » de fondements. Et ce n'est que parce que l'être-là se transcende soi-même qu'il peut, *pour lui-même*, trouver différentes « justifications (*BeGRÜNDungen*) ». Toute cette problématique a sa racine dans la liberté de l'être-là comme liberté *pour* le fondement qui se comprend comme origine du fait que l'être-là soit lié au monde. Cette liberté « pour » le fondement est le *fondement du fondement* parce que l'en-vue-de est un en-vue-de l'être-là lui-même qui, tout en se projetant *vers* le monde, retourne à lui-même à partir de celui-ci. Précisons ce qui découle de la nature de ce « fondement du fondement » pour la question du « pourquoi ? » que pose l'être-là [1].

Nous avons vu que la question du « pourquoi ? » est fondée dans la temporalisation de la transcendance, caractérisant l'être-là existant. La question du fondement du fondement

---

1. Notons que c'est le « cercle du comprendre » qui, dans le § 32 de *Sein und Zeit*, éclaire ce lien entre le fondement du fondement et la question du « pourquoi du pourquoi ? ».

explique alors le sens du « pourquoi du pourquoi ? » : en vertu du revirement du fondement en *fondement du fondement*, le premier pourquoi (celui qui questionne) *est* – dans le pourquoi du pourquoi – *fondé* dans le second (celui qui est questionné). « Alors le pourquoi questionnant est à la fin ce qui est à déterminer, laquelle détermination n'est rien d'autre que l'essence du pourquoi questionné » [1].

Quel est alors le lien entre la liberté et le fondement ? La liberté est liberté « pour » le fondement. Or, être libre signifie : se comprendre à partir de ses possibilités. L'être-là libre transcende en son pouvoir-être son existence factuelle. Ce n'est que parce que tout rapport intentionnel suppose une transcendance préalable – permettant le *retour* à l'étant présent à partir des possibilités qui dépassent toujours déjà l'étant factuel – que nous pouvons « laisser être » l'étant *ce qu'*il est et *comment* il est. Et, de façon corrélative, ce n'est que dans la mesure où l'être-là factuel expérimente dans sa factualité son impuissance face à la transcendance de son être possible, qu'il s'en tient à la condition de possibilité de son impuissance – qu'est la liberté pour le fondement. Voilà donc la raison pour laquelle tout étant est questionné eu égard à son fondement. Nous posons la question du pourquoi parce qu'avec l'être-là la supériorité de l'être possible (*Möglichkeit*) par rapport à l'être effectif (*Wirklichkeit*) en vient elle-même à l'existence. Et cela n'est possible, nous l'avons vu, que si la temporalité se temporalise.

---

1. *FM*, p. 278.

LE MONDE

Après avoir posé les fondements d'une « métaphysique *de l'être-là* » (et ce, à travers le prisme de l'ontologie fondamentale dans ce nouveau sens que nous venons d'analyser), Heidegger procède en 1929-1930 – dans le très remarquable cours intitulé « Les concepts fondamentaux de la métaphysique » [1] – à l'élaboration d'une « métaphysique *du monde* ».

LES CONCEPTS FONDAMENTAUX DE LA MÉTAPHYSIQUE

Les *Concepts fondamentaux de la métaphysique* proposent une analyse de l'être-au-monde qui approfondit l'écart (déjà creusé en 1928) par rapport à l'analytique existentiale de *Sein und Zeit*. Nous avons vu que cette analytique existentiale qui se proposait d'analyser l'être de l'être-là eu égard à sa constitution ontologique fondamentale, mettait en jeu les trois déterminations 1) de l'être-là – pôle « subjectif », 2) du monde – pôle « objectif » et 3) de l'être-à en tant que mode de rapport spécifique permettant de comprendre l'être-là comme être-au-

---

1. Le titre exact du cours de 1929-1930 est : *Les concepts fondamentaux de la métaphysique. Monde – finitude – solitude.*

monde. En 1929, Heidegger accomplit jusqu'au bout son tournant « métontologique » : parvenu au terme de la radicalisation de la compréhension de l'être en termes de transcendance et de liberté, réalisée dans les *Fondements métaphysiques de la logique*, un changement de perspective a lieu : s'éloignant d'une analytique du seul être-là, Heidegger, sans attaquer de front l'être *pour lui-même*, c'est-à-dire sans élaborer une ontologie proprement dite, se propose d'élaborer sa *métaphysique* (dont les « fondements » ont donc déjà été posés en 1928 pour l'être-là) en mobilisant un certain nombre de « concepts fondamentaux (*Grundbegriffe*) » de cette dernière : la triade monde – finitude – solitude se substituant à la triade monde – être-à – être-là (de *Sein und Zeit*) [1]. Voyons maintenant en quoi c'est autant par son style que par la nouveauté de ses analyses fondamentales que ce cours de 1929-1930 doit être considéré comme une autre œuvre capitale de Heidegger, après *Sein und Zeit* et les *Fondements métaphysiques de la logique*.

Le fragment de Novalis sur la philosophie – que Heidegger cite en guise de définition provisoire de la métaphysique (et dont notre traduction ne rend le sens que d'une manière peu satisfaisante en raison du manque de termes adéquats en français) – est très significatif à cet égard :

---

1. Bien que les concepts fondamentaux de sa métaphysique soient en effet au nombre de trois – monde, finitude, solitude – Heidegger ne traite en réalité, dans son cours, que de deux : de la solitude ou plutôt de l'*esseulement* (dans l'*ennui*) et du *monde*. Dans une seconde réinterprétation – après celle qui a donc d'abord été livrée dans *Sein und Zeit* – de la corrélation noético-noématique phénoménologique qui met en jeu, nous l'avons vu, un pôle « sujet », un pôle « objet » et, surtout, le *rapport intentionnel* qui les lie, Heidegger dissout le moment qui assure cette mise en rapport, et qu'il nomme en 1929-1930 la « finitude », dans l'analyse du « sujet » esseulé et de celle du « monde » qu'il configure – ce qui ne signifie nullement que la question de la finitude serait secondaire, voire même éliminée. Au contraire, la question de la finitude est plutôt « la plus originaire et la plus centrale » (*CF*, p. 268 ; trad. fr. p. 273).

> La philosophie est à proprement parler mal du pays, une pulsion qui pousse à être partout chez soi [1].

Le terme clef ici est celui de « *Heimweh* (mal du pays) ». Le fragment de Novalis exprime la tension – fortement teintée affectivement – qui existe entre une certaine tendance, une certaine « pulsion » (vouloir être chez soi partout) et le regret, la nostalgie, qu'il n'en soit pas ainsi, voire même l'impossibilité de pouvoir satisfaire cette tendance. Impossible, en effet, de ne pas être frappé par la contradiction patente, dans cette définition, entre le « *Heimweh* » (littéralement : le mal du *foyer*, du « *chez soi* ») et le « *zu Hause* » (le fait d'être *chez soi*, justement ; littéralement : le fait d'être « *à la maison* »). À partir de cette « définition », Heidegger peut extraire trois concepts fondamentaux qui vont donc assumer la fonction de l'être-à, du monde et de l'être-là de l'analytique existentiale de 1927.

Nous avons vu quel était le rôle fondamental de l'« en-vue-de… » pour la compréhension de l'être de l'être-là, détermination qui indiquait que l'être-là est toujours *en rapport à…* l'étant, et qu'il ne saurait être considéré en faisant abstraction de la *finalité* qui le caractérise en propre. Cette « mobilité », ce « rapport », s'exprime ici, de nouveau, à travers la notion de « pulsion ». Ce qui change, en revanche, c'est qu'il n'est plus *d'emblée* question ici de l'être-là. La référence à Novalis est tout sauf fortuite, et elle ne sert pas simplement à Heidegger d'exemple, mais elle lui permet de recentrer son questionnement non plus sur l'être-là, mais sur un « événement historial fondamental *dans* l'être-là humain (*Grundgeschehen im menschlichen Dasein*) » [2]. La métaphysique n'est pas un

---

1. « Die Philosophie ist eigentlich Heimweh, ein Trieb überall zu Hause zu sein », *CF*, p. 7 ; trad. fr. p. 21, cité par Heidegger dans Novalis, *Schriften*, J. Minor (éd.), Iéna, 1923, vol. 2, p. 179, fragment 21. La traduction française de « *Heimweh* » par « nostalgie » n'est pas satisfaisante parce qu'elle n'insiste pas assez sur le profond regret de ne pas être « chez soi ».

2. *CF*, p. 12 ; trad. fr. p. 26 [c'est nous qui soulignons « dans »].

comportement ontique parmi d'autres, mais elle signifie cet « événement » ou mieux, peut-être : ce « processus historial » relevant précisément de cette « métontologie » instituée depuis les *Fondements métaphysiques de la logique*. Cette « pulsion » « flotte » donc entre deux états : entre un manque d'être (le néant), un manque d'être-chez-soi, d'un côté, et le « chez soi », *partout* (nous y reviendrons), de l'autre. Elle est l'expression de la *finitude* – il faut dire « la » finitude, et non pas « notre » finitude, car Heidegger souligne précisément par là, de nouveau, cette « asubjectivation » qui est ici en train de s'opérer. Et cette finitude, en tant qu'elle « flotte » entre deux états, se substitue ainsi à l'être-à de l'analytique existentiale : d'une analytique essentiellement centrée sur l'être-là dans son rapport *à* (son être-à) l'étant, on passe à une métaphysique de la finitude qui est autant celle de l'être-là, bien sûr, que celle du *monde*.

La pulsion du philosophe(r) tend à être *partout* chez soi. La totalité à laquelle Heidegger renvoie ici est en effet celle du *monde* – le seul terme de la triade de l'analytique existentiale conservée par Heidegger en 1929. Et ce n'est pas un hasard si Eugen Fink – qui, bien qu'ayant à cette époque étroitement collaboré avec Husserl, a lui-même assisté à ce cours de 1929-1930 que Heidegger lui a ensuite dédié en 1975 – a pour sa part élaboré une phénoménologie du *monde* dans laquelle il se réfère à de nombreuses reprises à l'enseignement qu'il a reçu de Heidegger. Quoi qu'il en soit, nous avons déjà vu que la métontologie passait par une considération de la *totalité* de l'étant – idée qui revient donc ici en terme de « monde » au commencement même de la réflexion heideggerienne sur la métaphysique.

Or, pour que la finitude puisse parvenir au monde, il faut que l'être-là fini se singularise, s'individue – processus que Heidegger appelle l'« esseulement (*Vereinsamung*) » dans lequel chaque être-là est chacun pour lui-même, unique, face au tout de l'étant.

La pensée métaphysique *vise l'entièreté de l'étant*. Nous savons – en conformité avec la méthode phénoménologique de Heidegger que nous avons essayée de cerner dans notre premier chapitre – que celle-ci ne se laisse pas construire moyennant une spéculation théorique, mais qu'il faut d'abord se munir d'une *disposition affective* adéquate qui permet de *prendre en vue* le phénomène : Heidegger affirme la trouver dans l'ennui (« *Langeweile* »).

L'ENNUI COMME TONALITÉ AFFECTIVE FONDAMENTALE

Quels sont le sens et le but des analyses de l'ennui ? 1) D'une part, elles nous livrent donc la *disposition affective fondamentale* (*Grundstimmung*) à partir de laquelle Heidegger se propose d'approcher l'essence de la métaphysique. 2) D'autre part, elles ont aussi une fonction plus particulière : il s'agit pour lui de préparer le terrain à la compréhension du *temps originaire* sans que l'on s'appuie sur une définition de l'homme comme « subjectivité », comme « conscience », comme « Moi », etc. Pourquoi ? Parce qu'une telle conception – telle est la thèse de Heidegger explicitement formulée en 1929-1930 – constitue « l'obstacle principal » qui « barre l'accès au temps originaire »[1]. Le temps n'est pas quelque chose qu'on trouve dans notre « conscience », et il n'est pas non plus une quelconque « forme du sujet ».

1) L'ennui[2] – du moins, nous le verrons, un mode particulier de celui-ci : l'*ennui profond* – est d'abord « *la* »

---

1. *CF*, p. 201 ; trad. fr. p. 204.

2. Dans les pages qui suivent, nous reconstituerons de très près les analyses heideggeriennes de la première partie des *Concepts fondamentaux de la*

tonalité affective fondamentale. Une telle tonalité affective
n'est pas un vécu psychique parmi d'autres, mais un mode
d'être fondamental de l'être-là lui-même qui *manifeste* ce
dernier[1]. Dans la tonalité affective, on « est »[2] comme ceci ou
comme cela – au sens où on dit par exemple : « on est bien
ici ! », c'est-à-dire (nous insistons parce que nous aurons à y
revenir ultérieurement) que l'être-là en nous se manifeste non
pas eu égard à tel ou tel événement inconscient, mais *en son
entièreté*.

2) Le mot allemand qui désigne l'ennui – *Langeweile* –
signifie littéralement « longue durée ». Ce terme a une connotation temporelle forte[3] tout comme le mot (qu'on trouve dans
le dialecte alémanique) « *Lange-Zeit* » qui désigne le « mal du
pays » ! L'analyse de l'ennui exigera ainsi de toute évidence
une analyse *temporelle*. Dans la mesure où les questions du
monde, de la finitude et de l'esseulement (individuation) ont
un rapport privilégié avec le temps[4], Heidegger les développe

métaphysique (§§ 19-38) en essayant de respecter au maximum la trame de
l'argumentation exposée.

1. Les très belles analyses de l'ennui dans les *Concepts fondamentaux de la
métaphysique* sont peut-être les analyses *les plus phénoménologiques* que
l'œuvre de Heidegger à à offrir. Menées en zigzag (*cf.* à ce propos les remarques
profondes de M. Richir dans ses *Méditations phénoménologiques. Phénoménologie et phénoménologie du langage*, « Krisis », Grenoble, J. Millon, 1992,
p. 11 *sq.*), s'en tenant à la teneur phénoménologique de la « chose même », se
livrant aux digressions, voire même aux apories, elles se plongent dans une
sphère dont l'issue est au départ incertaine, tout en dévoilant en même temps
dans des constructions admirables une dimension fondamentale de l'être-là
humain.

2. Lorsqu'on traduit « mir ist… » (« je suis… ») par « on se sent… »
(cf. *CF*, trad. fr. p. 410), on perd l'idée de l'« être » de l'être-là qui s'énonce dans
cette expression allemande.

3. Heidegger constate à ce propos cette chose curieuse que nous voulons
toujours disposer d'un maximum de temps, que ce soit pour une activité
particulière ou pour la vie en général, et que, lorsque le temps nous paraît
effectivement long (dans la « *Langeweile* »), nous voulons le chasser !

4. Le *monde* naît « avec » le temps ; le *fini*, c'est le temporel ; l'*individuation* signifie : inscription dans le temps (et/ou dans l'espace).

– en raison même de ce rapport fondamental que l'ennui entretient avec le temps – dans cette tonalité affective fondamentale de la philosophie. Nous voyons ainsi que le problème du temps ne cesse de préoccuper Heidegger lors de tout son cheminement au-delà de *Sein und Zeit*.

Si l'ennui est alors une tonalité affective fondamentale (*Grundstimmung*), elle concerne, comme toute tonalité affective, *l'*être-là, ce qui ne veut pas dire *un* être-là : elle est une des formes d'expression de ce que l'être-là est toujours déjà *être-avec*. Dans les *Concepts fondamentaux de la métaphysique*, Heidegger approfondit l'idée selon laquelle la tonalité affective ne saurait être *réduite* à quelque chose de *subjectif* – en tout cas pas exclusivement [1]. En effet, la quête d'une tonalité affective fondamentale s'inscrit dans le projet heideggerien de la fondation de la métaphysique en tant qu'elle dépasse la perspective « idéaliste » de l'analytique existentiale.

Or, le problème qui se pose d'abord est de savoir comment nous pouvons nous mettre en rapport de façon convenable et adéquate avec l'ennui. En tant que l'ennui est une tonalité affective fondamentale, c'est-à-dire en tant qu'il n'est ni complètement « subjectif », ni complètement « objectif », on ne peut le prendre comme événement ayant lieu « dans » ou « à même » le sujet – car c'est cette notion de sujet qu'il faut d'abord éclaircir. Mais on ne peut pas non plus prendre l'ennui comme un événement objectif – ne serait-ce que parce que quelque chose peut m'ennuyer profondément alors que cela passionne quelqu'un d'autre (ou l'inverse). Cela exclut du même coup l'idée qu'on pourrait « imaginer » l'ennui – car, là encore, on en ferait un « objet » qui flotterait devant notre imagination, ce qui contredit évidemment la teneur phéno-

---

1. Heidegger écrit : « Le caractère "ennuyeux" *appartient* ainsi *à l'objet* et est en même temps *rapporté au sujet* », *CF*, p. 126 (trad. fr. p. 133). *Cf.* aussi *CF*, p. 132 (trad. fr. p. 138) et p. 129 (trad. fr. p. 135).

ménale de cette tonalité affective. Le propos de Heidegger
consiste ici une nouvelle fois en une critique de la méthode de
l'analyse intentionnelle husserlienne : pour réussir à instaurer
le rapport adéquat à l'ennui, il faut selon Heidegger abandonner l'idée que cela exigerait d'abord de « préparer » une
région spécifique de vécus au sein de laquelle apparaîtraient
diverses couches d'implications intentionnelles. « Ce qui
importe n'est pas l'effort pour adopter une attitude particulière. Ce qui importe, tout au contraire, c'est la sérénité
(*Gelassenheit*)[1] du libre regard quotidien – libéré de toute
théorie psychologique (ou autre) de la conscience, du flux des
vécus, etc. »[2]. Heidegger précise à ce propos qu'il ne s'agit pas
simplement de mettre entre parenthèses tout préjugé ou tout
présupposé métaphysique, mais de suspendre toute *attitude*
possible – en affichant clairement par là une radicalisation des
préceptes méthodologiques de Husserl.

Ce qu'il faut donc retenir des précisions méthodologies
précédentes, c'est que l'analyse de l'ennui se mouvra dans une
sphère *à la fois* « subjective » *et* « objective ». L'ennui n'est
pas *causé* (quand je lis un livre ennuyeux, l'ennui n'est pas
causé comme l'est la chaleur de la pierre chauffée par le
soleil), et il n'est pas non plus *transposé* (à l'instar d'une
métaphore), car il n'appartient pas *d'abord* à un objet à partir
duquel il pourrait être transposé au sujet (sans parler du fait
qu'un tel « rapport de cause à effet » ou une telle « transposition » ne soit jamais expérimenté(e)). L'ennui est une *tonalité
affective* – et toute la difficulté sera alors de savoir *comment*
celle-ci peut concerner le sujet sans instaurer un tel rapport de
cause à effet.

---

1. Heidegger dit également à ce propos qu'il ne faut pas « résister » à
l'ennui mais qu'il faut le laisser « osciller », « vibrer » (*Ausschwingenlassen*),
CF, p. 122 ; trad. fr. p. 129.

2. *CF*, p. 137 ; trad. fr. p. 143.

Heidegger analysera alors trois formes de l'ennui et le « passe-temps (*Zeitvertreib*) » qui correspond à chacune de ces formes. Pourquoi cette prise en compte du « passe-temps » ? Parce qu'il exhibe la manière dont nous nous rapportons à l'ennui (ne mettant en jeu ni une analyse conscientielle, ni une objectivation indue) qui nous « sollicite » à chaque fois d'une manière spécifique – un rapport, nous l'avons vu, qui dévoile respectivement un mode temporel particulier. En effet, lorsqu'on s'interroge sur la *manière dont* on s'ennuie, sur le *comment* du s'ennuyer, on s'aperçoit que l'ennui « ne se montre jamais que tel que nous nous tournons *contre* lui »[1] – et ce, précisément, dans et à travers le « passe-temps ». L'ennui et le passe-temps sont dans une unité spécifique.

Les trois formes de l'ennui sont : 1) l'être-ennuyé *par* quelque chose, où l'ennui est provoqué par quelque chose qui nous *lie* ; 2) le s'ennuyer *à…*, où on s'est déjà *délié* par rapport au phénomène ennuyeux (ce qui ne veut évidemment pas dire qu'on s'enferme dans un sentiment purement subjectif) ; 3) l'ennui *profond*, où le clivage sujet/objet est désormais totalement dépassé.

La première forme de l'ennui :
« *l'être-ennuyé par quelque chose* »

Pour approcher la première forme de l'ennui, Heidegger se sert d'un exemple permettant d'illustrer son propos. Admettons que nous soyons dans une gare absolument insignifiante et que nous ayons à attendre le prochain train pendant quatre heures parce que nous nous sommes trompés sur les horaires. On essaie de s'occuper, mais on n'arrive pas à se concentrer sur quoi que ce soit. Toute tentative – vouée à l'échec – de « passer le temps » est sans cesse accompagnée

---

1. *CF*, p. 143 ; trad. fr. p. 148.

d'un regard sur la montre. En quoi cette tentative de passer le temps consiste-t-elle exactement ? D'une part, on essaie d'« accélérer » le temps, c'est-à-dire on cherche à faire en sorte que le temps passe « plus vite ». D'autre part, on essaie de chasser l'ennui. Le passe-temps implique ainsi deux sortes de « poussée » (*Vertreib*) : on « pousse » le temps et on « repousse » l'ennui. Cette tentative de vouloir accélérer le temps consiste en une façon d'agir contre une certaine hésitation du temps à passer. Et « être ennuyé par... » signifie dès lors : être paralysé par le cours hésitant du temps en général.

a) Heidegger se demande alors ce qui se produit exactement lorsqu'on cherche à « faire passer » le temps. Quand on est ennuyé par quelque chose (au sens justement où l'on s'ennuie), nous sommes d'une certaine manière « tenus » par le temps – le terme que Heidegger utilise à ce propos, et qui lui fournit la première caractéristique fondamentale de l'ennui, est celui de « *Hingehaltenheit* », c'est-à-dire que l'ennui (sous cette première forme) nous « tient » au sens où il nous retarde, nous fait attendre. D'où donc la définition de la première forme de l'ennui : « Être-ennuyé-par... est un "être-tenu en attente (*Hingehaltenheit*)" par le cours temporel hésitant »[1] qui se déploie sur un laps de temps *ouvert* par cette « *Hingehaltenheit* ». Mais *où* sommes-nous « tenus » de la sorte ? La réponse nous est donné si nous réfléchissons sur ce à quoi le passe-temps est censé nous amener : dans le passe-temps, nous n'accélérons évidemment pas le temps proprement dit, mais nous cherchons en quelque sorte à « oublier » le temps – oubli qui fait disparaître son caractère hésitant. Cela ne répond certes pas à la question de savoir *où* le temps a été « chassé » lorsque nous l'oublions, mais du moins cela rend compte, dans une analyse fidèle à la teneur phénoménologique des phénomènes décrits, du sens du passe-temps dans cette première

---

1. *CF*, p. 151 ; trad. fr. p. 156.

forme de l'ennui. Pour résoudre les problèmes qui persistent
– comment le temps se comporte-t-il à notre égard pour qu'il
puisse nous « faire attendre » de la sorte ? quelle est exactement
la nature de ce temps qui nous « tient » en tant qu'il est
hésitant ? – Heidegger va approfondir l'interprétation de la
tenue en attente du temps hésitant.

b) Cette analyse va alors dévoiler la deuxième caractéristique fondamentale de l'ennui (à côté de la « *Hingehaltenheit* »
évoquée) : le fait que, en nous ennuyant, nous soyons *laissés
vide* (Heidegger utilise pour cela le terme de « *Leergelassenheit* »). Que signifie cet « être-laissé-vide » ? Quand on
s'ennuie, on n'est pas totalement dans le vide, c'est impossible
– en tant qu'être-là, on est toujours déjà avec d'autres
existences humaines et on est toujours déjà auprès de l'étant
présent ou maniable. On est laissés vide parce que l'étant
présent *ne nous offre rien* et nous laisse abandonnés à nous-
mêmes. Le fait d'être laissé vide suppose ainsi un étant présent
qui aurait dû remplir une certaine fonction attendue – ce qu'il
n'a pas fait et d'où résulte donc cet ennui. Et ce qui permet
enfin de faire le lien entre les deux caractéristiques de la
première forme de l'ennui c'est que c'est le temps hésitant –
qui nous retarde, qui nous fait attendre, qui nous tient dans
cette « *Hingehaltenheit* » – qui empêche que l'étant présent (en
l'occurrence : la gare en tant que lieu de départ du train que
nous attendons) offre ce qu'il aurait dû offrir et qui nous laisse
ainsi vide. Le tenir-en-attente détermine et porte le laisser-
vide. Pour résumer dans une formule prégnante la nature de ce
rapport, on peut dire que c'est le temps hésitant qui contraint
l'étant présent à nous laisser vide. La première forme de
l'ennui c'est l'« être-tenu en attente dans l'être-laissé-vide
(*Hingehaltensein im Leergelassenwerden*) » [1].

1. *CF*, p. 158 ; trad. fr. p. 163.

Heidegger propose alors une première interprétation temporelle de l'ennui. Chaque chose *a son temps*. Chaque chose possède son temps *spécifique*. Et l'ennui s'installe lorsque, précisément, nous ne rencontrons pas l'étant présent *en son temps spécifique*. C'est cette thèse qu'il s'agit maintenant de vérifier.

*La deuxième forme de l'ennui : le « s'ennuyer à... » * [1]

L'analyse de la deuxième forme de l'ennui découle du fait que les deux caractéristiques de la première forme de l'ennui se sont avérées être *intrinsèquement liées*, bien que ce lien n'ait pas encore pu être établi à partir de ce que notre exemple a permis de dégager comme teneur phénoménologique de cette première forme de l'ennui. C'est cette unité intérieure de ces deux moments structurels qu'il s'agit désormais de mettre en évidence. C'est l'essence même de l'être-ennuyé qui va permettre de cerner cette unité structurelle. Mais cela implique d'appréhender l'ennui d'une façon plus originaire que cela n'a été le cas dans la première analyse.

Nous sommes ainsi à présent à la recherche d'un ennui « plus profond ». Cela ne signifie nullement que cet ennui durerait « plus longtemps » que la première forme de l'ennui, car sa durée n'indique rien à propos de son intensité. L'ennui recherché doit atteindre davantage *à la racine* de notre être-là humain. Heidegger nomme cette deuxième forme de l'ennui le « s'ennuyer à... ou auprès de... (*Sichlangweilen bei...*). » Elle se détache d'un « *objet* » déterminé (cette gare, cette pièce de théâtre, ce livre, cette personne, etc.) – qui confère à la première forme de l'ennui une certaine *univocité* et qui nous *absorbe* – et concerne maintenant plutôt celui-là même « *qui* » s'ennuie.

---

1. C'est ainsi que D. Panis traduit « *sich langweilen bei...* » qui signifie « s'ennuyer *à l'occasion de quelque chose* ».

Comme dans la première analyse, Heidegger donne
d'abord un exemple de la deuxième forme de l'ennui. Imagi-
nons que nous soyons invités à un dîner. La soirée se passe très
bien, la conversation est amusante et stimulante. Tout est de
bon goût. Absolument rien ne semble provoquer l'ennui. Et
pourtant, de retour chez soi, on s'aperçoit qu'on s'est ennuyé.
C'est assez paradoxal, car, tout au long de la soirée, on était
absorbé par la conversation, pas une seconde on n'a été isolé
des autres pour qu'on ait pu s'apercevoir d'un quelconque
ennui. Pour analyser ce phénomène pour le moins troublant,
Heidegger s'interroge sur la nature du « passe-temps » qui a dû
se manifester lors de cette deuxième forme de l'ennui [1].

Reprenons l'exemple très parlant de Heidegger. On se
souvient en effet d'un bâillement réfréné à plusieurs reprises.
On se souvient aussi d'avoir été tenté de taper avec les doigts
sur la table – un geste qui n'est évidemment guère autorisé en
société. Mais, apparemment, il n'y a pas de trace d'un « passe-
temps ». Est-ce parce que l'ennui nous aurait hanté tout au long
de la soirée? Certainement pas puisqu'il ne s'était pas mani-
festé auparavant. Or, en réalité, cette prétendue absence d'un
passe-temps n'est qu'une apparence. De toute évidence il se
distingue de celui qui se manifestait dans la première forme de
l'ennui parce que, contrairement à ce dernier, il ne saurait être
cherché et mis en œuvre en toute liberté. Heidegger en conclut
que le passe-temps, loin de faire défaut, a en fait *changé* entre
la première et la deuxième forme de l'ennui – et ce, précisément dans le sens qui s'annonçait au terme de la première
analyse. Alors que dans la première forme de l'ennui, l'ennui
et le passe-temps étaient « déconnectés » (en attendant le train,
on cherche un passe-temps *dans la mesure, précisément, où
l'on s'ennuie*), le passe-temps et l'ennui se trouvent dans la

---

1. Nous avons vu que l'ennui était indissociable d'une forme de résistance
se manifestant dans le « passe-temps ».

deuxième forme de l'ennui dans une unité intrinsèque, plus
exactement : toute l'activité (en l'occurrence : l'invitation)
et le passe-temps *sont une seule et même chose*. L'ennui,
du coup, ne s'installe pas en face d'un « objet » déterminé
(l'attente du train, la pièce de théâtre, etc.), mais « l'invitation
est ce à quoi nous nous ennuyons, et cet "*à-quoi*" est *en même
temps le passe-temps*. Dans cette situation ennuyeuse, *l'ennui
et le passe-temps s'entrelacent* d'une singulière façon »[1]. On
constate ainsi que l'ennui se concentre de plus en plus sur
« nous », sur notre situation en tant que telle, et non pas sur
quelque « objet » que ce soit. Pour comprendre comment cette
situation paradoxale – que l'ennui ne se manifeste *pas* et, en
même temps, que le passe-temps s'identifie à *toute* l'activité
considérée – est possible, il faut maintenant opposer très
précisément les deux formes de l'ennui eu égard aux deux
caractéristiques mises en évidence plus haut (qu'étaient la
« tenue en attente (*Hingehaltenheit*) » et l'« être-laissé-vide
(*Leergelassenheit*) »).

Pour pouvoir opposer les deux formes de l'ennui,
Heidegger compare d'abord la nature de l'« ennuyeux » dans
ces deux cas de figure. Dans la première forme de l'ennui,
l'ennuyeux était quelque chose de déterminé. Dans la
deuxième forme de l'ennui, on ne trouve rien d'ennuyeux.
C'est *toute la situation* qui nous ennuie ou plus exactement :
nous *nous* ennuyons dans toute la situation. Donc l'ennuyeux
est *in*déterminé. Bref, dans le premier cas l'ennuyeux est
déterminé, dans le deuxième il ne l'est pas.

Heidegger s'interroge d'abord sur la validité des deux
caractéristiques de l'ennui pour le « s'ennuyer à… ». Dans
cette deuxième forme de l'ennui, c'est *nous* qui nous donnons
nous-mêmes le temps. Nous « avons » le temps et nous nous
« laissons » le temps dans et pour une situation déterminée – ce

1. *CF*, p. 170 ; trad. fr. p. 175.

qui n'exclut pas, nous l'avons vu, que l'ennuyeux soit lui-même indéterminé – nous ne sommes nullement impatients que le temps passe plus vite. En revanche, dans la première forme de l'ennui, nous avons l'impression de *perdre* notre temps et d'avoir trop de temps devant nous de sorte que nous voulons l'accélérer. Il semblerait que cet «être-tenu-en-attente (*Hingehaltensein*)» par le temps hésitant fait défaut dans la deuxième forme de l'ennui, mais nous verrons que ce n'est qu'une apparence. Et concernant la deuxième caracté-ristique, ce qui laisse vide n'est pas quelque chose de déter-miné qui ne nous offre rien, mais c'est *l'ennuyeux lui-même*. Par ailleurs, dans la deuxième forme de l'ennui, le passe-temps n'est pas recherché pour «pousser» le temps hésitant, mais, comme nous l'avons déjà dit, il est identique à *toute* la situa-tion donnée. Donc, la deuxième caractéristique – l'être-laissé-vide – semble également manquer dans la deuxième forme de l'ennui, mais là encore ce n'est qu'une apparence.

Il apparaît ainsi de prime abord que la structure (selon les deux aspects analysés) qui caractérisait la première forme de l'ennui ne se laisse pas appliquer à la deuxième. Or, comme nous l'avons déjà dit, ce n'est qu'une apparence. Pour pouvoir caractériser la deuxième forme de l'ennui, Heidegger ne va donc pas plaquer une structure toute faite sur l'analyse pré-sente, mais – nous venons de l'indiquer – il s'en tient stricte-ment à l'«ennuyeux» qui s'y manifeste. Ce qui le caractérisait c'était, d'une part, l'*extension* du passe-temps – au-delà d'une certaine activité déterminée – à *toute* la situation et, d'autre part, son caractère *inapparent* et *indéterminé*. Essayons maintenant de cerner plus précisément cette indétermination.

a) S'il est vrai qu'on n'est pas laissé vide dans la deuxième forme de l'ennui, c'est parce que, en réalité, l'être-laissé-vide

se donne ici selon un mode « approfondi »[1] qui empêche qu'on
se mette à la recherche d'une activité qui nous « remplirait »
– de sorte que le passe-temps correspondant, loin de chasser
l'ennui, en *témoigne* plutôt et le laisse *être là*. Heidegger
appelle ce mode *approfondi* du laisser-vide une «*unter-
bindende Lässigkeit* (laisser-aller inhibant)». Ce terme de
«*Lässigkeit*» est ici particulièrement important. Il contient
deux aspects. D'une part, Heidegger souligne ici cette tendance – « au for intérieur » (si cette expression spatialisante, en
principe non appropriée, est ici permise) de l'être-là – de
« laisser être » ou de « laisser aller» les choses, une tendance
qui signifie en même temps de *se* laisser aller dans cette situation[2]. Cela signifie, d'autre part – et c'est une nouveauté par
rapport à *Sein und Zeit* –, que l'être-là, bien qu'il soit fondamentalement «*souci*», a aussi cette autre tendance de ne pas
être rempli par l'étant. Dans ce laisser-aller – qui est en même
temps un s'abandonner à la situation – *se forme un vide*. Ainsi,
la traduction de «*Lässigkeit*» par «nonchalance» que propose
D. Panis ne nous semble pas tout à fait appropriée. Pour rendre
compte de ces deux aspects, il convient peut-être mieux de
rendre ce terme par «laisser-aller insouciant». Quoi qu'il
en soit, nous retiendrons que l'être-laissé-vide approfondi est
un laisser-aller qui *inhibe* (*unterbindet*) toute recherche d'un
remplissement par l'étant et qu'il configure un vide – lequel
vide exprime un abandon de notre soi.

Apparaît ici en effet « une échappée (*Entgleiten*), loin de
nous-mêmes »[3], vers la situation même dans laquelle nous
nous trouvons. Ce non remplissement par un étant caractérisant l'être-là qui s'ennuie dans une situation donnée, ou
encore le fait que l'être-là ne cherche pas, dans cette situation,

1. Heidegger dit à ce propos que l'être-laissé-vide «monte des profondeurs», *CF*, p. 177; trad. fr. p. 181.
2. *CF*, p. 180; trad. fr. p. 184.
3. *CF*, p. 177; trad. fr. p. 182.

une activité ou un « passe-temps », est dû au fait que dans la deuxième forme de l'ennui nous abandonnons nous-mêmes, nous abandonnons notre « soi » (Heidegger emploie le verbe « *zurücklassen* » qui signifie littéralement « laisser sur la route »). C'est en ce sens-là qu'il faut entendre cette façon d'« échapper à nous-mêmes ».

Or, l'aspect essentiel de ce « laisser-aller inhibant » c'est que, dans la deuxième forme de l'ennui, il ne s'agit pas d'un être-ennuyé *par* quelque chose, mais que c'est un *s'*ennuyer *à...* : nous *nous* ennuyons, de *tout* notre être, dans une situation – c'est-à-dire *à* l'occasion d'un événement quelconque pour lequel nous nous sommes donnés le temps, et l'ennui provient *de nous-mêmes*, de notre « for intérieur » pour ainsi dire. Pour éclaircir cette provenance de l'ennui du « plus profond de nous-mêmes », il faut à présent traiter de la « tenue en attente (*Hingehaltenheit*) » dans la deuxième forme de l'ennui.

b) Tout comme pour l'« être-laissé-vide », la question se pose maintenant de savoir comment la « tenue en attente » s'est modifiée entre la première et la deuxième forme de l'ennui. Dans la première forme de l'ennui, nous avons constaté une « tenue en attente » par le cours du temps hésitant. Or, les choses se présentent de manière tout à fait différente dans la deuxième forme de l'ennui puisque, dans ce cas, nous nous sommes d'emblée *laissés* le temps. Il semblerait qu'ici on ne saurait aucunement être tenu en attente, car le temps ne nous contraint absolument pas. Pour voir ce qui s'ensuit, il faut maintenant analyser, comme précédemment, quel est le rapport spécifique au *temps* qui s'exprime dans ces rapports.

Dans le passe-temps qui, nous l'avons vu, est identique à toute la situation donnée, nous *avons* le temps. Nous ne sommes pas tenus en attente par le temps, mais, à l'inverse, le temps nous laisse (ou nous abandonne) à nous-mêmes, il nous laisse participer *à...*, caractéristique essentielle du

« s'ennuyer *à*… ». Que veut dire exactement « *avoir* le temps » ? Que nous « prenions », que nous « ayons » le temps, rend possible le fait que nous soyons tenus en attente – mais d'une façon approfondie. En quoi cet approfondissement de la tenue en attente consiste-t-il ?

En acceptant l'invitation – c'est-à-dire une distraction finalement gratuite, nous isolons un laps de temps de la totalité du temps qui a été « donné » à notre exister propre. Cependant, nous n'avons pas « coupé » ce temps (comme notre hôte coupe par exemple un morceau du gâteau lors de l'invitation), mais en acceptant de la sorte de s'adonner à une préoccupation totalement inessentielle, nous interrompons le cours du temps de notre exister « authentique ». Ainsi, nous voyons qu'en 1929-1930, Heidegger ajoute une nouvelle dimension à la temporalité authentique de l'être-là. Même si on peut refuser l'évocation – non dépourvue d'un certain *pathos* – d'un « destin » ou d'une « destinée » de l'être-là, on ne saurait nier que pour quiconque est véritablement engagé dans un projet existentiel (qu'il soit professionnel, artistique, familial ou autre), il y a une espèce de contrainte qui se répercute sur la manière dont nous « organisons » notre temps. Mais cela ne signifie pas que Heidegger fait ici simplement la distinction entre un temps propre et un temps impropre ou vulgaire. En effet, Heidegger propose ici deux approches qu'il convient de distinguer pour éviter tout malentendu.

1) Lorsque Heidegger affirme, pour la deuxième forme de l'ennui, que nous pouvons « prendre » le temps (par exemple lorsque nous acceptons d'aller à un dîner), ce n'est pas parce que nous nous engageons dans une activité « essentielle », du point de vue de notre projet existentiel, mais, exactement au contraire, c'est pour *arrêter* notre temps « authentique » ou « propre », et pour participer *à* une situation choisie (où finalement nous *nous* ennuyons). La distinction entre un temps

qui s'écoule et le temps qu'on « prend » (et qu'on isole de cet écoulement) correspond ainsi à celle entre un temps où l'être-là s'engage (de façon propre ou impropre) et un temps où il se désengage de tout enjeu existentiel.

Remarquons que dans cette façon de « prendre » le temps, *tout* notre temps se modifie et ce, à deux égards. D'un côté, nous ne nous déployons pas de façon authentique dans notre temporalité propre, mais, comme déjà mentionné, nous nous « laissons » le temps pour nous consacrer à une préoccupation qui ne nous engage en rien sur le plan existentiel. D'un autre côté, et cela concerne la nature même de ces deux modes temporels ici en jeu, la temporalité propre ne s'écoule plus, mais elle est arrêtée. Que s'ensuit-il pour l'être-là? Il s'étend (*breitet sich aus*) dans cet intervalle de temps qui a été isolé par ce choix de « prendre son temps » – laquelle extension s'exprime à travers l'identité, évoquée plus haut, du « passe-temps » et de la situation. Mais cela ne veut pas dire pour autant que, dans cette situation, l'être-là maîtriserait le temps ou que le temps libérerait l'être-là – au contraire, c'est précisément dans la mesure où cet intervalle temporel est *limité* que le temps montre que nous sommes liés à lui. C'est cette façon de lier l'être-là au temps – qui n'est pas hésitant, qui ne nous contraint pas[1] et ne s'écoule pas, mais qui s'arrête[2] – qui exprime une « *Hingehaltenheit* » – c'est-à-dire une « tenue en attente » – plus originaire que celle d'une retenue par le caractère hésitant du temps qui était celle de la première forme de l'ennui. Pourquoi « plus originaire »? Précisément parce que

1. Si c'était l'inverse, l'être-là ne pourrait pas participer *à* la situation donnée, et l'ennui se manifesterait aussitôt.

2. Le verbe employé ici par Heidegger pour dire cette « stance » du temps est le verbe allemand « *stehen* » qui signifie d'abord « se dresser », « être debout ». Mais comme il connote aussi l'idée d'une suspension de mouvement, nous nous rallions au choix fait par D. Panis de traduire « *stehen* » par « s'arrêter ».

la retenue ou la tenue en attente est ici fixe (« *stehend* ») alors qu'auparavant elle « s'écoulait » à l'instar du temps hésitant lui-même.

2) Cette première analyse est redoublée par une deuxième où le rapport entre le temps qu'on « prend » et le temps de notre engagement existentiel est abordé d'une autre manière. Heidegger mène cette deuxième analyse à partir d'une consi-dération du « *soi* » de l'être-là dans son choix de « prendre » son temps.

Nous « prenons » le temps (qui de toute façon est le « nôtre ») pour nous laisser le temps. Et en nous le laissant, nous *passons*[1] le temps – nous le passons, c'est-à-dire nous le faisons passer, nous l'écartons. S'exprime ici une modifi-cation fondamentale du temps. Alors qu'habituellement, le « passage » du temps signifie un écoulement au sein d'une structure fixe, une structure qui constitue – sur un plan « objectif » – la série des instants formant la ligne du temps, Heidegger dévoile ici un tout autre rapport au temps : en « prenant » le temps – en tant que celui-ci est isolé du temps de notre exister – nous écartons non pas chaque instant pour accueillir sans cesse un nouvel instant, mais nous écartons le *passage* lui-même, qui n'est autre que le durer. Et cette idée d'un écartement du durer signifie que nous abandonnons le temps comme temps qui passe (ou qui s'écoule) !

Cet écartement du durer ne veut pas dire que nous sortions du temps, mais implique effectivement une attitude spécifique à l'égard du temps. Au lieu d'assister à une série de « main-

---

1. Heidegger utilise ici le terme « *verbringen* » qui n'a pas de connotation péjorative. La traduction par « gaspiller » (choisie par D. Panis) ne nous semble donc pas justifiée. Heidegger met ce terme en rapport avec « *wegbringen* » (écarter). Comme dans l'analyse de la spatialité, propre à l'être-là, dans *Sein und Zeit* où l'« é-loignement » ne signifie pas une augmentation mais une diminution de la distance, Heidegger joue ici sur le double sens de « passer » : dans la mesure où *nous* passons le temps, il passe à son tour – c'est-à-dire qu'il s'écarte et disparaît.

tenant » qui s'écoulent, nous participons à un maintenant qui s'étend et qui est arrêté. Nous sommes complètement présents à la situation et l'arrêtons de sorte qu'elle n'est qu'*au* présent. Quel est le rapport entre cette attitude à l'égard du temps et l'ennui ? Quel rôle joue ici la « tenue en attente » ?

D'abord, il faut préciser le sens de cette « présence » (au double sens du terme) totale à la situation. Dans la deuxième forme de l'ennui, nous présentons (*gegenwärtigen*) la situation, c'est-à-dire que nous ne nous rapportons ni au passé, ni au futur, mais à sa seule dimension présente. De cette présentation totale, exclusive, résulte une certaine dissolution du passé et du futur dans le présent – et c'est cela qui explique l'arrêt du temps dans la situation. Cet arrêt est donné dans un maintenant étendu qui met l'être-là en demeure dans cette dernière. Donc, quand nous « prenons » notre temps (par exemple pour aller à une soirée), c'est en réalité ce présent arrêté que nous « prenons ». Et ce présent relève de notre « soi », il est *nous-mêmes* – mais abandonné et vide. Cependant, et nous insistons, ce temps que nous avons « pris » se signale comme *isolé* du temps – qui s'écoule – de notre exister. Ainsi, le maintenant arrêté indique toujours que nous sommes *liés* au temps, il indique, d'une manière approfondie, que nous sommes « tenus en attente » par le temps arrêté. La deuxième caractéristique de l'ennui (dans cette deuxième forme de l'ennui) est donc bel et bien la « tenue en attente » qui se présente ici comme une « tenue en attente » *par un présent arrêté*. Et voici comment il faut donc comprendre cette deuxième forme de l'ennui : dans la situation où nous sommes mis en demeure par un maintenant arrêté (coupé du passé et du futur) – qui n'est autre que notre « soi » abandonné et vide – nous *nous* ennuyons.

Or, ce maintenant arrêté qui est indéterminé et inconnu n'est autre que le *vide* qui se forme en vertu de l'être-laissé-vide approfondi de la deuxième forme de l'ennui. Autrement dit, Heidegger a effectivement réussi à mettre en évidence l'unité structurelle entre les deux caractéristiques de l'ennui.

> Dans la mesure où nous nous laissons le temps de la soirée, celui-ci peut se configurer comme ce maintenant arrêté, et il peut nous *laisser vide* – et en même temps nous *tenir en attente* dans le laisser-vide – dans cette indétermination et ce caractère inconnu qui se forment, c'est-à-dire dans ce vide qui se forme.
> (…) Tout présent, nous amenons le temps à s'arrêter. Le temps qui vient à s'arrêter forme un vide qui éclate précisément sur fond de tout ce qui se passe. Or, ce vide qui se forme est ce qui, en même temps, nous met en demeure, nous lie à lui, de cette manière nous tient en attente – nous en tant que « soi » propre que nous laissons nous-mêmes dans cet état d'arrêt et auquel nous échappons[1].

Donc l'unité structurelle des deux caractéristiques de l'ennui est fondée dans l'*arrêt présentant du temps qui a été « pris »*. Et ce temps « pris » n'est pas n'importe quel fragment d'un temps « objectif », mais c'est le temps du « *soi* » de l'être-là. *L'ennui provient de la temporalité de l'être-là.* Nous retrouvons ainsi la même conclusion que celle à laquelle nous étions parvenus à l'issue de l'analyse de la première forme de l'ennui : tout comme toute chose a « son » temps, l'être-là a, lui aussi, son temps qui lui est propre.

Malgré cette unité structurelle de ces deux caractéristiques de l'ennui, il y a une différence fondamentale, bien sûr, entre les deux formes de l'ennui : l'être-ennuyé par… arrive *de l'extérieur* dans une situation donnée. Le s'ennuyer-à… monte dans et à partir de l'être-là lui-même. Par là même, la deuxième forme de l'ennui est moins liée à la situation que la première. La situation n'est, pour celle-là, que l'*occasion lors de laquelle* (« *bei…* ») l'ennui monte dans l'être-là. Nous

---

1. *CF*, p. 190 *sq.* ; trad. fr. p. 194.

voyons ainsi comment Heidegger peut justifier les deux appellations qu'il a choisies pour les deux formes de l'ennui. Comme déjà dit, la deuxième forme de l'ennui exprime une descente dans les profondeurs mêmes de l'être-là alors que la première forme de l'ennui dénote encore une certaine extériorité vis-à-vis de ce dernier.

Au terme de ces développements, nous pouvons récapituler sous forme d'un tableau les deux formes de l'ennui :

	Première forme de l'ennui	*Deuxième forme de l'ennui*
Eu égard à l'*être-laissé-vide*	Il y a un vide – présent – qui ne saurait être comblé.	Il n'y a pas de vide au préalable, mais le vide est d'abord *formé*.
Eu égard à la *tenue en attente*	On est contraint par un temps hésitant.	Il y a un temps arrêté qui nous met en demeure et qui ne nous libère pas. Ce temps arrêté n'est autre que le «*soi*» abandonné de l'être-là lui-même.
Eu égard au *rapport à la situation*	On est lié à une situation déterminée.	On n'est pas lié à ce qui fait le caractère déterminé d'une situation.
Eu égard au *passe-temps* spécifique de l'ennui	–On essaie de faire passer le temps en cherchant une activité quelconque. –Le passe-temps fait preuve d'une certaine *inquiétude*.	–Le passe-temps est identique à toute la situation. On ne saurait faire la différence entre le passe-temps et l'activité dans la situation donnée.

	On essaie d'affronter l'ennui qui ne nous laisse pas en repos.	– Le passe-temps est plutôt une *esquive* devant l'ennui; l'ennui lui-même est un se-laisser-s'ennuyer.
Eu égard au degré d'*oscillation* de l'ennui	On est coincé entre différents « ennu-yeux » déterminés.	L'ennui s'étend de manière flottante à travers *toute* la situation.
Rapport de l'ennui au fondement *de l'être-là*	– L'ennui arrive *de l'extérieur* à partir d'un environnement déterminé. – On s'agite dans la *contingence* de l'ennui.	– L'ennui monte *dans et à partir du seul être-là*. – On est engagé dans la *gravité propre* de l'ennui.

La troisième forme de l'ennui : l'ennui profond

Le fil directeur qui nous a guidé jusqu'à présent dans cette analyse de l'ennui et qui nous a préservé d'une simple typolo-gisation désordonnée, c'est le « devenir plus profond » de l'ennui. Si l'on veut conserver cette direction sans en faire un procédé heuristique creux, il faut s'assurer d'un *mode d'attes-tation* spécifique qui donnerait alors lieu à une troisième forme de l'ennui. Or, cela suppose, écrit Heidegger, que « *cette profondeur de l'essence de l'ennui s'ouvre elle-même*. Et cela, à son tour, n'est possible que de telle façon que l'ennui [qui sera alors un ennui] profond *ennuie en tant que tel*, que cet ennui profond, en tant que tonalité affective, nous accorde de part en part et nous mette ainsi en position de le mesurer lui-même dans sa profondeur » [1]. Y a-t-il un tel ennui? Heidegger

1. *CF*, p. 202; trad. fr. p. 205.

répond par l'affirmative. Mais comme aucun « passe-temps » ne lui correspond et, comme d'autre part, une construction spéculative arbitraire de cette forme d'ennui est interdite – qui serait réalisée si l'on s'en tenait par exemple au temps, alors que c'est au contraire l'ennui qui est censé nous conduire à la temporalité originaire! – Heidegger propose, certes d'une manière implicite, une démarche qui s'appuie sur une *construction phénoménologique* (dont il a déjà été question plus haut).

La troisième forme de l'ennui est l'« ennui profond » – un ennui qui est exprimé à travers la formule « cela vous ennuie » (*es ist einem langweilig* – littéralement : « il est ennuyeux à quelqu'un »). Ici nous assistons non pas à une subjectivation plus accentuée de l'ennui, comme cela avait été le cas dans le passage de la première à la deuxième forme de l'ennui, mais à sa *dépersonnalisation* » : « cela » est un pronom impersonnel (comme « il » dans « il pleut ») et par le « vous », comme le remarque à juste titre D. Panis dans une note[1], on se distancie de soi (comme en allemand par le pronom indéfini « *einen* » ou « *einem* »). À travers le « cela » (le « *es* » en allemand) s'exprime le « *soi* » désormais totalement impersonnel. Mais s'il n'y a plus *personne* qui s'ennuie et s'il n'y a plus d'ennuyeux déterminé, qu'est-ce qui reste alors? Quel phénomène précis se manifeste dans le « cela vous ennuie » ?

L'ennui profond est une tonalité affective fondamentale. Pour pouvoir le saisir en sa teneur réelle, il faut éclaircir l'être-laissé-vide et la tenue en attente (et leur unité structurelle) qui le caractérisent en propre. Avant de procéder à cette analyse, il faut d'abord justifier pourquoi cette tonalité affective est effectivement *fondamentale*.

L'ennui profond peut nous surplomber d'une telle manière qu'il exerce sur nous un « état de *surpuissance* (*Übermächtig-*

1. *CF*, trad. fr. p. 206 [N.d.T.].

keit) ». Hanté par l'ennui profond, l'être-là est à un tel point *modifié* qu'il ne peut d'aucune façon l'affronter ou s'attaquer à lui.

Dès lors, aucun « passe-temps » n'existe qui pourrait « chasser » le profond ennui : dans la troisième forme de l'ennui, le passe-temps *fait défaut*.

L'ennui profond, dans sa surpuissance, se soustrait à tout « contrôle » possible par l'être-là. Ainsi, il est caractérisé par cela même que H. Maldiney a très bien décrit en termes de « *transpassibilité* » – un phénomène qui surgit d'une manière totalement *imprévisible* et *surprenante*.

Cela justifie pourquoi on ne peut pas donner d'exemple concret de cette troisième forme de l'ennui : en effet, contrairement aux deux premières formes, elle ne se rapporte à aucune situation déterminée.

Un dernier aspect – décisif – qui montre bien qu'il s'agit là d'une tonalité affective *fondamentale*, c'est que l'ennui profond est pourvu d'une *compréhension propre* : le « cela vous ennuie » *manifeste ce qu'il en est de nous*. Et ce, à un tel point que nous savons que cette tonalité affective veut nous *dire* quelque chose (et nous y reviendrons).

Après cette première mise au point, nous pouvons maintenant aborder le premier moment structurel de l'ennui profond : l'être-laissé-vide. Dans l'ennui profond, nous ne cherchons pas à *remplir* un vide, pas plus que nous n'assistons à la *formation* d'un vide, qui exprime cette forme d'« arrêt » du « *soi* » dont il a été question dans la deuxième forme de l'ennui. Le vide évident qui s'atteste dans l'ennui profond est celui d'une *indifférence totale à l'égard de l'étant*. Quand l'ennui profond nous surplombe – souvent sans s'être annoncé – le tout de l'étant se retire pour nous en son sens et en sa signi-ficativité. Ce qui devient indifférent, c'est le tout de la situa-tion et aussi du sujet impliqué en elle. « *Tout vaut indiffé-*

remment beaucoup et peu » [1]. L'ennui profond inhibe et remet en cause le caractère « *soucieux* » de l'être-là. Et, par rapport à la *transcendance* de l'être-là dont il a été question dans le chapitre précédent, l'ennui profond l'annule *d'un seul coup*. Le vide consiste ici en l'indifférence qui englobe l'étant en son entièreté. Dans et à travers l'ennui profond, l'être-là est posé devant l'étant en son entièreté qui se refuse à toute possibilité offerte à l'être-là. Celui-ci se trouve livré à l'étant qui se refuse donc de la sorte ; le vide – dans cet aspect structurel de l'être-laissé-vide – concerne ainsi l'étant tout entier.

Pour pouvoir traiter du second moment structurel de l'ennui profond – qu'est donc la « tenue en attente », laquelle doit être dans une unité intrinsèque avec l'être-laissé-vide –, Heidegger s'interroge sur ce à quoi *se rapporte* cet être-laissé-vide en général (procédé qui complète la construction phénoménologique évoquée plus haut). Nous avons vu que, dans l'ennui profond, l'étant se refuse (*versagt sich*) à toute possibilité offerte à l'être-là. Or, dans « *versagen* » s'exprime (en allemand) un « *sagen* », un *dire*. Que dit alors l'étant dans ce refus ? Et de quel refus est-il ici dit quelque chose ? Précisément du refus des *possibilités* de tout ce que l'être-là est en mesure de faire ou de laisser. Heidegger remet ici en cause un acquis fondamental de *Sein und Zeit*. Alors que, dans son chef-d'œuvre de 1927, le rapport aux possibilités (authentiques) de l'être-là requerrait un devancement de la mort qui se signalait dans la tonalité affective de l'angoisse, Heidegger aborde dans les *Concepts fondamentaux de la métaphysique* le rapport de l'être-là à ses possibilités à travers une *autre* [2] tonalité affective – celle de l'ennui profond justement. Ce qui est remarquable ici, en effet, c'est l'abandon de toute *résolution* (*Entschlossen-*

---

1. *CF*, p. 207 ; trad. fr. p. 210.

2. Nous reviendrons sur le rapport entre l'ennui et l'angoisse à la fin de ce chapitre.

heit), qu'il faut sans aucun doute interpréter comme autre indice de l'«asubjectivation» en tant que caractéristique fondamentale du tournant «métontologique» de la fin des années 1920.

Ce à quoi se rapporte alors ce *vide* laissé par le refus de toute possibilité de l'être-là, c'est le dire, l'annonce (*Ansagen*), des possibilités restées (littéralement : « laissées ») en friche – et c'est en cela que consiste donc, dans une première caractérisation, la « tenue en attente » spécifique à la troisième forme de l'ennui.

Approfondissons ce point. Nous avons vu que dans le « cela vous ennuie », l'être-là est porté au niveau extrême de sa « dépersonnalisation » et de son «asubjectivation». Ainsi, cette troisième forme de l'ennui « dénude » en quelque sorte l'être-là et le met devant l'être le plus propre de son «*soi*» – lequel être consiste *à être* (*zu sein*) *son propre être*. Lorsque « cela vous ennuie », l'être-là est affecté d'une manière singulière par l'étant qui se refuse dans son entièreté. Ce refus affecte l'être-là en son pouvoir-être le plus propre, c'est-à-dire qu'il l'affecte en cela même qui concerne les possibilités de l'être-là en tant que telles. Mais, ce qui concerne ainsi les possibilités de l'être-là, c'est *ce qui les rend possibles*. (Et cela n'a pas de contenu déterminé, ce qui explique pourquoi il en est de même de l'ennui profond). Nous assistons ici, comme dans *Sein und Zeit*, à ce curieux revirement du possible en cela même qui constitue les *conditions de possibilité* de ce possible. Ce qui est affecté par le refus de l'étant en son entièreté n'est alors rien d'autre que ce qui rend possibles les possibilités de l'être-là. Autrement dit, l'ennui profond en appelle à l'être-là eu égard à ses possibilités les plus propres. Dans les termes de Heidegger : le renvoi à ce qui rend possibles les possibilités ultimes de l'être-là oblige ou astreint celui-ci à se mettre devant « l'unique pointe de ce qui rend ainsi possible de façon originaire »[1]. Voici quelle est alors la « tenue en attente » propre à l'ennui profond : c'est le fait ou l'état d'*être obligé de se mettre devant ce qui rend originairement possible l'être-là en tant que tel*[2]. Et nous obtenons ainsi la définition de l'ennui profond en tant que tonalité affective fondamentale : cet ennui est le « laisser vide » qui s'étend jusqu'à la limite qui englobe l'étant en son entièreté, « en unité avec le "tenir en attente" qui s'aiguise »[3], c'est-à-dire qui oblige l'être-là à se mettre devant la pointe de ce qui rend possibles ses possibilités ultimes.

Ce qui est frappant dans cette analyse de 1929-1930, c'est que Heidegger ne se sert plus du tout de l'argumentation de *Sein und Zeit* pour rendre compte du revirement de la possibilité ultime en possibilités existentielles de l'être-là – revirement qui, rappelons-le, s'était avéré hautement problématique. Serait-ce là un signe d'une certaine insatisfaction que Heidegger aurait éprouvée rétrospectivement au sujet de ce passage crucial de *Sein und Zeit*? Même si Heidegger lui-même ne se prononce pas sur ce point, nous pensons qu'une telle hypothèse est loin d'être illégitime. Quoi qu'il en soit – et c'est ce qu'il faudra retenir du présent passage – ce n'est plus l'angoisse devant la possibilité extrême, devancée dans l'être-pour-la-mort, mais bel et bien *l'ennui profond* qui met désormais l'être-là devant ses possibilités les plus propres.

Reste alors à mettre en évidence le caractère *temporel* de l'ennui profond, en général, et des deux moments structurels de celui-ci, en particulier. Une première lecture des analyses de ce caractère temporel de l'ennui profond, que nous trouvons dans le § 32 des *Concepts fondamentaux de la métaphysique*, les fait apparaître comme le « maillon faible » de la première partie de ce cours de 1929-1930. Le caractère temporel de

---

1. *CF*, p. 216; trad. fr. p. 218.
2. *CF*, p. 216; trad. fr. p. 219.
3. *CF*, p. 217; trad. fr. p. 219.

l'«être-laissé-vide» y est identifié comme «être-captivé (*Gebanntsein*)» de l'être-là par l'horizon temporel qui rend manifeste l'étant. Et celui de la «tenue en attente» s'exprime à travers le fait que l'être-là est astreint à l'«instant (*Augenblick*)» en tant que possibilité fondamentale de l'existence authentique de l'être-là. Pourquoi cette analyse ne semble-t-elle pas de prime abord convaincre le lecteur? Parce que tout se passe comme si Heidegger retombait dans une position qu'il avait défendue *avant* son tournant «métontologique». Il se contente en effet d'*affirmer* que l'être-là est «*captivé* (*gebannt*)» par l'horizon temporel, mais on ne comprend pas très bien – à moins que ce ne soit de façon *tautologique* – en quoi c'est précisément *l'horizon temporel* qui le captive de la sorte. Et, concernant la «tenue en attente» caractéristique de l'ennui profond, on ne voit pas non plus pourquoi c'est justement cela même qui captive l'être-là (et qui se refuse) qui rend possible, d'une manière fondamentale, la possibilité ultime de cet être-là, comme Heidegger l'affirme explicitement [1]. Pour s'en justifier, Heidegger évoque simplement – d'une façon d'ailleurs quelque peu cavalière – la décision de l'être-là *pour la liberté*, une décision qui ne peut se faire que dans l'*instant* («*Augenblick*») kierkegaardien. Ainsi, en lisant le § 32 b) des *Concepts fondamentaux de la métaphysique*, il semblerait que Heidegger, contrairement à ce que nous avons établi avec force plus haut, retombe dans la conception d'un être-là «résolu» en deçà du tournant «métontologique» mis en œuvre à partir de 1928.

En réalité, il n'en est rien. Le véritable sens de ces analyses c'est que ce n'est pas l'*être-là* qui est à la source de cette unité des moments temporels structurels de l'ennui profond, mais que c'est la *temporalité originaire elle-même* qui est cette source. Autrement dit, Heidegger approfondit ici une analyse

1. *CF*, p. 223; trad. fr. p. 225.

temporelle qu'il n'avait pas encore accomplie en 1927 dans *Sein und Zeit*. L'« instant » n'est pas simplement un *mode temporel* d'un étant *concret* (de *tel* être-là « incarné ») qui « décide » d'une façon autonome de son sort, mais – conformément à l'« asubjectivation » déjà évoquée – l'être-là ne se laisse déterminer, à partir de 1929-1930, qu'*à partir d'une compréhension approfondie de la temporalité originaire*. Ce qui à la fois « captive » et « astreint à ce qui rend possible », ce n'est rien qui relèverait d'une quelconque « subjectivité », mais c'est quelque chose – à savoir l'« instant », précisément – *du temps lui-même*. « Que *l'être-là soit astreint à la pointe de ce qui proprement rend possible* n'est autre, pour lui, que le fait d'être astreint *par le temps, qui captive, au temps lui-même*, à son essence propre, c'est-à-dire *à l'instant* comme possibilité fondamentale de l'existence authentique de l'être-là »[1]. L'unité de l'être-laissé-vide et de la tenue en attente est ainsi de part en part déterminée par l'essence du temps.

Les difficultés apparentes de l'analyse temporelle de l'ennui profond se trouvent ainsi levées : dans l'ennui profond, il n'est pas question du rapport d'un « ennuyeux » à un « sujet », mais – thèse hautement métaphysique, bien entendu – du rapport du *temps à lui-même*. Ce qui « captive » et ce qui « se refuse » c'est le temps lui-même en tant que « temps tout entier de l'être-là », qui ne se réduit pas à une détermination temporelle *de* l'être-là qui lui incomberait en quelque sorte du dehors, et en tant que condition de possibilité du fait que l'étant en son entièreté se manifeste. Dès lors, la « captivité du temps (*Zeitbann*) » qui se manifeste dans le « cela vous ennuie » et qui répond du refus de l'étant en son entièreté ne peut être anéantie que par une « *rupture (Bruch)* » provoquée par le temps lui-même, plus exactement par l'« instant » – et c'est en cela que Heidegger pense donc avoir approfondi et

1. *CF*, p. 224 ; trad. fr. p. 226.

achevé son analyse de l'instant qu'il avait d'abord livrée dans le § 65 de *Sein und Zeit*.

À partir des développements précédents, Heidegger peut alors donner une précision quant à la « signification essentielle » du mot « ennui »[1]. Rappelons qu'« ennui » se dit en allemand « *Langeweile* », littéralement : « longue durée ». Dans l'ennui profond, une certaine durée « devient longue ». Quelle durée ? Celle de la temporalité originaire de l'être-là dans son indétermination absolue. L'être-là est *captivé* dans et par cette durée ou, pour le dire autrement, la durée *contraint* l'être-là. En même temps, ce « devenir-long » de la durée signifie un « devenir-bref » de toute action et existence concrètes. Cela ne veut pas dire que l'*instant* disparaisse ou s'éclipse, mais seulement que toute possibilité concrète est anéantie – en revanche, ce qui *rend possible* une telle possibilité s'intensifie. « Dans l'éclipse, l'*instant* s'impose encore comme *cela même qui s'est proprement refusé dans le captiver du temps*, comme la possibilité authentique de ce que l'existence de l'être-là rend possible »[2]. D'où enfin la définition complète de l'ennui profond qui, à travers la notion d'éclipse (*Entschwinden-lassen*), insiste encore une fois sur la *rupture* que provoque l'instant dans l'étendue de la durée de l'être-là :

> L'ennui est la captivité qu'exerce l'horizon du temps ; cette captivité fait s'éclipser l'instant appartenant à la temporalité pour astreindre l'être-là captivé, dans une telle éclipse, à entrer dans l'instant comme possibilité authentique de son existence ; et cette existence, quant à elle, n'est possible qu'au sein de l'étant en entier, étant qui se refuse précisément en son entièreté dans l'horizon de la captivité[3].

---

1. *CF*, § 33.
2. *CF*, p. 229 ; trad. fr. p. 231.
3. *CF*, p. 230 ; trad. fr. p. 232.

Le lecteur remarquera le sens *négatif* de cette définition –
une négativité qui est bien entendu le corrélat du fait (évoqué
au début de cette analyse) que nous ne faisons pas d'expérience concrète de l'ennui profond. L'ennui n'en est pas moins
la *condition de possibilité et* de la première *et* de la deuxième
forme de l'ennui. Ce n'est que parce que la possibilité de la
troisième forme de l'ennui hante profondément l'être-là qu'il
peut *s'*ennuyer ou être ennuyé *par* quelque chose.

Nous avons vu dans le troisième chapitre qu'il est possible
d'interpréter la conception heideggerienne du temps de deux
manières – selon qu'on y décèle deux ou trois « niveaux » du
temps. Notre thèse était que Heidegger développe dans *Sein
und Zeit* une théorie du temps qui distingue *trois* niveaux
temporels et où chaque niveau correspond à un mode du « *soi* »
de l'être-là, c'est-à-dire qu'il est tributaire d'un des trois
modes d'être de l'étant – que sont la présence (des étants
« *vorhandene* »), la maniabilité (des étants « *zuhandene* ») et
l'existence (de l'être-là) elle-même – auxquels l'être-là se
rapporte à chaque fois. Or, il est tout à fait remarquable que les
analyses portant sur l'ennui et sur la temporalité de l'ennui que
nous trouvons dans le cours de 1929-1930 confirment en un
sens notre thèse. Lorsque nous récapitulons celles-ci, nous
constatons en effet une correspondance tout à fait significative
avec notre lecture de *Sein und Zeit*. Nous avons vu que
Heidegger traite en 1929-1930 de *trois* formes de l'ennui et
des modes de temporalité qui *correspondent* à ces trois
formes : si l'on résumait à l'extrême les élaborations de la
première partie des *Concepts fondamentaux de la métaphysique*, on pourrait dire – en rappelant les conclusions que
Heidegger tire lui-même de ses analyses dans le § 35 – que,
dans la première forme de l'ennui, ce sont les « choses »
présentes, dans la deuxième forme de l'ennui, c'est le temps
quotidien (qui n'est autre que la temporalité *préoccupée*) et,

dans la troisième forme de l'ennui, c'est la *temporalité de l'être-là* qui ennuient. Nous considérons ainsi que l'analyse de la temporalité – que Heidegger élabore à partir de celle de l'ennui – confirme notre interprétation des différents niveaux de la temporalité chez Heidegger. Précisons enfin rapidement, en guise de conclusion, la nature de l'ennuyeux originaire.

Dans l'ennui profond, l'ennuyeux – c'est donc ce qu'on peut tirer de toute l'analyse précédente – n'est pas tel ou tel « objet », ni telle ou telle affection d'un « sujet », mais un *mode déterminé de la temporalisation de la temporalité elle-même*. Or, cette temporalité n'est pas une propriété qui incomberait aux sujets, mais elle est le fondement de la possibilité de la subjectivité des sujets. Mais s'il en est ainsi, c'est-à-dire si l'ennuyeux est la temporalité elle-même, et si, comme nous l'avons vu, la temporalité, dans son *horizontalité*, rend possible le rapport de l'être-là à l'étant, qui était apparu dans l'être-ennuyé *par* quelque chose et dans le s'ennuyer à…, on comprend également d'où provient l'apparence de ce caractère ennuyeux des choses ou des personnes dans les deux premières formes de l'ennui.

LE MONDE

La tentative de cerner la tonalité affective fondamentale de l'ennui avait pour objectif de préciser la tonalité précise de l'être-là qui en détermine – si l'on veut utiliser un langage kantien – la « nature » métaphysique [1] (une idée que Heidegger abandonnera lorsque, au cours des années 1930, il relira d'une manière approfondie Nietzsche). Cette analyse ne signifie nullement qu'il faut une « humeur » particulière pour pouvoir faire de la métaphysique, mais elle sert à introduire à une

---

1. Cf. *Was ist Metaphysik ?*, dans M. Heidegger, *Wegmarken*, GA 9, p. 121.

pensée qui se base sur les *concepts fondamentaux* de cette dernière. En quoi les analyses précédentes ont-elles préparé le terrain à la mise en évidence de tels concepts ?

Nous avons vu que toute l'analyse de l'ennui était conduite à l'aide d'un dispositif heuristique dont les deux « pôles » étaient l'« être-laissé-vide » et la « tenue en attente ». Dans son analyse des trois formes de l'ennui, Heidegger n'a cessé d'insister sur la nécessité de ne pas en faire un schéma abstrait et arbitraire. Or, à l'issue de l'analyse de l'ennui profond, l'être-laissé-vide, en tant qu'il rend possible la durée de la temporalité de l'être-là, et la tenue en attente, en tant qu'elle exprime l'astreinte de l'être-là à exister dans l'instant, se sont en réalité révélés comme la matrice de l'ouverture au *monde*, d'un côté, et de la *singularisation de l'être-là* au sein de ce monde, de l'autre. Pourquoi du monde ? Parce que le monde répond de cette *entièreté* de l'étant dont il a été question tout au long du parcours précédent. Et pourquoi de la singularisation de l'être-là ? Parce que, dans ce qui précède, il n'a jamais été question que de l'être-là – certes en son *essence métaphysique* – en tant qu'il existe proprement et de façon authentique. La temporalisation du monde dans le vide que laisse l'ennui et celle de l'être-là en son esseulement (ou en sa solitude) permettent ainsi – à travers l'analyse temporelle de l'*horizon* et de l'*instant* – de dresser le pont entre l'analyse de l'ennui et les deux concepts métaphysiques fondamentaux que sont le « monde » et la « solitude » (de l'être-là). Et tout comme, auparavant, il s'agissait de questionner les deux moments structurels de l'ennui eu égard à leur *unité fondamentale*, il s'agit – dans la « *métontologie* » et, en particulier, nous l'avons vu, dans la métaphysique *de l'être-là* – de s'interroger sur ce qui *fait* l'unité originaire du monde et de la singularisation de l'être-là.

Mais ce n'est pas tout. Il reste encore la question du « lien »
entre ces deux concepts – plus exactement, il reste encore à
établir ce qui *fonde* cette unité originaire. Rappelons que, dans
l'analyse de l'ennui profond, le rapport entre l'étendue ouverte
par l'être-laissé-vide et la pointe de l'instant est apparu comme
une « rupture (*Bruch*) ». Cette rupture – qui n'est autre, pour
Heidegger, que celle de l'être-là lui-même – est celle de la
finitude de l'être-là. D'où la question suivante : *qu'est-ce que
la finitude* ? Cette question apparaît en effet comme celle de la
racine unitaire et originaire des deux premières questions. Et
en ce qui concerne le rapport à notre tonalité affective fondamentale recherchée, Heidegger se demande si ce n'est pas la
finitude de l'être-là qui apparaît dans la tonalité affective de
l'ennui profond.

Nous voyons donc que les questions du *monde*, de la
solitude et de la *finitude* procèdent effectivement de l'analyse
de la tonalité affective fondamentale de l'ennui. Et toutes ces
questions ont leur origine dans la question de l'essence du
temps qui est « l'*origine de toutes les questions de la
métaphysique* et de son possible déploiement »[1].

Or, Heidegger ne pose pas dans le cours de 1929-1930 les
trois questions, mais une seule : celle du *monde*. Cette question
a déjà été abordée dans deux autres textes importants : dans *De
l'essence du fondement* où Heidegger en avait proposé une
analyse *historique* et dans *Sein und Zeit* où Heidegger s'était
intéressé à la mondanéité *quotidienne*. Ici, Heidegger choisit
une troisième voie, une voie « comparative », qui oppose
l'« avoir » du monde de l'homme à celui des choses et des
animaux. En empruntant cette même voie, nous essayerons de
montrer quelle est la teneur de la « métaphysique du monde »
qui constitue, nous l'avons déjà dit, le deuxième volet du
tournant métontologique après *Sein und Zeit*.

1. *CF*, p. 253 *sq.* ; trad. fr. p. 257.

L'essence du monde

À partir de ce qui précède, il s'agit alors de réfléchir sur l'*essence* du monde. Heidegger pose d'abord que le phénomène du «monde» a trois caractères fondamentaux : a) la *manifesteté* de l'étant en tant qu'étant ; b) l'«en tant que», dans l'expression «de l'étant *en tant qu'*étant»[1] ; c) un rapport à l'étant que Heidegger appelle le «laisser-être», ou le «ne pas laisser être»[2], qui est un «se comporter à l'égard de…» et qui implique une *attitude* ainsi que l'*ipséité*. Il s'agit alors de démontrer ces affirmations. Dans un premier temps, Heidegger traitera de la *manifesteté* de l'étant en tant qu'étant.

Nous sommes toujours déjà en rapport au monde. D'abord (et le plus souvent), ce rapport est un rapport *quotidien*. Dans la quotidienneté, l'étant qui se présente à nous a un caractère *nivelé* : il est simplement *présent* (*vorhanden*). Nous ne faisons pas d'abord la différence entre les différentes «*espèces*» d'étants (par exemple les corps inertes, les animaux, les êtres humains, etc.), mais nous prenons tout ce qui «est» comme quelque chose de présent. C'est-à-dire notre comportement à l'égard de l'étant est d'abord caractérisé par une *accessiblilité* de ce dernier qui en nivelle les différences spécifiques. Ce comportement ne tient pas compte des *rapports fondamentaux* (*Grundverhältnisse*) qui correspondent à la manière dont les étants en question se manifestent, mais est proprement *déraciné* – déracinement qui augmente d'ailleurs l'*efficacité* de ce comportement. L'analyse de l'animalité[3] a d'ailleurs comme

---

1. Pour qu'on puisse faire l'expérience d'un tel étant (en tant que déterminé *comme* tel), il faut que l'étant soit, *en général*, manifeste en tant qu'étant.

2. Si l'étant est manifeste en tant que tel, alors on peut le laisser être ou non. Ce rapport exige du côté de «celui» qui s'y rapporte une «attitude» et une «ipséité» (personnalité).

3. Heidegger livre cette analyse dans les chapitres 3 à 5 de la deuxième partie des *Concepts fondamentaux de la métaphysique*. *Cf.* à ce propos notre étude «La pulsion chez Heidegger», dans J.-Ch. Goddard (dir.), *La pulsion*, «théma», Paris, Vrin, à paraître.

fonction principale d'illustrer un tel rapport fondamental qui
la distingue d'autres modes d'être de l'étant.

L'analyse de l'animalité montre que l'animal, selon sa
structure fondamentale, a un tout autre rapport à l'étant – et
partant au monde – que l'homme dans sa compréhension
quotidienne. Alors que, pour cette dernière (et en particulier
pour la théorie darwinienne de l'évolution des espèces telle
que Heidegger l'interprète), les différents animaux *s'adaptent*
à l'étant présent, de façon à ce que chacun s'inscrive dans un
seul et même monde, chaque espèce animalière se crée un
milieu, c'est-à-dire qu'il « s'entoure » des étants (en l'occurrence : les autres animaux de la même espèce, ses ennemis, sa
nourriture, etc.) qui, de cette manière, forment l'« encercle-
ment (*Umring*) » spécifique à chaque espèce. Cet exemple a
pour but de montrer qu'il y a une multiplicité de sortes (*Arten*)
d'être et que cette multiplicité pose le problème de l'*unité* de
l'être, lequel problème ne pourra être résolu que si nous avons
d'abord compris ce que c'est que le *monde*.

Heidegger retient de l'analyse de l'animalité – et en
particulier de la thèse selon laquelle l'animal est « pauvre en
monde » – qu'un des caractères du monde est l'*accessibilité de
l'étant en tant que tel* – l'accessibilité et non pas, comme
l'admet l'être-là quotidien, la présence de l'étant *en sa totalité*.
Or, l'étant n'est accessible que dans la mesure où il peut
devenir *manifeste*. Ainsi, le monde, loin d'être l'*étant* manifeste en sa présence, est la *manifesteté* de l'étant qui, lui, est à
chaque fois manifeste factuellement. Parler de la manifesteté
de l'étant signifie que quelque chose a lieu à même l'étant, que
quelque chose « se fait événement (*geschieht*) ». Or, telle est
la thèse de Heidegger, l'événement du devenir-manifeste de
l'étant n'est autre que la *configuration du monde* (*Weltbildung*) grâce à l'être-là humain. Cela implique que la question
de la *manifesteté* de l'étant nous conduit à celle de la *configu-*

ration du monde qui, puisque c'est l'*homme* qui est configurateur de monde, ne pourra être posée que si l'on pose en même
temps celle de l'*essence de l'homme*. Et poser cette question,
qui est celle *de nous-mêmes*, c'est, nous le savons, poser celle
de l'*être* – *notre* être, notre *exister* – qui nous est donné à
assumer, ou, dans les termes des *Concepts fondamentaux de la
métaphysique*, celle de la *finitude* de notre existence.

En réalité, il a déjà été question de tout cela – certes d'une
manière *implicite* – dans les analyses relatives à la tonalité
affective de l'ennui profond. Il s'agit donc à présent de
montrer comment on peut dresser le pont entre ces analyses
et les problèmes de la configuration du monde ainsi que de
la manifesteté de l'étant et ce, dans le seul but d'éclaircir
l'essence du monde.

Nous avons vu que la tonalité affective exprimait l'état
dans lequel on « est », c'est-à-dire qu'elle *manifestait* l'être-là
– non pas au sens où elle dévoilait tel ou tel vécu psychique
(conscient ou inconscient), mais au sens où elle le mettait
devant l'étant en son entièreté. À présent, on peut dire aussi
que la tonalité affective « porte » l'être-là « au dehors » *dans la
manifesteté de l'étant* en son entièreté[1]. En tenant compte de
cela et aussi de ce que nous disions plus haut, on peut dire, en
récapitulant, que le monde est l'*accessibilité* de l'étant en tant
que tel, laquelle accessibilité est fondée sur la *manifesteté* de
l'étant, en tant que tel, *en son entièreté* ou, plus brièvement,
« le monde est la manifesteté de l'étant en tant que tel en son
entièreté »[2].

L'expression « l'étant "en son entièreté" » ou « l'étant "en
entier" (*das Seiende* IM GANZEN) » désigne la *forme* de l'étant
manifeste en tant que tel – une forme qui est « pour nous », à
l'instar du temps et de l'espace dans l'*Esthétique transcen-*

1. *CF*, p. 410 ; trad. fr. p. 410.
2. *CF*, p. 412 ; trad. fr. p. 412.

dantale dans la *Critique de la raison pure*. Heidegger insiste explicitement sur le fait qu'il ne faut pas interpréter cette forme d'une manière subjectiviste[1]. Cela n'exclut pas que la « relativité » de cette forme par rapport à nous soit liée au fait que c'est l'*homme* qui est configurateur de monde. Comment faut-il comprendre ce lien? L'homme dont il est question ici n'est évidemment pas cet étant qu'étudie l'anthropologie, mais il est l'être-là *en tant qu'il est rendu possible par la configuration du monde*! Heidegger dit dans le § 68 des *Concepts fondamentaux de la métaphysique* que la *possibilisation* (*Ermöglichung*) de l'être-là tient à la configuration du monde, c'est-à-dire, plus simplement, que l'être-là est *rendu possible* par cette dernière[2]. Ce point est important dans la mesure précisément où Heidegger, en utilisant ce terme de « possibilisation », fait ici directement allusion au § 53 de *Sein und Zeit*[3] où cette possiblisation avait encore été ancrée dans le devancement de la mort, c'est-à-dire *dans l'être-là lui-même*. Le fait que cette possibilisation relève ici de la configuration du monde est alors un autre indice évident pour cet abandon du subjectivisme de *Sein und Zeit* en faveur d'une « métaphysique du monde » qu'implique le « tournant métontologique » de 1928.

Comment pourrons-nous alors clarifier le sens de cette « manifesteté de l'étant en tant que tel en son entièreté »? Selon Heidegger, ce sens tient à l'« en tant que (*als*) » contenu dans cette expression. L'« en tant que » est une *détermination* de la manifesteté : tout énoncé qui *rend manifeste* quelque chose a en lui cet « en tant que », d'où le lien évident[4] entre le problème du *monde* et la fonction de cet « en tant que ». Qu'est-ce qui lui permet de dire cela? C'est que l'« en tant

1. *CF*, p. 413 *sq.*; trad. fr. p. 412 *sq.*
2. *CF*, p. 414; trad. fr. p. 413.
3. Nous avons déjà commenté ce passage dans le deuxième chapitre.
4. *CF*, p. 419 *sq.*; trad. fr. p. 419 *sq.*

que » – contenu par exemple dans l'expression « a en tant que b » qui n'est autre que l'expression « a est b » – est un moment structurel de toute assertion. Plus exactement, il exprime quelque chose qui est toujours déjà compris dans l'énoncé : l'énonciation n'est possible que si elle s'appuie sur une compréhension primordiale (relevant d'une expérience anté-prédicative)[1]. De sorte qu'en réalité, l'« en tant que » s'avère être *présupposé* par la structure de l'énoncé[2]. D'où la nécessité, donc, de traiter d'une manière approfondie de la structure de l'énoncé lui-même et d'essayer de voir à quoi elle renvoie en tant que telle.

Il s'agit ainsi d'établir le lien entre a) le monde comme manifesteté de l'étant en tant que tel en son entièreté, b) l'« en tant que » et c) la structure de l'énoncé (du *logos*). Mais dans la mesure où le *logos* est toujours un énoncé *sur* quelque chose, ce qui veut dire qu'il *se rapporte toujours à un étant*, et que cet état de choses s'exprime à travers la copule « est » comme moment structurant du *logos*, il est clair que les éléments que nous venons d'énumérer à l'instant sont également liés à l'*être*. La question de l'être est *eo ipso* une question portant sur l'« en tant que » et *vice versa*, et les deux questions servent ainsi à déployer le problème du monde. Quel est le fondement de la possibilité intérieure du *logos* en tant que celui-là éclaire ce lien ?

Tout d'abord, Heidegger insiste sur le fait que le *logos* n'est pas *essentiellement* le « lieu de la vérité », comme l'affirme la logique traditionnelle, mais que, *plus fonda-mentalement*, la possibilité du vrai *ou du faux* réside en lui – et il corrige par là son interprétation du *logos* livrée dans *Sein und*

---

1. *Cf.* à ce propos l'analyse de l'énoncé (*Aussage*) qu'on trouve dans le § 33 de *Sein und Zeit* (en particulier à la page 157). Nous l'avons évoquée dans un autre contexte dans notre ouvrage *La genèse de l'apparaître*, *op. cit.*, p. 149.

2. Ces analyses doivent être mises en rapport avec celles relatives à la *vérité* que nous avons livrées dans notre quatrième chapitre.

Zeit! L'essence intime du *logos* est de fournir la *possibilité* (*Möglichkeit*) de cette alternative. Plus exactement, il est un *pouvoir* (*Vermögen*) qui permet d'instaurer le rapport à l'étant en tant que tel. Mais qu'est-ce qui est au fondement de ce pouvoir? Cela même à quoi la tonalité affective fondamentale (de l'ennui profond) nous a déjà ouvert dans les premières analyses. La justification de cette thèse sera la dernière tâche dont les *Concepts fondamentaux de la métaphysique* auront à s'acquitter.

La dimension originaire du *logos* n'est pas un étant présent, mais un événement historial fondamental (*Grundgeschehen*) « dans » l'être-là qui a une triple structure. Ces trois moments structurels sont : a) l'être-libre, c'est-à-dire le « se tenir à la rencontre de l'obligation »; b) le « rendre-entier », en tant que configurer préalable de l'« en entier »; c) le dévoilement de l'être de l'étant.

a) Le pouvoir (*Vermögen*) d'un comportement à l'égard de l'étant qui *ou bien* l'occulte *ou bien* le désocculte (on est alors respectivement ou dans le faux ou dans le vrai) n'est possible que s'il est lui-même fondé dans un *être-libre pour l'étant en tant que tel*. Cela veut dire – et Heidegger prolonge ainsi ce qui a d'abord été établi dans les *Fondements métaphysiques de la logique* (*cf.* le chapitre précédent) – que le *logos* n'est possible que là où il y a liberté. Si le *logos* affirme quelque chose à propos de quelque chose – une affirmation qui ne *produit* pas l'état de choses affirmé, mais qui est certes « tributaire » de l'étant auquel il se rapporte, c'est-à-dire qu'il en dépend, qu'il est « lié » par ce dernier –, ce *lien* n'est possible que sur le fondement de la liberté. Pour le dire en des termes plus classiques, la *nécessité* qui s'exprime dans l'affirmation du *logos* est fondée dans la liberté – nous retrouvons ici un résultat décisif des *Fondements métaphysiques de la logique* mentionnés à l'instant. Il s'ensuit qu'il n'y a de *vérité* (et de non vérité) que là où il y a liberté, c'est-à-dire la possibilité d'un lien (*Bindung*) nécessaire que Heidegger appelle la « *VerBINDlichkeit* » (« obligation »). L'être-vrai du *logos*, nous l'avons vu également dans le chapitre précédent, est *dérivé* par rapport à la désocculation originaire de l'étant qui le rend manifeste et accessible. La vérité originaire, ou la manifesteté originaire, est une « manifesteté anté-prédicative » ou une « vérité pré-logique » [1]. Et il s'ensuit par ailleurs que le *logos* n'institue pas le rapport à l'étant – ni même la manifesteté de l'étant – mais qu'il *se fonde* sur ce rapport. En effet, le *logos énonce* l'être à travers la copule « est », ce qui suppose que l'étant *est* d'abord manifeste de quelque façon.

Est-ce à dire que cette manifesteté pré-logique ou anté-prédicative est le *fondement* de la possibilité du pouvoir de désocculter (ou d'occulter) l'étant ? En effet. Mais ce fondement n'est plus – comme dans *Sein und Zeit* – un pouvoir de « rendre possible » qui relève de l'être-là, mais la configuration – asubjective ou plutôt : pré-subjective – du *monde* (*Weltbildung*) qui fait l'essence *intime* de l'être-là, c'est-à-dire, plus exactement, qui le rend à son tour possible. Et celle-ci est précisément caractérisée par le « comportement fondamental (*Grundverhalten*) » introduit à l'instant, à savoir l'être-libre, en un sens originaire, qui « se tient à la rencontre de l'obligation » de l'étant – qui, *dès lors* (mais dès lors *seulement*), peut être énoncé dans le *logos*.

b) Mais on peut caractériser encore davantage l'être-ouvert prélogique vis-à-vis de l'étant. Ce qu'énonce le *logos*, c'est un étant qui doit *déjà*, au préalable, être manifeste. Mais ce n'est pas tout. Ce qui est « co-manifeste (*mit offenbar*) » dans chaque énoncé, c'est l'*environnement* (manifeste) de l'étant sur lequel le *logos* énonce quelque chose, *en tant qu'entièreté (als Ganzes)*. Autrement dit, la manifesteté origi-

1. *CF*, p. 494 ; trad. fr. p. 490.

naire, en tant que condition de possibilité du *logos*, n'est pas qu'une manifesteté de tel ou tel étant, mais bien «quelque chose d'*entier (etwas im Ganzen)*»[1]. Tout *logos* énonce quelque chose à partir d'un étant manifeste en entier.

Tout étant s'inscrit dans un «rapport spécifique *(spezifischer Zusammenhang)*»[2] avec ce qui constitue son environnement, ses horizons propres. La logique traditionnelle a été aveugle à cet état de choses. Pourquoi? Parce que «les étants cachent à l'entendement vulgaire le monde»[3]. Le regard phénoménologique, en revanche, est sensible au fait que l'être-ouvert prélogique pour l'étant a toujours déjà «complété *(ergänzt)*» cet étant dans un «en entier»[4]. Ce «rendre-entier *(Ergänzung)*» ne rajoute pas après coup quelque chose qui a d'abord fait défaut, mais constitue la *configuration préalable de ce qui «règne (waltet)» «en entier»*. Ce rendre-entier rend possible le *logos* par la configuration préalable de cet «en entier» – fût-ce d'une manière implicite.

c) Ce rendre entier qui tient devant soi-même l'obligation, en tant qu'il est ouvert pour l'étant et qu'il énonce quelque chose à propos de lui, suppose dès lors que l'étant est *dévoilé*. Ce dévoilement de l'être de l'étant constitue ainsi le troisième moment structurel de l'événement historial dans l'être-là humain qui rend possible le *logos* – et ce, nous le verrons, en vertu précisément de la structure de l'«en tant que».

La question qui se pose maintenant est de savoir si ces trois moments peuvent être fondés dans l'origine *unitaire* recherchée – à savoir celle de la *configuration du monde*. Heidegger s'acquitte de cette tâche en s'interrogeant – dans le très important § 76 des *Concepts fondamentaux de la métaphysique* – sur la *structure originaire de l'événement historial*

1. *CF*, p. 501; trad. fr. p. 496.
2. *CF*, p. 504; trad. fr. p. 499.
3. *Ibid.*
4. *CF*, p. 505; trad. fr. p. 500.

fondamental (dans l'être-là), un événement qui exige très précisément cette *transformation* non seulement de l'« attitude questionnante (*Fragehaltung*) » mais *de l'être humain lui-même*[1].

La « possibilisation » comme détermination fondamentale du « projet du monde »

Heidegger appelle « projet (*Entwurf*) » le caractère unitaire de l'événement historial fondamental permettant de rendre compte de la « configuration du monde ». Ce projet n'est plus, comme dans *Sein und Zeit* le projet du pouvoir-être *de l'être-là*, mais, compte tenu de la *transformation* déjà évoquée, un projet *du monde*. C'est certes l'« homme », l'être-là, qui est configurateur de monde, mais non pas telle existence factuelle et concrète[2], mais l'homme en son *essence* intime : quand Heidegger développe cette essence, il n'est plus du tout question de l'être-là, mais de ce qui la *dépasse*, de ce qu'il y a de *transcendant* en elle, à savoir justement la « structure fondamentale de la configuration du *monde* » qu'est donc le « projet du monde » lui-même.

En quoi ce « projet du monde » constitue-t-il effectivement la structure originaire, en son caractère unitaire, de l'événement historial fondamental ? Heidegger nous donne la réponse en livrant, dans les quatre pages les plus importantes de tout l'ouvrage[3], une analyse fondamentale du « pro-jet » en tant qu'il est en rapport étroit avec la notion qui traverse d'une manière absolument essentielle toute la pensée de Heidegger depuis *Sein und Zeit* jusqu'en 1930 : celle – que nous avons déjà rencontrée à plusieurs reprises dans des endroits décisifs des développements précédents – de la « possibilisation

---

1. *Cf.* notre premier chapitre.
2. *CF*, p. 527 ; trad. fr. p. 520.
3. *CF*, p. 527-531 ; trad. fr. p. 520 (en bas)-524.

(*Ermöglichung*)». Le pro-jet (*Entwurf*) exprime un *double*
mouvement : un mouvement « centripète » et un mouvement
« centrifuge » (si l'on prend l'étant projetant – l'être-là –
comme centre). En effet, le « *ent-* » correspond à peu près au
« ex- » ou au « dys- » en français, c'est-à-dire qu'il désigne un
mouvement d'*éloignement*, d'*écart*, de *prise de distance*.
Donc, en pro-jetant, l'être-là s'éloigne, se détourne, s'écarte
(de soi). Mais, en même temps, il y va également d'un singulier « tourner » de l'être-là vers lui-même – mais en aucun cas
vers un état d'immobilité, fût-ce en vertu d'un retour réflexif.
Heidegger identifie ce double mouvement comme celui de la
possibilisation. En l'enlevant de la sorte, le projet « élève
(*enthebt*) »[1] l'être-là vers le possible possibilisant, c'est-à-dire
vers le possible qui *rend possible*. Cela veut dire que, dans le
projet, l'être-là est dans une perpétuelle *tension*, dans un
mouvement, qui s'exprime à travers le fait décisif que « ce qui
est projeté dans le projet *contraint* [à se placer] devant le
possible effectif, c'est-à-dire que le projet *lie* – non pas au
possible ni non plus à l'effectif, mais bien à la *possibilisation* (…) »[2]. Nous comprenons dès lors ce qu'implique le
projet *du monde* : il est l'événement historial qui est à la source
de tout lien, c'est-à-dire de toute *nécessité* – une nécessité qui
suppose toujours une possibilité, plus exactement : ce qui *rend
possible* la possibilité, c'est-à-dire la possibilisation.

À travers le fait de rendre ainsi possible le possible, la
possibilisation lie l'être-là à un effectif possible. Dans ce lien,
l'effectif opère comme une contrainte (Heidegger dit : comme
une « borne ») qui permet au possible de *faire croître* sa
possibilité – c'est une vérité aussi bien connue que profonde
qu'une limitation, au sens de la contrainte, du possible entraîne

---

1. La traduction de « *entheben* » par « mettre en suspens » nous semble ici
erronée.

2. *CF*, p. 528 ; trad. fr. p. 521.

de fait une augmentation de réalité. Cette croissance est rendue possible par une « extension possible (*Ausbreitsamkeit*) » en une « entièreté » [1] que Heidegger caractérise ainsi : « Le projet est en soi ce qui "*rend entier*" au sens du *configurer* projetant d'un "*en entier*", dans le domaine duquel s'étend une dimension tout à fait déterminée d'effectuation possible. Chaque projet élève au possible et ramène, en même temps, dans le champ étendu de ce qui a été rendu possible par lui » [2]. Cela veut dire qu'en se liant et en s'étendant, le projetant se tient en face d'une entièreté au sein de laquelle tel effectif peut le devenir en tant qu'effectif du possible projeté.

Dans le projet se fait alors événement (historial) une extension qui élève et qui lie. En même temps se manifeste ici un « *s'ouvrir* » – qui n'est autre que le troisième moment structurel de l'événement historial fondamental, à savoir le *dévoilement*. Un « s'ouvrir » de quoi ? Non pas, *statiquement*, du possible – parce que cela le figerait et l'anéantirait en tant que possible – ni du simple effectif – parce que là encore nous perdrions le possible – mais de la *possibilisation*. Le « s'ouvrir » en est un *pour* la possibilisation. Le possible n'est en son essence sa possibilité qui si nous nous lions à lui en sa possibilisation (en ce qui le rend possible). « L'"objet" du projet, ce n'est ni la possibilité, ni l'effectivité – le projet n'a pas d'objet : il est le fait de *s'ouvrir pour la possibilisation*. En cette ouverture est désocculté le fait que le possible soit originairement en rapport à l'effectif, que la possibilité en tant que telle le soit à l'effectivité en général en tant que telle » [3].

---

1. Malheureusement, Heidegger n'explique pas davantage pourquoi une telle extension s'étend précisément à une « entièreté » et non pas simplement à un champ d'ouverture indéterminé. Du coup, son analyse demeure ici quelque peu flottante.

2. *CF*, p. 528 ; trad. fr. p. 522.

3. *CF*, p. 529 ; trad. fr. p. 522.

Or, nous disions dans notre premier chapitre que la dernière acception de l'être était celle d'un « entre », lié à la configuration du monde, qui rend intelligible le rapport entre l'être et l'étant. Heidegger le dit explicitement au terme de cette analyse du pro-jet. « Le *pro-jeter* comme cette *désoccultation de la possibilisation* est l'*événement historial* authentique *de cette différence de l'être et de l'étant* »[1]. Cette différence ontologique ne concerne ni l'étant (qui relève d'une considération purement *ontique*), ni même l'être (qui serait alors figé et donc fixé dans une détermination ontique également), mais cet « entre » qui « sépare » l'être et l'étant. S'il est possible de distinguer entre les deux, c'est précisément grâce à ce pro-jet de la possibilisation. Et, comme nous venons de le voir à l'instant, c'est en lui que se montrent dans leur caractère unitaire les trois moments structurels de l'événement historial fondamental, « dans » l'être-là, de la possibilisation du *logos*. « *C'est dans le projet que règne le monde* », c'est-à-dire que « *c'est dans le projet que se fait événement (historial) le fait de laisser régner l'être de l'étant en son entièreté de ce qui fait son caractère obligatoire chaque fois possible* »[2]. Et nous pouvons enfin instaurer le lien recherché entre la manifesteté du *monde* (plus exactement : ce qui la *rend possible*) et l'« en tant que » : en effet, dans la mesure où l'« en tant que » *exprime* le fait que l'étant soit devenu manifeste en son être – c'est-à-dire que cette différence (ontologique) ait eu lieu – et dans la mesure, précisément, où le pro-jet est à l'origine de cette différence, le pro-jet n'est rien d'autre que ce *rapport* fondamental d'où naît l'« en tant que ». « L'"en tant que" désigne le moment structurel de cet "entre" qui *fait irruption* de façon originaire »[3].

1. *Ibid.*
2. *CF*, p. 530 ; trad. fr. p. 523.
3. *CF*, p. 531 ; trad. fr. p. 524.

En récapitulant, nous pouvons alors dire que la configuration du monde éclôt avec le pro-jet originaire de la possibilisation. Citons une dernière fois Heidegger : « Dans l'événement du projet se configure le monde : cela veut dire que dans le fait de projeter, quelque chose fait éruption, fait une percée vers des possibilités, et ainsi fait irruption dans l'effectif en tant que tel, pour s'éprouver soi-même, en tant que ce qui a fait irruption, comme étant effectif au milieu de ce qui peut à présent être manifeste en tant qu'étant »[1]. Le dépassement d'une perspective subjectiviste est ici atteint, même si Heidegger dit que c'est l'*homme* qui est configurateur de monde et s'il appelle « être-là » (le *Da-sein* avec un trait d'union) l'étant qui configure : en effet, cet être-là n'est plus compris comme existence « mienne », mais comme *Übergang* (« passage ») – en faisant par là référence, bien entendu, à Nietzsche qui, dans *Ainsi parlait Zarathoustra*, avait caractérisé le sur-homme comme « *Übergang* ». Ce terme de « passage » est à prendre au sens propre ; au terme des *Concepts fondamentaux de la métaphysique*, nous assistons effectivement à un passage, à un *tournant*, dont Heidegger ne prendra toute la mesure que dans les années suivantes.

LE NÉANT : CONFIGURATION DU MONDE
ET RETRAIT DU MONDE

Comme déjà signalé au début du chapitre précédent, *Qu'est-ce que la métaphysique ?* apporte un dernier élément au « tournant métontologique » dans la pensée heideggerienne, car c'est dans cette Conférence de 1929 que Heidegger développe l'idée que la transcendance ne procède en rien de l'être-là (*cf.* les *Fondements métaphysiques de la logique* qui

1. *Ibid.*

qualifiaient encore l'acte du transcender comme relevant de la *liberté* de l'être-là), mais qu'elle est la dimension même du « néantiser du néant (*Nichten des Nichts*) ».

Dans l'angoisse – notion que Heidegger réintroduit ici, mais en un autre[1] sens que dans *Sein und Zeit* –, l'étant en son entièreté se retire d'une manière tout à fait spécifique. Il y a à la fois *retrait* de l'étant en son entièreté et « *rencontre* » du néant. Comment concevoir cette identité? La réponse se trouve dans l'expression « *in der Angst liegt ein Zurückweichen vor* » (« dans l'angoisse se trouve un retrait face à… »), plus exactement dans le « *zurück… vor…* » que nous trouvons dans le passage le plus important[2] de ce petit traité. Cette expression (« *zurückweichen vor…* ») signifie d'abord « se retirer devant quelque chose ou face à quelque chose… ». C'est dans l'angoisse, dit Heidegger, que réside le retrait de l'être-là face à l'étant dans sa totalité. La phrase décisive est la suivante : « ce retrait face à… prend son point de départ à partir du néant »[3]. Ainsi, le « *zurück…vor* » qui a lieu dans et à travers le retrait de l'étant en sa totalité *procède du néant*. « *Zurück* » dans « *zurückweichen* » renvoie au retrait, mais – et c'est capital – si on le prend de façon isolée, ce terme a un sens *temporel* – et renvoie alors au passé. La préposition « *vor* » signifie « devant » ou « face à », mais elle peut, elle aussi, avoir un sens temporel – et renvoie alors au futur. Autrement dit, Heidegger veut ici signifier que les extases temporelles dont *Sein und Zeit* faisait l'être des modes d'être fondamentaux de l'être-là procèdent en réalité du *néant*. En effet, ce ne sont plus les extases temporelles qui ouvrent l'espace de jeu des

1. Alors que, dans *Sein und Zeit*, l'angoisse mettait l'être-là devant *ses possibilités les plus propres*, en 1929, l'angoisse ouvre aux abîmes du néant dont *l'être-là procède*.

2. *Was ist Metaphysik?* dans *Wegmarken*, GA 9, p. 114 *sq.*

3. « Dieses Zurück vor… nimmt seinen Ausgang vom Nichts », *Was ist Metaphysik?*, dans *Wegmarken*, GA 9, p. 114.

possibles du monde et au sein du monde, mais « ce n'est tout d'abord que dans la nuit claire du néant de l'angoisse que surgit l'ouverture originaire de l'étant en tant que tel : qu'il est étant – et non pas rien » [1]. Le rapport entre l'être-là (*Da-sein*) et le néant s'éclaire par là : l'essence du néant néantisant réside dans le fait que l'être-là *en procède* et que le néant lui seul met l'être-là en face de l'étant – et ce, avant que celui-ci ne lui soit donné comme ob-jet. C'est le néant qui rend possible l'ouverture à l'étant, plus précisément : « ce n'est que sur le fondement de la manifesteté originaire du néant que l'être-là de l'homme peut aller au-devant de l'étant et entrer dans une considération à propos de lui » [2]. Et la transcendance même de l'être-là – qu'il soit toujours déjà « au-delà » de l'étant – est précisément fondée dans le fait que l'être-là soit suspendu dans le néant.

Heidegger conclut alors sur le fait que la métaphysique – qui questionne l'être qui transcende l'étant afin de *concevoir* (*begreifen*) [3] celui-ci en son entièreté – n'est possible que par un *saut* de l'existence authentique dans les *possibilités fonda-mentales de l'être-là en son entièreté* [4], au terme de la « trans-formation » sus dite. Pour que ce saut puisse s'effectuer, il faut 1) « donner de l'espace à l'étant en son entièreté » – transcendance, 2) s'abandonner au néant – ennui, et 3) laisser osciller ce mouvement entre l'étant et le néant – configuration du monde et retrait du monde. Ainsi, le cercle se ferme : dans la transcendance s'articulent l'étant (en son entièreté) et le néant, la configuration du monde et son retrait.

1. *Was ist Metaphysik ?*, dans *Wegmarken*, GA 9, p. 114.

2. « Nur auf dem Grunde der ursprünglichen Offenbarkeit des Nichts kann das Dasein des Menschen auf Seiendes zugehen und eingehen », *Was ist Meta-physik ?*, dans *Wegmarken*, GA 9, p. 114 *sq*. Et Heidegger de préciser un peu plus bas (p. 115) que le « néant est ce qui rend possible que l'étant en tant que tel soit manifeste pour l'être-là humain ».

3. *Was ist Metaphysik ?*, dans *Wegmarken*, GA 9, p. 118.

4. *Was ist Metaphysik ?*, dans *Wegmarken*, GA 9, p. 122.

CONCLUSION

Quels sont les résultats déterminants des précédents développements ? La thèse fondamentale était que le Heidegger des années 1920 est le penseur d'une *transformation* de l'homme, une « transformation de l'essence humaine en son être-là ». Cette transformation s'articule de deux manières différentes : dans *Sein und Zeit*, d'une part, et après le « tournant métontologique », d'autre part. Dans *Sein und Zeit*, elle revient à l'idée que l'être, « en général », et l'être *de l'être-là* sont une seule et même chose. Cette idée n'est pas posée dès le départ, mais elle se cristallise au fur et à mesure du cheminement dans *Sein und Zeit*, et en particulier dans l'analyse *temporelle* des existentiaux de l'être-là. Cette « identité » dévoile des aspects différents, lorsque, dans l'identité entre l'être et le monde au sein de la structure ontologique de l'être-là comme être-au-monde, on déplace ensuite l'accent d'une analytique *de l'être-là* à l'analyse *du monde* : Heidegger y accède au principe de la différence ontologique, entre l'être et l'étant, qui n'est autre que cela même qui rend également possible la configuration du monde.

Ce cheminement, loin d'être dépourvu d'orient, est guidé par deux thématiques que Heidegger ne cesse d'approfondir : la thématique du *temps* et la thématique du *possible*. Dans *Sein und Zeit*, le concept du temps est mobilisé dans les limites du seul sens d'être qui y est en jeu, à savoir le sens d'être de l'être-là. Aussi Heidegger développe-t-il d'une manière détaillée la temporalité des structures ontologiques de l'être-là, mais nous n'apprenons rien sur celle de l'être en tant qu'être – que Heidegger appelle la « Temporalité ». Il propose une première ébauche de cette dernière dans les *Problèmes fondamentaux de la phénoménologie* et dans les *Fondements métaphysique de la logique en partant de Leibniz*. En effet, il y établit – dans le cadre de sa métaphysique de l'être-là – que la Temporalité en tant qu'unité extatique et horizontale de la temporalisation est la *condition de possibilité de la transcendance*, et donc par là aussi de l'intentionnalité. Et dans la métaphysique du monde, élaborée dans les *Concepts fondamentaux de la métaphysique*, le temps joue toujours un rôle central : dans l'analyse de l'ennui (« *Langeweile* » – littéralement : longue durée), d'un côté, et même dans celle de la configuration du monde, de l'autre. Pourquoi aussi dans cette dernière ? Parce que cela même qui *rend possible* – et le principe de cette configuration du monde est justement la « possibilisation » – a toujours un lien avec la Temporalité : celle-ci est à la source et à l'origine de ce qui rend possible la distinction entre une priorité « logique » (l'*a priori* par rapport à l'*a posteriori*) et une priorité temporelle (au sens ontique du temps, selon l'avant et l'après). D'où, donc, le lien aussi avec le *possible*, qui, ontologiquement, est « supérieur (*höher*) »[1] à l'effectif et qui a traversé – sous sa figure ontologique de la « possibilisation » – tout notre cheminement de *Sein und Zeit* jusqu'aux *Concepts fondamentaux de la métaphysique*. C'est avec ces analyses relatives à la notion de *possibilité*, que ce soient celles du « pouvoir-être » de l'être-là ou justement celles de la « possibilisation (*Ermöglichung*) », que Heidegger livre ses contributions les plus importantes à la philosophie transcen-

---

1. *PF*, § 21 a), p. 438.

dantale, une perspective qu'il abandonnera certes à partir des années 1930.

Dans notre introduction, nous nous sommes demandés si une démarche qui rend compte du fait que la question du sens de l'être passe nécessairement par celle du sens de l'*homme* et qui, en même temps, éclipse totalement l'« homme » que fut Heidegger (en ne considérant que ses *textes*), n'est pas en contradiction directe avec la lettre heideggerienne. N'est-ce pas problématique, d'autant plus à une époque où on discute de nouveau les compromissions [1] de Heidegger dans un contexte politique qui a incontestablement donné lieu, comme cela apparaît dans un regard rétrospectif – mais aussi déjà aux yeux de grands penseurs et écrivains contemporains du nazisme – à l'une des catastrophes les plus néfastes de l'humanité ?

Notre propos ici n'a pas été d'essayer de trouver des raisons à cette compromission. Pour celui qui a tant soit peu *lu* Heidegger, il est évident qu'il est impossible, pour ne pas dire tout simplement *grotesque*, de vouloir tisser un lien – qui plus est *causal* – entre la pensée de Heidegger et l'idéologie nazie. Toutes les tentatives, même les plus récentes, qui ont essayé de l'établir ont échoué. Cela ne dispense certes pas l'interprète de trouver une explication à son engagement politique – mais trouvera-t-on vraiment d'autres facteurs que la situation personnelle de Heidegger au début des années 1930 et ses convictions politiques générales, partagées par un grand nombre de personnes à son époque ? Il nous semble qu'il n'est pas possible de faire de Heidegger un nazi qui aurait porté le programme politique guerrier, destructeur et anti-humaniste du parti national-socialiste au-delà d'un *contexte universitaire*

1. Nous ne partageons pas l'avis de ceux qui pensent qu'on peut passer outre l'engagement politique de Heidegger dans l'Allemagne national-socialiste, comme si rien ne s'était passé. Il n'empêche que personne ne nous a encore convaincu, jusqu'à ce jour, qu'il existe un lien pertinent entre cet engagement et sa philosophie.

finalement assez limité et plus longtemps que *quelques mois* après l'arrivée au pouvoir d'Hitler. Heidegger a fait une distinction radicale entre la philosophie et la théologie – une distinction qui en instaure une autre : celle entre l'ontologie et l'éthique[1] (et, partant, la politique). Si cette distinction est sans doute discutable, il est une option qui, elle, ne l'est pas – à condition de s'y entendre : celle de lire Heidegger exactement comme il s'est compris lui-même, à savoir comme penseur d'une ontologie phénoménologique et non pas comme penseur (ou acteur) politique.

La question de savoir comment ce « scandale » a été possible ne demeure-t-elle pas cependant brûlante et n'exige-t-elle pas tout de même qu'on y réponde ? Nous ne pensons évidemment pas qu'une telle question doive être rejetée – mais à condition de *discuter* tout d'abord les seules options *philosophiques* qui furent celles de Heidegger et de le combattre *ensuite*, et non pas, comme le font les idéologues et les non philosophes, en lui imputant *d'emblée* un horizon de pensée idéologique nazi. Il reste probablement à montrer comment *à partir* de la pensée de Heidegger une dérive politique est *possible* – mais, premièrement, cette tâche n'a jamais encore été accomplie, deuxièmement, elle suppose d'abord de bien *comprendre* Heidegger et, troisièmement, elle sort de l'horizon strictement heideggerien. Dans tous ses textes fondamentaux, on ne trouve *pas explicitement* de fondation d'une éthique ou d'une pensée politique. Est-ce donc au nom de cette dernière qu'on va pouvoir le combattre ? Et si les choses se présentent ainsi, c'est peut-être tout simplement parce que Heidegger a manqué de conscience politique et de la lucidité requise – bien qu'ayant parfois agi d'une manière rusée et perfide – ce qui, bien entendu, ne lui servira pour autant jamais d'excuse.

---

1. C'est par exemple la thèse que défend G. Steiner dans son ouvrage intitulé *Martin Heidegger*.

BIBLIOGRAPHIE SOMMAIRE

BERNET R., *La vie du sujet*, Paris, PUF, 1994.

BIRAULT H., *Heidegger et l'expérience de la pensée*, Paris, Gallimard, 1978.

BOUTOT A., *Heidegger*, Paris, PUF, 1989.

CARON M., *Heidegger. Pensée de l'être et origine de la subjectivité*, Paris, Cerf, 2005.

COURTINE J.-F., *Heidegger et la phénoménologie*, Paris, Vrin, 1990.

– (éd.), *Heidegger 1919-1929. De l'herméneutique de la facticité à la métaphysique du Dasein*, Paris, Vrin, 1996.

DASTUR F., *Heidegger et la question du temps*, Paris, PUF, 1990.

DESANTI J.-T., *Réflexions sur le temps. Variations philosophiques 1*, Paris, Grasset, 1992.

HAAR M., *Heidegger et l'essence de l'homme*, Grenoble, Millon, 1990.

HEIDEGGER M., *Sein und Zeit*, Tübingen, Niemeyer, 1986 (16ᵉ éd.) (cité *SuZ*).

– *Wegmarken*, GA 9, Francfort/Main, Klostermann, 1976.

– *Prolegomena zur Geschichte der Zeitbegriffs*, GA 20, Francfort/Main, Klostermann, 1994 [3].

– *Logik. Die Frage nach der Wahrheit*, GA 21, Francfort/Main, Klostermann, 1976.

– *Die Grundprobleme der Phänomenologie*, GA 24, Francfort/Main, Klostermann, 1975 ; *Problèmes fondamentaux de la phénoménologie*, trad. fr. J.-F. Courtine, Paris, Gallimard, 1985 (cité *PF*).

– *Metaphysische Anfangsgründe der Logik im Ausgang von Leibniz* (*Fondements métaphysiques de la logique en partant de Leibniz*), GA 26, Francfort/Main, Klostermann, 1978, (cité *FM*).

– *Der deutsche Idealismus (Fichte, Schelling, Hegel) und die philosophische Problemlage der Gegenwart*, GA 28, Francfort s/Main, Klostermann, 1997.

– *Die Grundbegriffe de Metaphysik*, GA 29-30, Francfort/Main, Klostermann, 1983 ; trad. fr. D. Panis, *Concepts fondamentaux de la métaphysique*, Paris, Gallimard, 1992 (cité *CF*).

JANICAUD D., *Heidegger en France*, Paris, Albin Michel, 2001.

MABILLE B., *Hegel, Heidegger et la métaphysique. Recherches pour une constitution*, Paris, Vrin, 2004.

PÖGGELER O., *La pensée de Martin Heidegger, un cheminement vers l'être*, Paris, Aubier Montaigne, 1967.

RICHIR M., *Phénoménologie en esquisses. Nouvelles fondations*, « Krisis », Grenoble, J. Millon, 2000.

– *Phantasía, imagination, affectivité. Phénoménologie et anthropologie phénoménologique*, « Krisis », Grenoble, J. Millon, 2004.

RICŒUR P., *Temps et récit, 3. Le temps raconté*, « Points Essais », Paris, Seuil, 1985.

SCHÉRER R. & KELKEL A.L., *Heidegger ou l'expérience de la pensée*, Paris, Seghers, 1973.

SCHNELL A., « La pulsion chez Heidegger », dans J.-Ch. Goddard (dir.), *La pulsion*, « théma », Paris, Vrin, à paraître.

SCHÜRMANN R., *Le Principe d'anarchie. Heidegger et la question de l'agir*, Paris, Seuil, 1982

STEINER G., *Martin Heidegger*, Paris, GF-Flammarion, 1999.

TAMINIAUX J., *Lectures de l'ontologie fondamentale. Essais sur Heidegger*, Grenoble, Millon, 1989.

TENGELYI L., *Der Zwitterbegriff Lebensgeschichte*, Munich, W. Fink, 1998.

TRAWNY P., *Martin Heidegger*, Francfort/Main, New York, Campus, 2003.

TUGENDHAT E., *Der Wahrheitsbegriff bei Husserl und Heidegger*, Berlin, Walter de Gruyter & Co., 1970.

VAYSSE J.-M., *Totalité et finitude. Spinoza et Heidegger*, Paris, Vrin, 2004.

INDEX DES NOMS

TABLE DES MATIÈRES

CHAPITRE V : LE MONDE

ACHEVÉ D'IMPRIMER
EN OCTOBRE 2005
PAR L'IMPRIMERIE
DE LA MANUTENTION
A MAYENNE
FRANCE
N° 252-05

Dépôt légal : 4ᵉ trimestre 2005